蘇黎世最時髦的又劇購物空地？◎在哪家餐廳可以吃到最道地的起士火鍋？◎日內瓦
是什麼來頭？◎想登上少女峰有哪幾種路線選擇？◎哪裡是欣賞世界遺產伯恩老城最理想
馬特洪峰附近有哪些推薦的健行步道？◎從琉森到皮拉圖斯山的金色環遊是什麼？◎世
覽車就在鐵力士山！◎來瑞士搭景觀列車是絕對不能省略的經典行程！◎在瑞士有哪些禮儀
頭遵守的呢？◎瑞士的國旗其實並不是長方形的哨！◎聖伯納犬的脖子上為什麼會有個小酒
鐘錶業興盛，其實和宗 　　　　　　　　　教改革有關喔！◎瑞士道
為中立國呢？◎蘇黎世 　　　　　　　　　與日內瓦連年上榜世界最
◎瑞士街頭的小噴泉 　　　　　　　　　幾乎都可以直接生飲。◎
上萊茵瀑布中央的巨 　　　　　　　　　石，更能感受水勢震撼
爾木橋無疑是瑞士的 　　　　　　　　　代表風景之一。◎在皮拉
流傳著龍的傳說。◎ 　　　　　　　　　伯連納快車完美體現了人
的最佳範例。◎愛因斯 　　　　　　　　　坦住在伯恩期間，發表了
mc²公式。◎少女峰車 　　　　　　　　　站是歐洲海拔最高的火車
有「歐洲屋脊」的美譽。 　　　　　　　　　◎三角形的馬特洪峰可謂
度最高的山峰之一。◎ 　　　　　　　　　日內瓦的大噴泉高度可達
當於45層樓的摩天大 　　　　　　　　　廈。◎卓別林人生最後的

瑞士：
蘇黎世
日內瓦
琉森 伯恩 少女峰
馬特洪峰 鐵力士山

32　　◎ City Target

士的威薇度過。◎西庸城堡最出名的地方竟是地窖中的大牢！◎哪裡是蘇黎世最時髦的
◎在哪家餐廳可以吃到最道地的起士火鍋？◎日內瓦的大噴泉到底是什麼來頭？◎想登
幾種路線選擇？◎哪裡是欣賞世界遺產伯恩老城最理想的位置？◎在馬特洪峰附近有哪
步道？◎從琉森到皮拉圖斯山的金色環遊是什麼？◎世界首創的旋轉纜車就在鐵力士山！◎
觀列車是絕對不能省略的經典行程！◎在瑞士有哪些禮儀或禁忌是必須遵守的呢？◎瑞
並不是長方形的哨！◎聖伯納犬的脖子上為什麼會有個小酒桶？◎瑞士鐘錶業興盛，其實
關喔！◎瑞士憑什麼可以成為中立國呢？◎蘇黎世與日內瓦連年上榜世界最宜居住城市。◎
小噴泉幾乎都可以直接生飲。◎搭乘遊船登上萊茵瀑布中央的巨石，更能感受水勢震撼。◎
爾木橋無疑是瑞士的代表風景之一。　　MOOK　　◎在皮拉圖斯山上自古流傳著龍的傳
快車完美體現了人類克服險阻的最佳範例。◎愛因斯坦住在伯恩期間，發表了相對論與E=
女峰車站是歐洲海拔最高的火車站，因而享有「歐洲屋脊」的美譽。◎三角形的馬特洪峰
鐵度最高的山峰之一。◎日內瓦的大噴泉高度可達140公尺，相當於45層樓的摩天大廈。◎
的25年就是在瑞士的威薇度過。◎西庸城堡最出名的地方竟是地窖中的大牢！◎哪裡是

瑞士：
蘇黎世
日內瓦

琉森 伯恩 少女峰
馬特洪峰 鐵力士山

32

City Target

con+en+s

瑞士全圖

N

德國
Deutschlan

巴塞爾
Basel

法國
France

Aesch

Gelterkinden

Aarau
Lenzb

德萊蒙
Delémont

Olten

Moutier

圖恩湖
Thunersee

Grenchen

Solothurn

Langenthal

比爾
Biel

拉紹德封
La Chaux-de-Fonds

Burgdorf

皮拉
Pil
皮拉圖
Pil

勒洛克勒
Le Locle

紐沙特
Neuchâtel

伯恩
Bern

Langnau

Wiggen

紐沙特湖
Lac de Neuchatel

Murten

Münsigen

聖十字
Ste-Croix

布里恩茲
Brienz

依佛登
Yverdon-les-Bains

弗里堡
Fribourg

圖恩
Thun

布里恩茲湖
Brienzersee

麥
Meirir

史匹茲
Spiez

圖恩湖
Thunersee

茵特拉肯
Interlaken

洛桑
Lausanne

Oey-Diemtigen

文根
Wengen

格林德瓦
Grindelw

穆倫
Mürren

茲懷斯文
Zweisimmen

雪朗峰
Schilthorn

▲ 少女峰
Jungfra

Châtel-St-D.

威薇
Vevey

拉沃地區
Lavaux

蒙投
Montreux

代堡
Château-d'Oex

阿雷奇
Aletsch

尼庸
Nyon

日內瓦湖
Lac Léman

西庸城堡
Château de Chillon

洛加伯特
Leukerbad

布里格
Brig

菲許
Fiesc

莫爾日
Morges

達布列斯
Les Diablerets

洛伊克
Leuk

菲斯普
Visp

日內瓦
Genéve

西昂
Sion

法國
France

馬蒂尼
Martigny

策馬特
Zermatt

薩斯菲
Saas Fee

蘇納格
Sunnegga

葛納葛特
Gornergrat

馬特洪峰
Matterhorn

▲ 羅莎峰
Monte Rosa

白朗峰 ▲
Mont Blanc

小馬特洪峰
Klein Matterhorn

◎景點　◉城鎮　◉城市　──主要公路　━ ━鐵路　▲山　‑ ‑ ‑國界

A

B

沙夫豪森
Schaffhausen

萊恩河畔施泰因
Stein am Rhein

羅曼斯漢
Romanshorn

波登湖
Bodensee

羅爾沙赫
Rorschach

溫特圖爾
Winterthur

Will

登
aden
Wettingen

蘇黎世
Zürich

Gossau

聖加侖
St.Gallen

阿彭策爾
Appenzell

森蒂斯峰
Säntis

列支敦士登
Liechtenstein

奧地利
Österreich

蘇黎世湖
Zürichsee

Ziegelbrücke

布赫斯
Buchs

沙恩
Schaan

瓦都茲
Vaduz

楚格
Zug

Walen-see

馬爾邦
Malbun

瑞吉山

格拉魯斯
Glarus

薩爾岡斯
Sargans

巴德拉格斯
Bad Ragaz

琉森 瑞奇
Luzern Rigi

布魯嫩
Brunnen

梅恩菲德
Malenfeld

克洛斯特斯
Klosters

下恩加丁谷
Engiadina B

琉森湖
Vierwaldstättersee

坦斯
ans

福爾倫
Flüelen

庫爾
Chur

達沃斯
Davos

維瑞納隧道
Vereina-Tunnel

瓜爾達
Guarda

斯庫爾
Scuol

英格堡
Engelberg

鐵力士山
Titlis

阿羅薩
Arosa

策爾內茲
Zernez

米施
Mün

Göschenen

迪森蒂斯
Disentis

圖西斯
Thusis

瑞士國家公園
Parc Naziunal Svizzer

安德馬特
Andermatt

上恩加丁谷地
Engiadin' Ota

Faido

聖摩里茲
St.Moritz

蓬特雷西納
Pontresina

Biasca

佛爾薩斯卡山谷
Valle Verzasca

伯連納峰
Piz Bernina

格魯峰 Alp Grüm

波斯基亞沃
Poschiavo

洛卡諾
Locarno

貝林佐納
Bellinzona

提拉諾
Tirano

阿斯科納
Ascona

義大利
Italia

盧加諾湖
Lago di Lugano

德語區

馬嬌蕾湖
Lago Maggiore

盧加諾
Lugano

科摩湖
Lago di Como

法語區

羅曼

Melide

義大利語區

Chiasso

航向瑞士
的偉大航道

入境瑞士Q&A

簽證

Q：到瑞士玩，需要簽證嗎？

A：不用！瑞士雖然沒有加入歐盟，但屬於申根區的國家之一，因此台灣人到瑞士短期旅遊，符合免簽證進入申根國家的資格。

Q：免簽證的資格有什麼條件嗎？

A：首先，需要持有中華民國護照，護照上要有標註國民身分證字號(絕大多數護照都有)，且護照效期至離開瑞士時仍有3個月以上。

Q：免簽證待遇可以在瑞士停留多久？

A：自入境申根國家起，6個月內最長總計可停留90天。

ETIAS

Q：關於ETIAS是怎麼回事？

A：為掌握國土安全，歐盟宣布自2025年中開始，符合免簽證資格旅人需事先申請ETIAS電子許可，即「歐洲旅行信息和授權系統」。ETIAS效

期為3年或護照到期日，效期內可多次進出申根國家，但在180天內不得停留超過90天。

Q：ETIAS預計將如何申請？

A：在家上官網申請即可，申請費用為7歐元，費用以信用卡支付，18歲以下與70歲以上無需繳納。申請送出後數分鐘內就能取得憑證，但如有特殊狀況，也可能需要數天之久，因此最好不要臨行之前才申請。ETIAS官網為：travel-europe. europa.eu/etias_en，惟本書出版時ETIAS尚未實施，實際最新規定還請上官網查詢。

其他入境相關

Q：現在還有強制規定申根旅遊醫療保險嗎？

A：目前旅遊醫療險雖已不是免簽證入境申根區的必要條件，但因為歐洲醫療費用相對昂貴，為了以防萬一，最好還是在出國前購買足額的旅行平安險(包含附加海外緊急醫療、住院醫療、各種急難救助及國際SOS救援服務等)，同時先了解自己現有的保險是否能給付出國旅行期間的醫藥費用(包括住院及轉送回國治療)，以及在國外財物遭竊是否能獲得適當理賠。

Q：通過海關時最好準備些什麼？

A：儘管開放免簽證待遇，卻不代表遊客可無條件入境，入境申根國家可能會被海關要求查驗的相關文件包括：當地旅館訂房紀錄與付款證明(或當地親友邀請函)、回程機票、足夠維持旅遊期間生活花費之財力證明(如現金、信用卡)、旅遊行程表等。如果是去瑞士短期進修或訓練、從

事商務或參展、參加比賽或交流,亦需出示相關
證明文件。

Q：入境瑞士可以帶多少現金？

A：照官方規定,旅客進出申根國家,如隨身攜帶
超過1萬歐元現金或其他等值貨幣,就必須向海
關申報。其實現在出國旅遊,帶幾張信用卡就很
方便了,根本不需要帶那麼多現金在身上。

泡麵族看過來

瑞士由於消費高昂,不少人會準備泡麵作為補充糧
食,建議在離開瑞士前就把泡麵吃完,不要留到機
場再吃,因為機場內是找不到熱開水的,到時候可
能又要把泡麵帶回台灣了。

飛往瑞士的航空公司

蘇黎世和日內瓦是進出瑞士的兩大門戶,不過
很可惜的是,目前從台灣出發並沒有直飛的航
班,必須在亞洲或歐洲城市轉機。

從台灣出發主要航空公司

航空公司	飛行城市與轉機資訊	電話	網址
中華航空	到法蘭克福轉瑞航/漢莎班機至蘇黎世或日內瓦 到維也納轉奧航/瑞航班機至蘇黎世或日內瓦 到阿姆斯特丹轉荷蘭皇家航空班機至日內瓦 到羅馬轉義大利航空班機至日內瓦	(02) 412-9000	www.china-airlines.com
長榮航空	到慕尼黑轉瑞士航空班機至蘇黎世 到慕尼黑轉漢莎/多羅米提航空至日內瓦 到米蘭轉瑞士航空班機至蘇黎世 到維也納轉奧航/瑞航班機至蘇黎世或日內瓦	(02) 2501-1999	www.evaair.com
泰國航空	台北經曼谷飛往蘇黎世	(02) 2515-0188	www.thaiairways.com
新加坡航空	台北經新加坡飛往蘇黎世	(02) 7750-7708	www.singaporeair.com
阿聯酋航空	台北經杜拜飛往蘇黎世或日內瓦	(02) 7745-0420	www.emirates.com
土耳其航空	台北經伊斯坦堡飛往蘇黎世或日內瓦	(02) 2718-0849	www.turkishairlines.com
國泰航空	在香港轉瑞士航空至蘇黎世	(02) 7752-4883	www.cathaypacific.com

瑞士行前教育懶人包

開開心心，收拾行囊，準備展開愉悅的瑞士假期。呃…不過先等一等，有些事在你出發前最好先知道一下比較好，或許能對你的行程有所幫助，玩得更有效率。

先來多了解瑞士一點吧~
瑞士正式國名
因為瑞士聯邦為多語言國家，所以有5種正式國名：
德文：Schweizerische Eidgenossenschaft
法文：Confédération suisse
義大利文：Confederazione Svizzera
羅曼語：Confederaziun svizra
拉丁文：Confoederatio Helvetica
瑞士首都
伯恩是瑞士實質上的首都，因為聯邦政府及國

DO YOU KNOW

瑞士的簡寫CH是怎麼來的？

由於瑞士有 4 種官方語言，到底國家簡寫要依人口數最多的德語寫作 SE 呢？還是其他 3 種語言都適用的 CS 呢？這樣不管用哪一種都是傷感情，實在違背瑞士人愛好和諧的天性，於是便用 4 種語言之外的新拉丁語再訂一個新的正式國名：赫爾維蒂聯邦 (Confoederatio Helvetica)，再用這個拉丁名字的縮寫「CH」當作國家簡寫，如此一來大家都沒有意見，於是皆大歡喜。
至於這個赫爾維蒂又是哪裡來的呢？赫爾維蒂人是羅馬時代以前居住在這塊土地上的族群，屬於塞爾特人的一支，這個種族在中世紀時慢慢與日耳曼人同化，今日已不存在了，但其名稱卻保留了下來，法國大革命之後，這裡還曾短暫建立過一個赫爾維蒂共和國呢。

會都位於這裡，但包括瑞士聯邦憲法在內，沒有一部法律明文規範首都的定義，因此瑞士在法理上其實是沒有首都的。

瑞士基本資訊

瑞士為內陸國家，國土面積約41,285平方公里，2023年總人口約880萬人。宗教上以羅馬天主教及基督新教為主，分別佔總人口數的34%與25%，穆斯林則只佔約5%，而近年愈來愈多人傾向不特定宗教或無神論，人口已接近30%。

官方語言

眾所周知瑞士為一個多語言國家，官方語言就有4種，分別為德語、法語、義大利語與羅曼語。其中德語使用人口最多，約佔63%，其次為法語，約佔23%，而義語佔約8%，羅曼語使用人口最少，不到1%。

在瑞士，各項產品、菜單及路標都會同時標示2~3種以上文字，瑞士人從小學開始就必須學習母語以外的第二種語言，國中後可再選擇英語課程，因此大部分瑞士人都能説多種語言。且由於瑞士是非常注重觀光和商業的國家，大城市和觀光景點普遍能以英語溝通，只要會一點基本的觀光會話，旅行途中幾乎不會有語言問題。

政治

瑞士是由26個州(Canton)所組成的聯邦制國家，採用直接民主制度，遇上重要事務可訴諸公民投票。在聯邦憲法保護下，各州分權，地位平等，各有自己的旗幟、政府議會、法律規章、教育制度，其稅率和法定假日也不盡相同。

瑞士旅遊局官網

如果對瑞士還有更多想知道的，包括各地旅遊

羅曼語是什麼？

羅曼語(Romansh)是拉丁語族的其中一支，當年羅馬帝國瓦解後，官方的拉丁語也因為地域分散，許多地區衍生出各自的方言，久而久之，其語言也變得和原本的拉丁語有所差異。因為歷史的發展，羅曼語並不像義大利語、西班牙語、法語等其他拉丁語系一樣茁壯，今日使用羅曼語的羅曼什人大多住在瑞士的格勞賓登州，他們一般被認為是古羅馬雷蒂亞省人民的後代。羅曼語在1938年成為瑞士第4種官方語言，但因為人口上處於絕對弱勢，因此大部分羅曼什人都會説德語或義大利語。

訊息，都可以上瑞士旅遊局的官網來獲得情報喔！

🌐 www.myswitzerland.com

旅行中可能會遇到的事

在瑞士要怎麼給小費？

在瑞士不用給小費！瑞士所有飯店、餐廳及計程車的服務費都已包含在價格當中，因此沒有額外再給小費的必要。當然，如果你覺得服務太好，想表示點什麼的話，把找回的零錢留下，或付帳時湊成整數就行了。

購物退稅step by step

在瑞士購物都會被收取8％的營業額加值稅(VAT)，但這筆費用外國遊客沒有義務負擔，離境時是可以辦理退稅的。要達成退稅條件，首先要在店門口貼有「TAX FREE」的店家中消

DO YOU KNOW

瑞士憑什麼可以成為中立國？

今日看來與世無爭的瑞士，其實在歷史上可是戰爭不斷的，別忘了瑞士步兵團也曾所向無敵，直到1516年馬里尼亞諾戰役中慘敗給法國為止。看盡了戰爭殘酷的瑞士人，於是把視角放在和平與人道主義上，1815年拿破崙戰爭結束的《巴黎和約》中，瑞士獲得了中立國的地位，這一方面是瑞士渴望避開紛爭，另一方面也因為列強希望能在歐陸有個緩衝地帶。到了1907年《海牙公約》明定中立國的權利與義務，瑞士的永久中立國角色便正式有了國際法的依據。不過真要説起來，要獲得中立保證不能只靠國際承認，本身還得要有強大實力才行，瑞士除了在國際金融舉足輕重，其軍事力量也不容小覷。瑞士至今依舊保有強大的武力，其男性國民成年後都必須入伍服役，甚至瑞士人連對核戰的因應措施都準備好了，世界最大、可長期收容2萬人的防核掩體，就在琉森附近的隧道內！

費，於同日在同一家店中累積消費達CHF 300即達退稅門檻。只要在90天內將商品帶離瑞士，就可申請退稅。

Step 1 填寫退稅申請表格

於購物店家索取退稅申請表格並填妥，和收據一起保留。有時店家會要求出示護照，以證明你不是瑞士居民。需要特別注意的是，要退稅的商品在完成退稅手續前，千萬不能拆封及使用喔！

Step 2 離境前到海關退稅

離開瑞士前，在機場或火車站尋找Global Blue或其他VAT Refund的退稅櫃檯，海關櫃檯通常就在退稅櫃檯附近，將退稅申請單、購買時的收據、護照交給海關人員，並出示所購買的物品(必須是未拆封的)，查驗無誤後，海關就會在退稅申請單上蓋章交還。

由於海關需要親眼看到你購買的物品，因此要退稅的東西儘量不要託運，如果是非託運不可的物品，Check-in時告知行李箱裡有需要退稅的東西，櫃台人員就會幫你別上行李吊牌，讓你把行李拖去辦理退稅，辦完退稅後行李就可以從那裡直接託運。

Step 3 拿回退稅

拿著蓋過章的退稅申請單到退稅櫃檯排隊，如果申請單上勾選現金退稅，當場就能拿到瑞士法郎、歐元或美金現鈔；如果勾的是信用卡退稅，並填妥信用卡資料，稅金就會在之後的信用卡帳單中入帳(可能需要2到3個月)。

就是要網路

現代人出門在外早已習慣離不開網路，就算出國也還是想隨時能上網，因此大多數旅人出國之前都會先在台灣買好預付卡，或是租用Wi-Fi分享器。不過這些上網設備多少都有流量限制，所

退稅可別跨國境

在歐洲買東西，最過癮的就是可以一路買到底，回台灣再買再退稅就好了，但是常常有人忘了一件事，那就是瑞士其實不是歐盟國家，在瑞士買的東西不能在歐洲其他國家退稅，反之亦然。因此如果你的旅程會跨越國境，在進入或離開瑞士前記得先把退稅辦好，除了機場有退稅櫃檯外，在日內瓦、巴塞爾、蒂拉諾等邊境城市的火車站內，也都可以找到退稅的地方。

假使真的忘了退稅，回台灣之後再辦其實也還來得及，帶著你的護照、退稅申請單、購物收據、未拆封的退稅物品、機票或交通證明，致電到台北的瑞士商務辦事處預約時間辦理就可以了。

◎ 瑞士商務辦事處
🏠 台北市基隆路一段333號31樓3101室
☎ (02) 2720-1001
🌐 www.eda.admin.ch/countries/taiwan/en/home.html

幸瑞士很多地方都能找到免費的Wi-Fi熱點，多少能分擔一些流量上的負擔。

容易找到公共Wi-Fi的地方包括博物館、熱門景點，簡單註冊之後就能連接網路；SBB火車站也有免費的SBB-FREE網路，一次性註冊後，每天可使用60分鐘。其他像是餐廳、酒館、郵政巴士等，也都有自己的免費Wi-Fi分享。

星期天的瑞士

一般來說，週末應該是最熱鬧的時候，但瑞士的星期天卻常是安靜到令人疑惑。星期日對瑞士人來說是神聖的，這一天不應該工作，不只是針對上班賺錢而言，就連在家除草、洗車、曬衣服等家事都是不被允許的。商店在週日時基本上都不營業，就連百貨公司也不例外，因此可不要把逛街購物的行程安排在星期天喔！

在瑞士要注意的禮儀

◎登山健行時，看到人要打聲招呼，即使不認識對方也一樣。

◎不可以用食指指向別人的頭，因為那代表對方頭腦發瘋，侮辱性很強。

◎不可以隨便摸小孩的頭，其實到哪裡都不可以這麼做，而瑞士人更在意這個。

◎晚上10點之後不能沖馬桶，男生也不可以站著尿尿，因為會吵到其他人睡眠。

◎在瑞士停車時，記得確實停在格子內，切勿壓到線。

在瑞士不會沒水喝

瑞士人一向以水質清澈甘美自豪，飯店和餐廳內水龍頭的水皆可生飲。蘇黎世和日內瓦等大城

市的路邊常常可見到小噴泉，若是沒有特別標明禁止飲用，都是可以生飲的泉水。所以出門在外別忘了隨身帶個水壺，就不用再額外花錢買水喝了。

瑞士的治安好嗎？

相較於歐洲其他國家，瑞士的治安相當令人放心，路上很少看到流浪漢或行跡可疑的人，即使是蘇黎世或日內瓦這樣的大城市，也絲毫感受不到雜亂、緊張的氣息。然而，就算是治安再良好的地方也不能保證沒有犯罪發生，偶爾還是有遊客遇到財物遭人扒竊的案件，因此在人多的地方還是要保持警覺，看好自己的財物，並保護自身安全。

其他旅遊相關資訊

時差

瑞士使用的是歐洲中部時區(Central European Time，CET)，夏令時間比台灣慢6個小時，其他月份則慢7個小時。

電壓

瑞士電壓為230V，50Hz，插座為兩孔式或三孔式，由於兩孔式轉接頭也適用於三孔插座，建議準備兩孔式轉接頭即可。不過瑞士與歐盟兩孔的規格不太一樣，自備的轉接頭有時不見得插得上去，所幸大部份的旅館都有轉接頭可以借用。

貨幣及匯率

瑞士的法定貨幣為瑞士法郎(CHF)，紙幣有10元、20元、50元、100元、200元及1000元幾種面

若不幸發生緊急事故

旅外國人急難救助全球免付費專線：00-800-0885-0885 (瑞士市內電話可免費撥打，公用電話則無法撥打。手機僅限當地申請的Sunrise、Orange及Swisscom門號免費撥打)
中華民國旅外國人緊急服務專線：+886-800-085-095 (國外撥打回國須自付國際電話費用)
駐瑞士台北文化經濟代表團：
Kirchenfeldstrasse 14, 3005 Bern, Switzerland
+41 31 382-2927或+41 31 350-8050、急難救助電話為+41 76 336-6979
駐瑞士台北經濟文化代表團日內瓦辦事處：
56, Rue de Moillebeau, 1209 Genève, Suisse
+41-22-919-7070、急難救助電話為+41-79-775-5751
當地報案電話：警察117、消防118、醫療急救144

什麼是夏令時間？
夏令時間又稱日光節約時間，因為在高緯度的國家，冬季與夏季的日照長短落差很大，為使人們配合日光作息，因而有此規定。每個國家的夏令時間不盡相同，而瑞士的夏令時間是從每年3月份的最後1個週日開始，將時鐘調快1個小時，到10月份的最後1個週日結束，再將時鐘調慢1個小時。

額，硬幣則有5分、10分、20分、50分、1元、2元、5元等。

目前瑞士法郎兌換新台幣的匯率約為1:36 (2023年12月)，實際匯率還是以匯兌當時為準。

打電話

若需要經常撥打瑞士國內電話，可在Sunrise、Orange或Swisscom等通訊業者的門市購買手機預付Sim卡，有多種面額可供選擇。撥打電話的方式如下：

◎**台灣撥打瑞士**：002-41-區域號碼(去掉0)-7碼電話號碼
◎**瑞士撥打台灣**：00-886-區域號碼(去掉0)-電話號碼(若以手機撥打，可用「+」來代替國際冠碼002或00)
◎**瑞士國內電話**：區域號碼-7碼電話號碼

Do you Know

瑞士的擁槍率其實很高

愛好和平的瑞士人，其實有超過 1/4 合法擁有槍枝，而這個比率甚至已經比上個世紀下滑許多了。瑞士人從小就開始練習射擊，男性成年後被徵召入伍也會學習使用槍枝，可以說大半瑞士人都是用槍高手。不過請放心，瑞士人持槍的觀念很好，瑞士的槍擊謀殺案例極少，只要江戶川柯南不要去瑞士的話，基本上是不會遇到槍擊事件的。

氣候

　　瑞士是不臨海的內陸國，60%國土屬於阿爾卑斯山脈，10%屬於西北部的侏羅山脈，一般而言屬於溫帶氣候，四季分明，夏季降雨稍多，少有酷寒、炎暑或連綿雨季。南部提契諾州是地中海型氣候，夏季較長且溫暖潮濕，可見到許多亞熱帶植物。橫貫瑞士的阿爾卑斯山區則屬於高山氣候，冬天雪季長，乾燥少雨，日溫差大，春天則來得較晚。

　　整體而言，瑞士冬季較長，不管城市或高山，日夜溫差都很大。瑞士的四季皆有不同風景，旅遊旺季集中在6月中~9月初的登山健行時節，以及12~2月的滑雪季。3月至復活節前以及11月，很多景點、纜車都會縮減營運時間或封閉整修，為接下來的旅遊季做準備，安排行程時要注意。

旅遊常見德、法、義文單字對照表

中文	德文	法文	義大利文
星期一	Montag	Lundi	Lunedì
星期二	Dienstag	Mardi	Martedì
星期三	Mittwoch	Mercredi	Mercoledì
星期四	Donnerstag	Jeudi	Giovedì
星期五	Freitag	Vendredi	Venerdì
星期六	Samstag	Samedi	Sabato
星期日	Sonntag	Dimanche	Domenica
火車站	Bahnhof	Gare ferroviaire	stazione ferroviaria
車站月台	Plattform	plate-forme	piattaforma
出口	Ausgang	Sortie	Uscita
入口	Engang	Entrée	Entrata / Ingresso
到達	Ankunft	Arrivée	Arrivo
出發	Abfahrt	Départ	Partenza

國定假日與節慶日曆

日期	節慶/活動	地點	內容
1月1日	新年	全國	各地都有盛大的煙火秀和倒數活動。
1月的最後一週	國際熱氣球週	代堡	自1979年起就是一年一度國際熱氣球競賽舉辦場地，每年至少有來自15個國家、超過80架熱氣球參加。
復活節的40天前	狂歡節	貝林佐納(2月中) 巴塞爾(2月底) 琉森(3月初)	從前教徒在耶穌復活前禁食40天，稱為四旬齋節。開始齋戒前放肆飲酒作樂，就演變成現在的狂歡節。各地都有不同的慶祝方式。
復活節前的週五	耶穌受難日	全國	國定假日。
春分之後第一個週日	復活節	全國	各地都有尋找彩蛋活動。
復活節後的週一	Easter Monday	全國	國定假日。
4月第3個週一	春鳴節	蘇黎世	源自14世紀，宣告春天到來的第一聲鐘響。有古裝及中古行會遊行及燃燒雪人活動，雪人愈快燒盡，則代表春天愈早來到。
從復活節算起第40天	耶穌昇天節	全國	國定假日。
耶穌昇天節後第10天	聖靈降臨節	全國	國定假日。
7月中上旬	爵士音樂節	蒙投	為期16天的國際性音樂盛會，發展至今已不僅只爵士樂表演而已。
8月1日	瑞士國慶日	全國	源自1291年聯邦憲章中所提及的「八月初」，到19世紀初才確定日期。全國都有升營火、懸掛國旗、施放煙火等慶祝方式，萊茵瀑布的煙火秀尤其壯觀。
8月初	洛卡諾國際電影節	洛卡諾	世界前5大電影節之一，有「最大的地方節慶」之美譽。夜晚在大廣場露天放映巨型電影是其特色。
11月第4個週一	洋蔥市集	伯恩	伯恩居民為報答1405年大火後協助建城的周圍農民，允諾農民們得以在城中兜售農作物。除了洋蔥以外，當天會聚集上千個各式攤位。
12月第2週週末	登城節	日內瓦	紀念1602年日內瓦市民與薩伏伊公爵對抗的一場大勝利。夜晚會穿著古裝，從隆河邊遊行至聖彼耶大教堂前廣場，並由騎馬的傳令官朗讀勝利宣言。
12月25日	聖誕節	全國	國定假日。
12月26日	節禮日	全國	許多百貨公司會在此時開始大折扣，是購物的好時機。
12月31日	除夕	全國	國定假日。

瑞士交通攻略

鐵路系統

　　火車是瑞士境內最主要、最方便的交通工具，城市間的主要幹線均由瑞士國鐵負責營運，正式名稱為瑞士聯邦鐵道，簡稱SBB／CFF／FFS (分別是德／法／義文)，由於同一輛列車會行駛於各語區間，因此車廂上的訊息會同時標示3種語言，而當車廂廣播轉換成另一種語言的同時，就知道跨越語區了。

　　國鐵涵蓋主要幹線，民營私鐵則補足鄉村間的支線及登山鐵道，不過旅客也毋需擔心轉乘上的問題，瑞士交通系統整合了國內大眾交通工具，除了登山鐵道外，票務機制及購票方式都有聯營。綿密分佈的鐵路網絡，讓旅遊瑞士的每個角落都輕鬆易行。

火車種類

　　瑞士鐵道根據停靠車站多寡、列車行駛速度分為許多不同車種，包括中長距離的特快車Intercity (IC)、Intercity-Neigezug (ICN)、Interregional (IR)，停靠站較多的區域性快車Regional Express (RE)，區間行駛且每站都停的Regionalzug (R)，以及大城市周邊的通勤火車S-Bahn (S)等。一般點對點車票或瑞士火車通行證均可自由搭乘所有車種，不需額外付費。

　　往來鄰國的跨國列車，如果旅行範圍只在瑞士境內的話，皆可持瑞士火車票自由搭乘，只是若搭乘跨國列車建議事先訂位。

車票種類

　　瑞士火車的舒適度令人驚訝，價格則令人驚

嚇，根據個人需求及旅遊天數找到適合自己的票券，才能省下可觀的旅費。若行程安排上要移動的城市較多，建議先在台灣購買火車通行證或在瑞士火車站購買折扣卡，可省下不少花費，還可享有許多附加的門票或餐廳折扣優惠。

　　瑞士旅行通行證只在瑞士境外發售，需於出發前在台灣向有代理瑞士國鐵票務的旅行社購買。

◎瑞士國鐵官方網站：www.sbb.ch

◎飛達旅遊(瑞士國鐵總代理)：www.gobytrain.com.tw

瑞士火車通行證

票券種類	適用對象	使用範圍	使用期限	其他優惠
瑞士旅行通行證(連續) Swiss Travel Pass	非瑞士居民。適合每日都會搭乘火車移動的旅客	效期內可不限次數、不限里程，自由搭乘瑞士國鐵、景觀列車、大部分的私鐵、遊湖船及全國90座城市的大眾交通系統。大部份的登山鐵道及空中纜車則享半價優惠(少女峰鐵道折扣為75折)	第一次啟用後，連續天數使用	效期內可免費參觀瑞士境內500家博物館。參加蘇黎世、伯恩、琉森、日內瓦等旅遊局的市區導覽行程也有優惠
瑞士旅行通行證(彈性) Swiss Travel Pass Flex	非瑞士居民。適合需要在瑞士進行3天以上、非連續性中長程移動的旅客	同Swiss Travel Pass (連續)，但僅限自選日當天有效	第一次啟用後，一個月內任選數天	同Swiss Travel Pass (連續)，但僅限自選日當天有效
半價卡 Half Fare Card	非瑞士居民。適合旅遊時間較長，且不會太頻繁移動的旅客	效期內可以半價優惠購買瑞士境內所有國鐵、大部分私鐵、郵政巴士、遊湖船及登山鐵道票券	一個月	無
瑞士家庭卡 Swiss Family Card	與6~15歲兒童一同旅行	只要至少一位成人購買任一種旅遊交通證，同行兒童即可隨行免費搭乘。購買票券必須同時提出申請，台灣旅行社或是瑞士境內所有火車站櫃檯均可辦理		無

瑞士旅行通行證2024年價格一覽表

種類		效期	成人個人票		未滿25歲青年票	
			一等車廂	二等車廂	一等車廂	二等車廂
瑞士旅行通行證(連續)Swiss Travel Pass		連續3天	389	244	274	172
		連續4天	469	295	330	209
		連續6天	602	379	424	268
		連續8天	665	419	469	297
		連續15天	723	459	512	328
瑞士旅行通行證 (彈性)Swiss Travel Pass Flex		3天/一個月內	445	279	314	197
		4天/一個月內	539	339	379	240
		6天/一個月內	644	405	454	287
		8天/一個月內	697	439	492	311
		15天/一個月內	755	479	535	342
瑞士半價卡Swiss Half Fare Card		一個月	120			
瑞士家庭卡Swiss Family Card			免費			

※ 6歲以下免費，6~15歲與大人同行，票價為半價，滿16歲即需購買全票。

※ 單位：瑞士法郎/每人，本表為2024年初費率。

※ 價格會逐年調整，如果出發的半年前就已擬定旅行計畫，即可先買好6個月以內要開始使用的票，這樣也可以現省一些旅費。

瑞士旅行通行證使用方式

目前瑞士交通系統幾乎已全面電子化，連續票最為單純：收到票後，確認好姓名等個人重要資訊、票種、廂等、生效日期、使用天數等細項後，因為QR Code不會再改變，以A4紙列印下來隨身攜帶，搭車時配合護照接受查驗即可；和傳統票券有點類似，但已不用再蓋生效章等其他額外手續，萬一忘了帶或遺失了，再列印一份即可。

如果是彈性票，在確認好資訊細項後，必須登入網頁登錄每個使用日期，每個使用日期都會產生當天的QR Code，可以存在手機裡出示給查票人員，也可以列印成紙本以供查票。

無論是連續或彈性票，最重要的是「啟用日」，會明確標註票券的「第一天使用日(First Travel Day)」，所以最好在行程日期完全確定後再購買啟用。

一般而言火車不需要訂位，但若搭乘強制訂位的景觀列車，訂位費用不包含於通行證的票價中，必須另外上官網付費訂位。而各景觀列車的訂位費用會根據路線、車廂等級而有所不同。

跨國聯票比單國通行證略為複雜

如果不是單遊瑞士，而是一趟遊覽兩個國家以上，購買歐鐵火車聯票(Eurail Pass)更為方便划算。但是火車聯票因為關係到兩個以上國家的主管機關，所以使用上會比單國通行證略為複雜。

手機載入歐鐵火車聯票後，需要先創建一個Trip (旅程)，使其與你的火車通行證 Connect (連結)，並且在Trip中紀錄你將使用這張火車通行證搭乘的所有Journey (交通路段)。如果購買的是一個月內任選7天的通行證，便需要紀錄7個不同Travel Day (旅行日)所搭乘的火車Journey；一個Travel Day內可以有數個Journey。

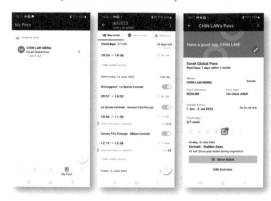

如果購買的是連續票種的通行證，例如連續15天，則是從生效日起算(含當日)連續15天都可以使用車票乘車。

從傳統票證跨入電子票證，為了幫助消費者快速上手，飛達旅遊在售出票券後皆會提供教學影片，詳細說明使用方式與細節，甚至可以預約一對一、手把手教學，以減輕消費者的不安感，不妨多加利用。

Eurail Pass電子票證小錦囊

歐鐵火車聯票只要把購得的票券下載在手機裡，不但可以隨時查詢車班，需不需要訂位也標示得很清楚，相當方便。

◎因為電子票證存在手機裡，所以保管好手機是首要任務。每回使用前，確認好日期、班次後，會產生一個QR Code，查票員查票時就是掃描這個QR Code。

◎務必要在上車前開啟啟用按鍵，表示你有乖乖買票，否則一旦被發現尚未開啟，就會被認定「逃票」而罰款，切勿大意或心存僥倖。

◎同行的旅者，因為旅程相同，建議每個人的票證都存好預定的行程，萬一主要計畫者的票券遺失或出了問題，其他同行者還留有資訊，不至於慌了手腳。

◎傳統紙本票券一旦遺失，很可能找不回來，已付出的金額完全損失；如果透過飛達購買電子火車通行證，萬一手機掉了，可以聯絡幫你購買的服務人員，根據購買時的資料把電子火車通行證要回來，不至於完全損失。

區域周遊券 Regional Pass

瑞士各地區發售的區域周遊券,可在發行區域內無限制搭乘所有交通工具,適合長時間待在同一區旅遊的人。比較特別的是,這一類周遊券大多有季節性,例如:伯恩高地周遊券(Regional Pass Bernese Oberland)只在5~10月發行;瑞士中部通行證(Tell Pass)只在4~10月發行。可在瑞士各區域遊客中心或透過旅行社購買。

點對點車票

瑞士的國鐵票價系統依里程計費,所以即使購買點對點車票,也要注意行車路線,才不會無故買到比較高價的票。由於單點火車票價格較高,所以對遊客而言較少使用。購票可在瑞士境內所有火車站櫃台、自動售票機,或出發前在瑞士國鐵、飛達的網頁上購票。

班次查詢

瑞士國鐵的網站是自助旅行時規劃全境交通最好的幫手,建議出發前先下載瑞士國鐵的手機APP (SBB Mobile),不但有官網上的所有訊息,而且操作簡單,便於查詢所有列車班次、上下車月台、中途停靠站等資訊,有些偏僻的小鎮沒有火車到達,網站還會列出郵政巴士、公車或遊船的轉乘方式及時刻表;搭車時還會顯示目前位置,不用擔心坐過站。

◎瑞士國鐵官方網站:**www.sbb.ch**

預約訂位

一般來說,瑞士的火車並不需要特別訂位,即使是上下班時間或旅遊旺季,也很容易找到座位。

若在旅遊旺季搭乘熱門的景觀列車,建議事先訂位,而搭乘伯連納快車、冰河快車則一定要先訂位。持有Swiss Travel Pass雖可免費搭乘景觀列車,但仍需另外支付訂位費用,每一種列車收

事先訂位省時省事
訂位可以在瑞士國鐵的APP上預約,也可透過飛達旅遊的官方網站完成,訂位費基本上相同。由於飛達的官網提供親切的繁體中文介面,直接顯示新台幣價格,也方便索取收據;若遇到狀況時還有台灣客服人員可以幫忙服務解決,所以建議在飛達官網預訂,比較放心。

取的訂位費用不同。搭乘跨國列車前往其他國家(EC/TGV/ICE),原則上也要先預約座位。

郵政巴士

瑞士境內60%的國土屬於阿爾卑斯山脈,雖然火車路線已盡可能翻山越嶺,但還是有地域及地形限制,鮮黃色的郵政巴士帶著專屬的號角標誌穿梭山林原野,細膩地串起村落及鄉鎮,深入全國各個角落。

郵政巴士屬於聯邦政府管轄,在德語區稱為Postauto (法語區Car postal、義語區Autopostale、英文Post Bus),顧名思義,起源於從前載送郵件的馬車,當初為了將郵件送達,不管多偏遠的山區都有馬車行駛。如今行駛於同樣路線上的黃色巴士,座位舒適、車體新穎、服務準時不誤點,甚至車上還提供免費無線網路,是瑞士境內相當便捷且價廉的交通工具。

一般而言,巴士都不需要預約,如果是旅遊旺季,只要提早到站牌前等車就會有位子,但部分特殊的觀光路線一定要預約訂位,像是從聖摩里茲出發,穿越義大利國境到達義語區盧加諾的棕櫚快車(Palm Express)就是一例。

查詢路線/時間

郵政巴士也屬於瑞士交通系統的一環,使用瑞士國鐵網站與免費APP的簡易查詢功能,就能輕易找到巴士路線、班次、票價等,可提供路線規劃、時刻表、地圖、各沿途停靠站以及火車轉乘資訊,巴士行進中還會顯示目前位置。還可點選功能鍵,將行程資訊直接儲存於手機的行事曆中,相當貼心。

◎郵政巴士網站:**www.postbus.ch**

租車自駕

有些壯麗風景，只有親自翻越山口的剎那才看得到；有些自在，只有手握方向盤，聽著那首最愛的歌，掌控自己的方向和時間時才能真正釋放。瑞士的公路系統標示清楚且道路平整，看著阿爾卑斯山脈在眼前飛逝，奔馳在白雪與茵綠交織的夢境中，你會恍然了解，原來開車也可以是一種心曠神怡的享受。

租車

租車公司

瑞士據點最多的租車公司是Europcar，其他知名的全球連鎖租車公司有Avis、Hertz、Budget等，這些大公司可供選擇的車款多、車齡新、服務據點廣，如果想要甲地租、乙地還，比較容易找到還車點，若有需要維修服務或道路救援也比較方便。

預約租車

租車有兩種方式：一種是先透過網路訂好車子，到了機場或火車站再憑預訂號碼取車；另一種是臨櫃辦理，機場、火車站都可以找到多家租車公司櫃檯，各大城鎮也有租車公司的服務據點。如果能先透過網路預約，常常有比較優惠的折扣價格，且有充裕的時間詳細比較價格、了解保險及各項規定，也比較安心。此外，瑞士的自排車比較稀少，且租金相對昂貴，若有這方面的需求，最好先透過網路預約並指定自排車款。

保險

保險都是以日計價，租得愈久，保費越貴。第三責任險(LIS)是強制性，此外，損害賠償保險已包含在租金內，其他保險則視個人需求而定，比較常被問到的有碰撞損失免除保險(CDW)、人身意外保險(PAI)、竊盜損失險(TP)等，可視個人國內保險的狀況決定是否加保。

其他配備

若有嬰幼兒同行，一定要使用兒童安全椅。而GPS就看個人需求了，雖然現在的智慧型手機有許多離線地圖可使用，但除非有同行者能協助確認路線，或是有自備固定手機的手機座，否則還是租用GPS比較方便。

取車

取車時櫃檯人員會先確認相關文件，並提供租車合約。領到車子後一定要先檢查車子狀況，確認車體有無損傷，避免日後還車糾紛。發動引擎，檢查油箱是否已經加滿，接著調整好椅子和後照鏡，確認每一種按鈕的使用功能，並記得先在停車場內繞一繞，試試看剎車是否正常，一切妥當後就準備上路囉！

取車必備

◎有效期限內的英文國際駕照
◎台灣駕照(一年以上駕駛經歷)
◎信用卡：若事先於網路預約，需使用預約時的同一張信用卡。
◎護照
◎年齡20歲以上(依租車公司規定而異)
◎若已在網路預約，需提供租車的預約號碼或確認單

開車上路

高速公路

瑞士主要城市之間都有高速公路相連，大幅減

少開車時間，高速公路以綠底，白色道路線條表示，最高速限為時速120公里。公路通常規畫為兩線道，右邊為行駛道，左邊是超車道，一般行駛禁止佔用超車道。

瑞士全境的高速公路都沒有設置收費站，使用費為一年繳交一次CHF 40，所有進入高速公路的車輛都需預先付費，再把高速公路使用許可貼紙「Vignette」貼在擋風玻璃上。若是租車旅遊，租車公司多半已先行將貼紙貼在車上。但若是從其他國家租車入境瑞士，經過邊境海關檢查處時，會被要求購買。

一般道路

道路路況維持得相當良好，沿途風景迷人，郊區道路速限80公里。行駛在一般道路上，常常可以看到城市名稱和「Transit」的指示標誌，若不打算進入城鎮，可跟隨「Transit」指示牌，從外環道路繞過。

進入市區或城鎮後，最高速限降低至50公里，街道上常有隱藏式攝影機，請注意行駛時一定要遵守規定，若是被罰款，帳單還是會寄到台灣。若是在有電車行駛的城市，需要禮讓電車先行，若想超過停止的電車，可從左邊超車。

山區道路

在阿爾卑斯山區兜風，翻過一個又一個高山隘口，是瑞士開車旅遊最大的樂趣。遇到單行或狹窄路段時，上山車輛有優先行駛權。冬季及春季雪融時前往山區，若道路因積雪而封閉，都會指示可繞路行駛的路段，或是搭乘穿山火車。

穿山火車Car Train / Autoverlad

瑞士的鐵路除了可以帶旅客穿山越嶺，也可以讓你連人帶車，輕輕鬆鬆到達山的另一邊。這種專門運輸汽車的火車多半設於高山隘口下方，遇到高山下雪無法通行的狀況，就可利用火車隧道運送汽車。使用方式是先在收費亭購買火車票，之後開到閘道口前排隊，待火車到站停妥後就會開放讓汽車一輛輛開上火車，車子停妥後直接熄火並拉起手煞車即可，人就坐在自己的車子裡一起搭火車過隧道。

加油

拿到車時，一定要先詢問服務人員該加什麼

油。瑞士的加油站多半是自助式，有預先付款及加油後付款的方式。「預先付款」先投幣或插入信用卡，選擇加油的種類(95無鉛汽油Bleifrei、98無鉛汽油Superplus、柴油Diesel)，將油槍放入加油孔並按下把手即可開始加油，金額到達後油槍會自動跳停。「加油後付款」則是先選汽油種類，看著錶加到自己想要的量或金額，放開油槍把手，加滿會自動跳停，加完油再到商店櫃檯告知加油機的號碼付款。

停車

市區內可尋找路邊的計時停車格，或是多利用公園地下、廣場或大樓的停車場。在標示有「Stationierungsverbot」或「Interdiction de Stationner」的地方和人行道上都不能停車。停車場中的黃色區域為私人停車格，也禁止停車。租來的車子裡通常有藍色計時牌，在停車場停妥後記得把時鐘轉到入場時間，並將計時牌放在車窗上，記下停車格號碼，至投幣機繳費。

還車

多數旅客會選擇機場作為還車點，接近機場航廈時，順著路標指示的還車地點「Rental Car Return」，進入停車場後就會看到各家租車公司的引導標誌，停妥後就會有租車公司的人員過來檢查車輛狀況。拿到車時油箱通常已經加滿，所以還車的時候也要先加滿，如果沒有事先加滿油，會被收取不足的油資，當然，租車公司的油價計算絕對比石油公司貴。服務人員檢查後，把鑰匙交還租車櫃檯就算是完成還車了。

需留意之交通規則

◎右側通行：瑞士和台灣一樣是左駕，右側通行，左邊是超車道，在駕駛上應該不會有問題。

◎圓環：一般道路常遇到沒有交通號誌的圓環，右側車輛享有優先權，也就是說右邊車輛可優先進入圓環，且要讓已在圓環內的車輛先行。

◎優先行駛權：郵政巴士和校車有優先行駛權。

◎安全帶：駕駛和副駕座都要繫上安全帶。此外，12歲以下兒童規定坐在後座，未滿7歲需使用安全椅。

◎車燈：行駛時須全天候開啟車燈。

玩瑞士要吃什麼？

畜牧業發達的瑞士，乳製品和牛、羊料理當然是餐桌上的主角。對喜愛起士的人來說，瑞士簡直是天堂般的國度，隨便一家超市販售的起士就多達上百種，使用不同起士變化出的傳統美食更是千變萬化，可以說起士就是瑞士食物的靈魂。而不同語區受到鄰近文化的影響，又各自發展出帶有義大利、法國特色的地區料理。

起士火鍋
Cheese Fondue/
Käsefondue/
Fondue au fromage

01

一鍋融化的濃稠起士在小爐火上微微冒泡，淡鵝黃色的光澤、空氣中飽滿的起士味混合著酒香，在在挑動飢餓的神經。起士火鍋是瑞士最著名的國菜，使用Gruyere、Emmental等2至4種起士放在白酒或櫻桃酒中加熱融化，再將麵包或水煮小馬鈴薯蘸滿起士後一口吃下。通常會搭配酸黃瓜、醃漬小洋蔥這類可喚醒味覺的小菜，才不會覺得太膩。起士火鍋最好兩人以上一同享用，搭配白酒或熱紅茶，比較能幫助消化。

炸肉火鍋
Bourguignonne

炸肉火鍋和起士火鍋的吃法相當類似，只是鍋子裡裝的不是湯也不是起士，而是滾燙的油。肉類可以選擇牛、豬或羊肉，使用特製的細長叉子叉起切成骰子狀的小肉塊，放進熱鍋裡油炸，幾分熟全憑自己控制，之後沾上各種調味醬料食用。為了吃出多變的味道，一般餐廳會提供4至6種沾醬，比較常見的有蛋黃芥末醬、莎莎醬、牛排醬、蘑菇醬等，且無限量提供種類豐富的醃製蔬菜降低油膩感。

02

03

烤起士
Raclette

將專用起士片放在電爐加熱的小鐵盤上，烤成半融化的濃稠狀態，再將熱騰騰的起士刮下覆蓋在切好的馬鈴薯、火腿片或培根上，搭配醃製蔬菜一起食用。在餐廳點菜時，若只想嘗嘗味道可選擇前菜，店家會直接端出已經烤好盛盤的起士，若是點一份主餐，就會提供爐子和小鐵盤，讓你試試DIY的樂趣。比較講究的傳統餐廳，會由服務生端出一大塊起士到桌邊服務，直接以加熱後的鋼刀切下起士片，利用刀子的熱度融化起士。

阿爾卑斯焗通心粉
Älplermagronen

04

源自阿爾卑斯山區的經典菜，和其他瑞士傳統菜一樣，阿爾卑斯焗通心粉的原料少不了奶油、起士和馬鈴薯，通常選用比較硬的Berkäse起士、Appenzeller起士或帶點香草味道的Gruyere起士，盛盤後再灑上酥炸洋蔥絲增加香脆口感。最畫龍點睛的是搭配食用的肉桂蘋果泥，酸酸甜甜的味道不僅有開胃效果，更與濃厚奶香形成奇妙的完美比例，濃郁又不失清爽。

馬鈴薯煎餅
Rösti / Röschti

　瑞士人餐桌上的最佳配角就是馬鈴薯煎餅，尤其在德語區，幾乎點每道菜都會附贈。馬鈴薯煎餅以前是伯恩州農夫的飽食早餐，作法是將煮過的馬鈴薯刨粗絲，加上奶油、鹽和胡椒簡單調味，在平底鍋中乾煎，吃起來香香脆脆的，口感偏乾，最適合搭配燉肉類的料理。

05

起士焗麵包
Käseschnitte

　這道阿爾卑斯山區的家常菜，通常會使用比較硬的圓麵包做基底，切片後抹上奶油和白酒，鋪上一層火腿或培根，接著再鋪上Raclette專用起士，送進烤箱焗烤，也可以在起士上打顆蛋。味道和烤起士很類似，又比較方便快速，很適合做為中午的快餐選擇；也因為份量及熱量十分充足，在山區特別受到滑雪客或健行者的歡迎。

07

油煎香腸
Bratwurst

　全瑞士餐廳都吃得到的家常料理，一般以油煎後淋上醬汁，搭配馬鈴薯煎餅或薯條一起食用。比較常見的香腸種類有小牛肉製成的白色香腸Bratwurst；較短、味道偏鹹的紅色豬肉香腸Cervelat；體型最大、牛肉和豬肉混合、帶點肥肉卻不會太過油膩的Schüblig。

08

06

奶油牛柳
Zürche Geschnetzeltes

　蘇黎世地區發展出的牛肉料理，現在德語區標榜提供瑞士菜的餐廳都能品嘗到。最傳統的做法是使用小牛肉切成細長條狀或小丁塊，混合洋蔥、蘑菇拌炒，加上白葡萄酒和奶油白醬略為煨煮，最後以辣椒粉和檸檬汁提味。稍微偏鹹的濃郁奶汁適合與馬鈴薯煎餅搭配享用。

PICK UP!

瑞士人的國民飲料
瑞士人深諳資源充分利用之道，Rivella就是把起士製作過程中所產生的物質再利用的產品。製造起士時，表面會產生一層乳清，以往都直接倒掉，直到1952年時開始被拿來當成製作碳酸飲料的原料。Rivella喝起來酸酸甜甜有點類似維大力，後來逐漸普及成為國民飲料，從最早紅色標籤的經典款，到藍色的低卡款、綠色的綠茶風味等，口味眾多，入境隨俗不妨喝喝看。

焦糖核桃塔
Bündner Nusstorte

羅曼語區格勞賓登州的傳統糕點，內餡是滿滿的核桃堅果，稍有硬度，一口咬下，迸發混合的堅果香、焦糖香和蜂蜜香，完全是樸實的農家路線。因可長期保存，也適合作為伴手禮。

09

卡普恩斯
Capuns

這是羅曼語區格勞賓登州特有的鄉土菜，將麵粉、雞蛋混合切丁的煙燻培根、絞肉、胡蘿蔔和香草等揉成麵團，外層以瑞士甜菜葉包裹捲起，於肉湯中燉煮而成，盛盤時再淋上奶油白醬及切絲起士。雖然高山地區口味偏鹹，但還算溫和容易接受，有點類似奶油燉煮的高麗菜捲。

10

火腿冷盤
Piatto Freddo / Kalte Platte

火腿冷盤是農家為了儲存食物過冬而發展出的鄉土料理，肉類組合包含風乾牛肉(Bündnerfleisch)、臘腸、生火腿、熟火腿等。風乾牛肉是選用整塊新鮮未烹調的牛肉，以大量鹽巴和調味料醃製後風乾而成，豬肉和臘腸則以煙燻處理，要吃的時候切成薄片食用，鹹味較重且富有嚼勁，佐以各種起士切片和酸黃瓜等醃製蔬菜，通常被當作開胃前菜，也是品嘗葡萄酒的最佳下酒菜。

11

伯恩盤
Berner Platte

這是各種肉類和醃製菜類的組合，包含燻豬肉、牛舌、豬蹄膀和香腸等，分別以高湯烹煮或烤過後放在一起，沾上黃芥末，再配上水煮馬鈴薯、酸味甜菜、酸菜等配菜一同食用，是伯恩地區農家冬天的家常菜，也是當地餐廳限定的特色料理，和啤酒特別對味。

12

嫩煎鱸魚
Filets de Perches

瑞士是個湖泊眾多的國家，不管哪個湖畔城市的淡水魚料理，都是肉質滑嫩、鮮美無比，其中最出名的就是日內瓦湖區的嫩煎鱸魚。現撈鱸魚去骨切片，用奶油稍微嫩煎後，灑幾滴檸檬就能品嘗到魚肉的鮮甜滋味。有些餐廳採用法式做法，淋上特製的奶油白醬，一口咬下，檸檬與義式香料的清香伴隨奶油的濃郁在舌尖迸發，多層次的味覺饗宴令人意猶未盡。

13

波倫塔
Polenta

瑞士南部的義語區不只建築及文化，飲食習慣也深受北義大利的影響。傳統的波倫塔是將穀物磨成粗粒粉末，加點鹽和牛奶在沸水中熬煮成非常濃稠的糊狀，常用的穀物有大麥、裸麥、蕎麥等。現在的波倫塔大多以玉米製成，吃起來有點像玉米口味的燕麥泥，可以單點，也適合搭配肉類主食。在義語區的餐廳點燉肉料理時，通常會附上波倫塔當作配菜。

14

恩加丁大麥湯
Bündner Gerstensuppe

這是一道內容物相當豐盛的湯品，包含大麥、切片蔬菜、風乾牛肉、臘肉、培根、大豆、洋蔥、紅蘿蔔、西洋芹等，滿滿的食材一起燉煮成奶油湯，在氣溫稍低的山區，溫暖下肚，十分滿足。上菜份量通常誠意十足，並附贈佐湯麵包，建議可以兩人分享。

16

關於用餐禮儀

◎走進餐廳用餐，一般都要等候帶位，只要一坐下，服務生就會先問你要喝什麼飲料，這是西方人的用餐習慣。如果桌上沒準備飲用水，含氣泡的礦泉水(Sparking Water)和瓶裝礦泉水(Still Water)都要付費，亦可詢問是否提供不需付費的自來水(Tap Water)。

◎稍具規模的餐廳，菜單通常同時有德、法、義、英4種語言，如果沒有也不用緊張，瑞士人的英文能力都有一定水準。

◎吃飯時不可以大聲聊天說話，其實不只是用餐時，瑞士人在任何時候都很忌諱大聲喧嘩。

◎若是和瑞士人一起享用起士火鍋，切忌讓叉子上的麵包掉入鍋中，這是不合禮儀的行為，照慣例可是要買一瓶白酒賠罪喔！

◎準備結帳時只需要向服務生舉單手示意，或說「Check, please」，服務生就會拿帳單至桌邊結帳。千萬不要對著服務生揮手，那在瑞士是很不禮貌的舉動。

◎餐點已包含服務費，且服務生薪水很好，所以沒有給小費的必要。如果真的很滿意服務，想給點小費的話，有些人也會在結帳時支付整數的金額。

◎在物價高昂的瑞士旅行，走進中價位餐廳用餐，即使只單點主菜和飲料，每人平均也要CHF 30~40，進餐廳前記得先看看門口的菜單價位。若不想大傷荷包，除了連鎖速食店、街邊快餐車以外，百貨超市也是好選擇。規模較大的連鎖超市Coop City、Migros，以及連鎖百貨Globus和Manor都有附設自助式餐廳及舒適的用餐區。

玩瑞士要買什麼?

提到瑞士必買的紀念品,立刻會聯想到鐘錶、巧克力和瑞士刀,其實瑞士商品以堅固耐用聞名世界的品牌不少,但瑞士人厲害之處不只在於控制產品品質,更能控制產品價格,所以除了品項是否齊全、能否退稅之外,差價不大。地方限定手工巧克力或具有阿爾卑斯農家風味的商品,則是比較有地方特色的旅遊紀念品。

瑞士刀
Swiss Army knife/Schweizer Taschenmesser

瑞士刀匠卡爾艾斯納(Karl Elsener)因應瑞士陸軍的需求,在1884年設計出一款攜帶方便的多功能隨身小刀,沒想到推出之後大受歡迎,於是正式申請專利並註冊公司,並以母親的名字「Victoria」為公司命名。後來不鏽鋼材質運用於刀具製作,遂在名稱中加入不鏽鋼(inox)的元素,瑞士刀的最大品牌Victorinox於焉誕生。瑞士刀素有「世界最小的工具箱」之稱,為順應時代潮流,其功能、造型皆變化多端,新型的瑞士刀甚至還有USB隨身碟的功能。許多專賣商店也會為顧客提供免費刻字服務,可說是瑞士遊客人手一把的紀念品。

01

02

03

長毛象戶外用品
Mammut

瑞士酷愛戶外運動的人口眾多,各種因應山岳、雪地、空中、水中戶外活動特殊需求的服裝、配備,瑞士應有盡有,國際名牌齊聚。其中,在地品牌長毛象(Mammut)擁有超過160年的歷史,秉持瑞士人對產品品質的要求,功能表現卓越,基本上就是安全、專業、品質的保證,穿戴起來令人格外放心。玩家們都知道,長毛象可以說是戶外用品中的「愛馬仕」,亦即精品中的精品,價格自然不便宜,到了原產國,當然要找機會下手。

牛鈴
Cowbell / Kuhglocke

阿爾卑斯山上牧民為了方便管理放牧的牛群,將大大的牛鈴掛在牛脖子上,透過鈴聲辨識自家的牛群,避免牛隻走失。傳統的做法是將鐵皮燒紅後,手工打製焊接,每戶人家的牛鈴大小和厚薄不同,所以有的清脆悅耳,有的低沉渾厚,牧民並根據當地習俗,在牛鈴上繪製不同圖案。全國紀念品店都找得到各種尺寸的牛鈴,常見的圖案選擇有阿爾卑斯小白花、瑞士國旗、當地地標景點等。

羊毛氈包

羊毛氈其實是一種傳統的織品形式,利用羊毛纖維的特性,經過加熱、潤滑、加壓等過程,讓一根根細而彎曲的羊毛纖維糾結在一起,變得紮實而容易塑形。阿爾卑斯山區的特色紀念品之一,就是以羊毛氈為原料縫製的各種商品,例如灰色羊毛氈搭配瑞士國旗的可愛腰包,手感溫暖質樸,頗受女性遊客歡迎。羊毛氈包包屬於地區限定商品,只在少女峰地區找得到喔!

04

鐘錶

瑞士鐘錶在全球的領先地位起源於16世紀的日內瓦，當時受到宗教迫害的新教徒由鄰國逃到日內瓦，帶來先進的專業製錶技術，並結合瑞士珠寶工藝，讓當時的日內瓦因鐘錶業而富裕，17世紀成立的日內瓦製錶協會就是世界上第一個鐘錶同業公會。周圍的侏羅山區域也隨之發展鐘錶工業，19世紀初瑞士錶就佔了世界鐘錶產量的2/3。現在不管是結構複雜的高價機械錶，或以輕薄平價、百變創意取勝的Swatch，都非常受到歡迎，但只有機芯在瑞士出產、組裝及完工檢測都在瑞士完成的手錶，才能被賦予瑞士製造(Swiss Made)的高品質印記。

05

06

Bally 皮鞋皮件

1850年，瑞士彈性絲帶製造商卡爾弗蘭茨巴利(Carl Franz Bally)到巴黎出差，想要買雙鞋送給愛妻，卻因為忘了尺寸而將同一款式的所有尺寸悉數買回。這溫柔浪漫的男人從此對鞋子深深著迷，第二年便於家鄉Schönenwerd小鎮經營製鞋生意，短短20年內，Bally在歐洲製鞋業中就占有舉足輕重的地位，現在更成為世界知名的百年名牌。Bally典雅雋永、方便穿著搭配，且不易退流行的設計主軸，廣受品味人士喜愛。

07

手工巧克力

Schokolade

瑞士是牛奶巧克力的發源地，種類繁多、價格適中的品牌巧克力，最適合當作伴手禮。但若想深入了解瑞士巧克力的魅力，那就絕不能錯過百年老店的手工巧克力，除了專注於原料、溫度等流程的掌控外，每家店的獨門配方都各有老饕熟客擁護。此外，根據節慶製作的主題巧克力，已成為同業間約定俗成的傳統，例如春天的瓢蟲、兔子及復活節的彩蛋巧克力等。

星期五包

Freitag

Freitag是創業於蘇黎世的防水帆布包，在台灣常被翻譯成星期五包，但Freitag其實是老闆Markus與Daniel兩兄弟的姓氏。Freitag兄弟倆都是設計師，年輕時到蘇黎世闖天下，騎腳踏車帶著自己的作品四處奔波，卻經常被突如其來的大雨淋得一身溼，於是他們突發奇想，以貨車外覆的防水帆布為原料、以安全帶作背帶、以腳踏車內胎作為布面的邊緣，縫製出充滿工業味的防水肩包。資源回收的奇特創意、防水堅固的質料特性、功能實用的夾層設計、絕不撞包的獨一無二，使Freitag立刻成為歐洲反主流年輕人的最愛。

08

09

Sigg隨身瓶

1908年，原本只是瑞士生產鍋具的小工廠為了充分利用鋁材剩料，將鋁片衝壓成簡單的水壺，這就是Sigg的前身。熱銷全球的Sigg水壺都是以100%可回收利用的鋁鎂合金製成，一體成型、質輕耐用，所以特別受到戶外運動者的喜愛。現代感十足的流線瓶身和色彩鮮豔的設計圖樣，甚至被紐約當代藝術中心(MoMA)納入館藏。

國旗商品

　　鮮紅底色搭配大大的白色十字,線條俐落簡潔的瑞士國旗,印在各式各樣的商品上,就是最能直接代表瑞士的特色紀念品。由瑞士國旗圖樣衍生出的商品種類相當豐富,包括衣服、水壺、鋼筆、牛鈴、背包等,而且全國各地都買得到,所以建議等到旅行的最後一天或是從蘇黎世機場出境前再選購即可。

10

巴塞爾薑餅
Basel Läckerli

　　Läckerli是巴塞爾特產的薑餅,以前當地人只有過年時才會吃,因為Läckerli-Huus將這個貌似平常的小餅乾發揚光大,現在瑞士各大城市都能買到。Läckerli有「小巧且令人愉悅」的意思,正好為這塊小甜點下了最佳註解。小塊包裝的Läckerli口感較像糕餅,除了薑味外,混合了杏仁、蜂蜜、肉桂、豆蔻、丁香等香氣,留在口腔的特殊味道,嘗過就很難忘記。

11

12

葡萄酒
Wein / Vin / Vino

　　瑞士釀造葡萄酒的歷史相當悠久,據說在羅馬時期,葡萄酒文化就已相當盛行。只是瑞士葡萄園面積有限,品質控管嚴格且產量不多,再加上瑞士人好酒,多數都供應內銷,尤其是白酒,常常一上市便被搶購一空,因此葡萄酒均不外銷,外國人只有到瑞士才有機會一嘗,所以愛酒人士來到瑞士一定要試試。瑞士的葡萄酒整體來說口感柔順、果香濃郁又不過分甜膩,很容易入口。最大的葡萄酒產區在瓦萊州,其他還有日內瓦湖畔、提契諾州,以及東部的梅恩菲德和聖加侖一帶,都是主要的葡萄酒產區。

利口樂潤喉糖
Ricola

15

利口樂是運用生長在瑞士的優質香草，所製造出口味獨特的潤喉糖，因為從1940年發明以來，行銷至全世界，熟悉得讓人幾乎忘了它是來自遙遠的瑞士。利口樂多年來嚴守獨家傳統配方，也陸續推出檸檬香草、薄荷、紫錐花、蜂蜜檸檬等新口味。

13

木雕

瑞士山區的冬天很長，牧民閒暇之餘利用周邊廣大林地的自然資源，在木頭上敲敲打打，逐漸發展出木刻創作的手工藝商品。想要把有手感的木雕紀念品帶回家，最好在少女峰地區的商店尋找，尤其是有「木雕之鄉」美名的布里恩茲小鎮，種類多樣，雕工也較細緻。木雕的主題很多，其中尤以山區小牛和聖伯納犬最受歡迎。

果乾

旅途中，飲食容易缺乏維生素和纖維質，除了可以到當地超市採買當季盛產的生鮮蔬果外，也可以試試高溫脫水後製造的果乾，尤其是以溫帶水果製成的果乾，像是蘋果乾、杏桃乾、蔓越莓乾等，大型連鎖超市有提供自有品牌的多款果乾，好吃又划算。

16

阿彭策爾香草酒
Appenzeller Alpenbitter

14

百年來一直依循家族傳統秘方釀造而成的香草酒，是阿彭策爾地區限定的特色紀念品。混合42種天然香草的味道，在開瓶瞬間就被香氣包圍，尤其以八角香氣特別突出。其酒精含量高達29%，入口時甜味中帶一絲辛辣，隨後胸腹之間立刻升起一股暖意。當地人喜歡搭配帶點辣味的阿彭策爾肉乾(Mostbrockli)飲用，據說有幫助消化的功用。此外，也會在著涼受寒時來一杯，就像東方人喝藥酒一般。

17

Kambly餅乾

Kambly可說是瑞士國民品牌的餅乾，創立於1910年，超過百年以來一直屬於家族企業，目前由第三及第四代持續經營。Kambly最古老、最著名的產品是一種名為Bretzeli的餅乾，源於創始者祖母的配方；後來又逐漸發展出添加了巧克力、堅果等不同形狀、口味的餅乾，選擇眾多，在各大超市都能輕易看到。

瑞士鐘錶大觀園

瑞士境內平原稀少、土地貧瘠，在古時是個非常貧窮的國家，時常靠著組織僱傭兵出外替人打仗謀生，而驍勇善戰的瑞士步兵方陣，的確也縱橫歐洲沙戰幾個世紀之久。但隨著戰爭型態改變，瑞士傭兵也不再所向無敵，在幾次慘痛挫敗之後，瑞士傭兵便淡出戰爭史的舞台。所幸16世紀的宗教改革為瑞士帶來了另一處生機，當時法國因宗教問題經常鬧得腥風血雨，尤其是以舊教統一法國信仰的《楓丹白露敕令》頒布後，大批新教胡格諾派(Huguenot)的信徒逃往國外，其中逃至今日瑞士領土的信徒有許多是手藝精湛的工匠，包括製錶匠、金匠、打鐵匠等，他們的技能對於因環境限制而需要發展精細工藝的瑞士來說，無疑是上天賜予的禮物。經過幾個世紀的成果，瑞士鐘錶終於在國際上打出名號，成為鐘錶世界名副其實的霸主至尊。

百達翡麗 Patek Philippe

百達翡麗可以說是全球公認地位最崇高的頂級機械錶品牌，綜觀其長達180多年的歷史裡，大概能歸納出下列幾項成功要素：首先是成就輝煌的歷史，其建廠以來，從王公貴族到商賈巨富、從重大發明到技術創新，幾乎是不曾間斷地以最優秀的作品寫下無人能及的珍貴發展史。最重要的是，這些歷史性的作品多數都被妥善收藏著。其次是力求創新追求卓越的精神，百達翡麗從1845年發明第一只不用鑰匙上鍊的計時器以來，至今已獲得超過70項傲人的專利設計，包括1996年的年曆顯示機制等，都是其他錶廠所難以達到的境界。

第三是完美品質與細膩作工，這方面可以從最簡單的齒輪製作來看，一般高級錶廠最多花費20幾道工序完成的齒輪，在百達翡麗則需要高達40至60道工序才能符合要求，由此可見百達翡麗自訂標準的嚴苛。第四，百達翡麗是目前極少數完全獨立的製錶廠，這意味著在資金以及製錶能力兩方面百達翡麗都是獨立自主的。在資金與經營上獨立於鐘錶集團之外，主要可以避免集團化後，因為整體考量而喪失代代相傳的手工製錶方式，讓百達翡麗得以繼承過去的優良傳統，保有最高等級的產品定位。

為了實現上述目標，百達翡麗必須擁有完整而堅強的製錶能力，這項能力包含了兩個層面的意義，首先在完整性方面，百達翡麗有能力製作腕錶的所有重要零組件，包括機芯、錶殼、錶盤、鍊帶等。其次在實力方面，通常由製作機芯能力的高低便可判斷製錶實力的強弱，百達翡麗不但有能力自製最高級的機芯，總共高達21款的基礎機芯以及由此衍生出的45款機芯，便足以證明百達翡麗在整個業界首屈一指的製錶實力。

創始年份：1839年
創辦人：Antoine Norbert de Patek & Francois Czapek
發源地：日內瓦
官方網址：www.patek.com

創始年份：1860年
創辦人：Louis Ulysse Chopard
發源地：Sonvilier
官方網址：www.chopard.com

蕭邦
Chopard

　　蕭邦的珠寶腕錶、配件久負盛名，經常讓人忘記專業機械鐘錶才是它的本行。創始人本身是來自侏儸山區的優秀製錶師，1920年代錶廠遷到日內瓦，之後由於家族繼承問題，1963年由德國珠寶商Karl Schecufele接管，才讓蕭邦以高級訂製珠寶聞名於世。

　　1990年代機械錶方興未艾之際，蕭邦就計畫重建其專業製錶的量能，延攬製錶大師Michel Parmigiani為其開發全新機芯；1996年在Fleurier正式成立機芯廠，同時發表第一款自製機芯Cal.L.U.C 1.96。現在蕭邦的組裝、錶殼在日內瓦廠完成，Fleurier廠負責L.U.C機芯，另外珠寶配件則在德國製作，部門分工極為完善，假以時日必可與其他頂級大廠並駕齊驅。

歐米茄
Omega

　　1969年，美國太空人阿姆斯壯登陸月球，寫下人類探索太空的歷史新頁，而伴隨阿姆斯壯登月的，除了一身厚重的太空裝以外，就是他腕上配帶的那只歐米茄超霸腕錶(Speedmaster)。170多年來，歐米茄一直在人類不斷嘗試超越自我的各項領域中貢獻所能，不但為歷史作了見證，精湛的技藝也在製錶工業中佔有一席之地。

　　歐米茄共發展出包括男、女腕錶在內的五大系列錶款，除了上述的超霸系列外，分別是海馬系列(Seamaster)、星座系列(Constellation)、碟飛系列(De Ville)以及博物館系列(Museum Collection)。機芯方面，近幾年歐米茄將重心放在與英國製錶大師George Daniels共同研發的同軸擒縱裝置上，因摩擦力較低，故能確保長時間內的精確性。

創始年份：1848年
創辦人：Louis Brandt
發源地：Bienne
官方網址：www.omegawatches.com

浪琴
Longines

　　浪琴之所以成為精準的同義字，都歸功於對時間工藝的不斷努力。由於創始人Ernest Francillon堅持最高品質的工作原則，使得浪琴錶贏得了無數獎項，也受到世人的肯定。在190多年輝煌的專業製錶歷程中，浪琴錶創造了無數經典系列，包括1927年發表的Elegantes de Longines；1957年首度推出Flagship Collection旗艦系列復刻紀念錶；1958年的La Grande Classique de Longines嘉嵐系列；2002年的錶款Longines Dolce Vita多情系列、酒桶型的Evidenza典藏系列，以及Special Series特殊系列。製錶技藝日益精進的浪琴錶，品牌所推出的各個系列不但充分展現精湛卓越的專業，永遠堅持最好品質的自我要求也深受玩家肯定。

創始年份：1832年
創辦人：Ernest Francillon
發源地：St. Imier
官方網址：www.longines.com

瑞士國鐵錶

Mondaine

創始年份：1917年
創辦人：Brother Schlup
發源地：Lengnau
官方網址：www.rado.com

1940年瑞士工程師Hans Hilfiker任職瑞士國家鐵路局時，設計出紅色秒針時鐘，後來被選為瑞士國鐵局指定掛鐘，至今在瑞士已有超過3千個車站懸掛此鐘。而1986年Mondaine公司取得瑞士國鐵正式標誌SBB生產和經銷權，開始銷售瑞士國鐵錶。

在沒有大型時鐘可供旅客參考的時代，瑞士火車站的月台工作人員會拿著紅色圓形木板揮舞，以便通知旅客上車，在Hans的巧妙連結下，使紅色圓形木板成為瑞士國鐵錶的重要元素之一，將傳統與現代做了完美的結合。1993年起更在倫敦設計博物館和紐約現代藝術博物館陸續公開展示，這無疑是對Hans設計理念的認同與肯定。一直以來，瑞士國鐵錶所有錶款都維持相同的面盤款式，但造型及外觀、功能多所變化，作品包括手錶、懷錶，甚至桌鐘等。

創始年份：1986年
創辦人：Erwin Bernheim
發源地：蘇黎世
官方網址：www.mondaine.com

©利拓股份有限公司

雷達錶

Rado

1917年創立的雷達錶在多年後終於開花結果，自1962年推出耐刮抗磨錶殼的DiaStar1鑽星一號系列後，雷達錶漸以使用跨時代的高科技陶瓷錶殼為品牌的辨識標記，除了錶款功能層面之外，這同時也是讓品牌在錶壇佔有一席之地的功臣之一。高科技陶瓷材質原用於製作太空梭頂部的隔熱罩，不僅不易刮傷、抗敏，而且經過特殊加工製作後，更貼合手腕，再加上簡約俐落的設計，遂使雷達錶成為個性化錶款的代名詞。

寶齊萊

Carl F. Bucherer

從最初的精品店到自創鐘錶品牌，創辦人的企業精神與獨到眼光，讓寶齊萊一步步邁向揚名國際的專業鐘錶品牌。2001年，寶齊萊以創始人Carl F. Bucherer為品牌名稱重新出發，自此不僅在全球行銷策略上有了重大轉變，錶款方面也從早期聞名的珠寶錶，逐漸邁入專業鐘錶之林。

目前寶齊萊的主力系列為柏拉維(Patravi)和瑰麗系列(Alacria)，男性化的柏拉維強調簡練實用的風格，以及符合人體工學的豪邁設計；而瑰麗系列則是專為女性設計的華美鑽錶，除了展現寶齊萊長久以來的珠寶工藝，也以3D腰身錶殼和多變的材質選擇，展現與眾不同的創意。

創始年份：1888年
創辦人：Carl F. Bucherer
發源地：琉森
官方網址：www.carl-f-bucherer.com

百年靈
Breitling

百年靈創立於1884年，當時正值萊特兄弟試圖揭開飛行序幕之時，翱翔天際之事自然成為當時最熱門的話題。而百年靈正好在這一波飛行熱中找到定位，從1915年開發出第一款計時碼錶之後，便開始與航空事業結下不解之緣，不但一度成為英國皇家空軍計時器的供應商，1962年還推出陪伴太空人進行星際探險的Cosmonaute系列，之後更陸續發表潛水錶款，同時攻佔兩種市場。目前百年靈的主力包括航空計時系列(Navitimer)、專業系列(Professional)、復仇者系列(Avenger)、超級海洋系列(Superocean)、傳奇航空系列(Classic Avi)、璞雅系列(Premier)等系列。

創始年份：1884年
創辦人：Leon Breitling
發源地：拉紹德封
官方網址：www.breitling.com

創始年份：1853年
創辦人：Charles-Felicien Tissot與Charles-Emile Tissot
發源地：力洛克
官方網址：www.tissotwatches.com

天梭錶
Tissot

以優良品質、實用功能，加上完整的產品線，天梭錶幾乎可說是瑞士家庭中人手一只的「國民錶」。天梭成立於1853年，目前隸屬於Swatch集團，它在1930年初期製作第一只抗磁手錶，1971年推出以塑膠製造機械機芯的新錶款，近來更使用諸多先進科技製錶，像是自動石英機芯與放置觸動感測器在鏡面上的T-Touch，都是業界少見的產品。天梭錶的多樣產品種類及多變外型來自於極強的研發能力，不論錶廠規模或行銷量，皆勝過多數頂級瑞士錶廠。

玉寶錶
Ebel

玉寶錶於1911年由Eugène Blum與Alice Lévy夫婦所創立，當時因憑著高品質替知名製錶廠代工而聞名。1912年推出首款腕錶，極獲錶界注目。2003年成為Movado旗下品牌，更讓品牌擁有新生命。玉寶錶的設計與製作，一向採用最精進的科技，製成最高級的品質，卓越的技術及設計，充分展現了藝術、功能與價值三者的完美結合。

創始年份：1911年
創辦人：Eugène Blum與Alice Lévy
發源地：拉紹德封
官方網址：www.ebel.com

移動即是享受，奔馳在畫境之中

玩瑞士，就是要搭乘景觀火車！

在瑞士，阿爾卑斯不僅僅是個名詞，更是個動詞！聰明的瑞士人，總能用最輕巧的方式征服高峰，千山萬水在這裡也成了咫尺之間。瑞士精心規畫出多條景觀列車路線，每條都各具特色：冰河列車帶你縱覽阿爾卑斯山脈，伯連納列車沿途崇山峻嶺、冰河湖泊驚喜連連。聖哥達全景觀快車能同時感受火車和遊湖船的樂趣，黃金列車則一次走遍德、法語區的精華景點。隨著景觀列車的奔馳，駛向阿爾卑斯的一片綠，是在瑞士親近群山最為輕鬆寫意的方式。

而且在瑞士搭乘景觀列車，絕對是硬體與軟體的雙重享受，明亮潔淨的車廂、列車準時不拖班，當然還有窗外綿延不絕的蒼翠與俊秀的白頭雪山。只要來到瑞士，就一定要體驗一次這種簡單的美麗，於是你會發現，火車不再只是種移動的交通工具，旅行的過程才是最重要的目的。

❶ ----- 黃金列車快線 GoldenPass Express 見P.33
❷ ----- 聖哥達全景觀快車 Gotthard Panorama Express 見P.36
❸ ----- 伯連納快車 Bernina Express 見P.37
❹ ----- 阿爾卑斯山麓快車 Voralpen Express 見P.40
❺ ----- 冰河快車 Glacier Express 見P.41
❻ ----- 巧克力列車 Schokoladenzug 見P.44

聖加侖 St. Gallen

琉森 Luzern ❹

福爾倫 Flüelen

庫爾 Chur

茵特拉肯 Interlaken

❻

蒙投 Montreux ❶

❺

❷ 聖摩里茲 St. Moritz

❸

蒂拉諾 Tirano

策馬特 Zermatt

盧加諾 Lugano

©Tobias Ryser

©MOB-GoldenPass

©MOB-GoldenPass

©MOB-GoldenPass

蒐集瑞士精華景點

黃金列車快線

GOLDENPASS EXPRESS

黃金列車顧名思義就是條黃金路線，集瑞士精華景觀之大成，連結了德語區少女峰山腳的茵特拉肯與法語區日內瓦湖畔的蒙投，瑞士最美的高山與最美的湖泊都在這條路線上！

　　黃金列車雖然歷史悠久，早在1901年MOB鐵路公司就已鋪設了從蒙投到茲懷斯文的第一段鐵軌，而這段鐵道後來也以黃金列車全景觀路線(GoldenPass Panoramic)聞名於世，不過由於MOB只經營蒙投到茲懷斯文的鐵道，而茲懷斯文到茵特拉肯的鐵軌則是由另一家鐵路公司BLS鋪設營運，加上過去從茵特拉肯到琉森由Zentralbahn經營的一段也被視為黃金列車的一部分，這3家不同鐵路公

司的鐵道分屬不同系統，軌距和高度都不一樣，以致於過去要從蒙投坐到琉森走完整條路線，中途必須得在茲懷斯文與茵特拉肯各換一次車。儘管打從1920年代就一直有連通直達的提議，但礙於技術與經費，遲遲未能實現。

直到2019年，在MOB與BLS聯手努力下，世界首創的全新技術終於獲得成功，可以在幾秒鐘內改變軌道規格及高度，於是在2022年12月11日，首輛從蒙投到茵特拉肯的直達列車以GoldenPass Express之名正式啟動，不但省下轉乘時間，也讓這條賞景路線更為順暢。

列車路線
茵特拉肯東站Interlaken Ost→史匹茲 Spiez→茲懷斯文Zweismmen→格施塔德Gstaad→代堡Château-d'Œx→蒙博翁 Montbovon→蒙投Montreux

列車從茵特拉肯東站出發，告別少女峰白雪皚皚的身影後，沿著泛起翡翠綠光澤的圖恩湖一路西行。過了史匹茲後漸漸往山坡前進，一路行經茲懷斯文、格施塔德與代堡，窗外所見都是典型的阿爾卑斯山區風景，連綿草坡上牛群點點，傳統的彩繪雕花木屋質樸可愛，白色教堂的尖塔點綴著蓊鬱的森林。

當列車穿越Jaman隧道後，瞬間從阿爾卑斯山林划入洋溢南法風情的日內瓦湖，湖岸綿延的葡萄園梯田在和煦陽光中沒入波光粼粼的湛藍湖泊，就這麼一剎那，法語區的浪漫因子已悄悄瀰漫整個空間。

車型特色
隨著GoldenPass Express正式啟用，車廂上也做了全面升級。新的列車保持了過往全景式車廂的設計，由瑞士本地的Stadler Rail公司製造，車頭依然由曾設計出多款法拉利名車的賓尼法利納(PininFarina)公司設計，而內裝與部分外部配件則由Innova Design負責操刀，整體風格比舊的車型更加新潮美觀。

車廂分為二等、一等與最豪華的Prestige三種，其中Prestige的區域比其他廂等高了40公分，搭配可依乘客需求旋轉180度的沙發座椅，簡直就像是坐在風景中飛行。更有甚者，Prestige的座椅還有加熱功能，就算窗外降下白雪，身體都還是暖呼呼的。

車上也可訂購餐點，像是起士肉盤等，而若是坐在Prestige車廂，還能點到來自瑞士弗魯蒂根(Frutigen)的頂級魚子醬及產自拉沃地區的葡萄酒呢！

❶茵特拉肯
位於布里恩茲湖及圖恩湖之間，茵特拉肯是進入少女峰地區的門戶。從這裡可以前往少女峰、艾格峰和僧侶峰，鄰近的小山城格林德瓦亦是健行者的天堂。

❷迪亞姆提格峽谷
瑞士阿爾卑斯山區規模最大的農牧經濟社區，為一座國家級的自然公園，區域內極少人工設施，有許多健行路線能感受純樸自然的阿爾卑斯風光。

❸代堡
位於伯恩高地與日內瓦湖之間的小山城，以雷第瓦起士及國際熱氣球週聞名於世。

©Château-d'Œx Tourism

❹蒙投
有「瑞士藍色海岸上的珍珠」之稱，可愛的小城和不遠處的西庸古堡都值得到訪。由此前往洛桑、威薇或日內瓦都相當方便。

黃金列車高度圖

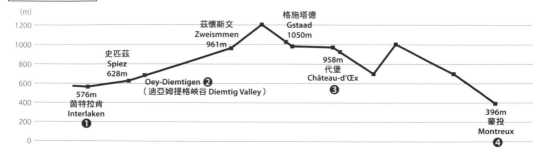

©David Bochud

©MOB-GoldenPass

©MOB-GoldenPass

列車資訊

☎(0)21 989-8190 ⏰全年運行，每日4趟來回，07:35、09:35、12:35、14:35從蒙投出發，09:08、11:08、14:08、16:08從茵特拉肯出發 🌐www.gpx.swiss ☀持有Swiss Travel Pass、Eurailpass及黃金列車行駛路線的「點對點分段火車票」，在票券效期內可搭乘黃金列車，不需另外購票，也不強制訂位

票價 行駛時間

票價(CHF)	二等廂		一等廂		行駛時間
	單程	來回	單程	來回	
蒙投－茵特拉肯	53	106	93	186	3小時15分鐘
蒙投－格施塔德	26	52	46	92	1小時25分鐘
茵特拉肯－格施塔德	35	70	62	124	1小時50分鐘
訂位費	CHF 20，加訂Prestige為CHF 35				

Panorama Train Tour

湖水與山林之詩篇
聖哥達全景觀快車
GOTTHARD PANORAMA EXPRESS

由瑞士國鐵SBB與琉森湖遊船公司SGV AG聯合營運的聖哥達全景觀快車，行程始於瑞士歷史悠久的城市琉森，終點是義大利語區的盧加諾。半天之內就能從井然有序的中部德語區，進入熱情奔放的提契諾(Ticino)義語區，感受截然不同的文化差異。最特別的是，聖哥達全景觀快車路線包含了火車以及行駛於湖上的蒸汽船，不僅能欣賞阿爾卑斯山的優美山林，還能迎著琉森湖的微風深深呼吸，感受湖光山色的寧靜。

列車路線
琉森Luzern→福爾倫Flüelen→貝林佐納Bellinzona→盧加諾Lugano

在琉森的碼頭搭乘帶有懷舊風味的蒸氣遊船出發，站在甲板上迎著琉森湖的清新水氣，左岸的瑞吉山、鐵力士山，以及右岸的皮拉圖斯山等著與你告別。沿湖蒸氣船會停靠一些小鎮，當中許多就是威廉泰爾傳說的發源地。整個遊湖時間大約2小時45分鐘，中午可使用上船時領到的餐券，品嘗一份美味的午餐，好好享受旅程中最悠閒的時刻。

遊船在福爾倫靠岸後，可以立刻接駁全景觀火車前往盧加諾，沿途會經過聖哥達(St. Gotthard)山區，那裡蜿蜒曲折的隧道帶人翻山越嶺地進入瑞士南部。當離開15公里長的聖哥達隧道，再次感受陽光耀眼時，便已經正式進入了義語區，可選擇下車造訪貝林佐納，或是繼續前往盧加諾。

列車資訊
4月底~10月中週二至週日行駛。從琉森11:12搭船出發，13:55到福爾倫，換乘火車於14:09再次啟程，16:41抵達盧加諾。從盧加諾09:18出發，11:37到福爾倫，再於12:00登上遊船，14:47抵達琉森 www.gotthard-panorama-express.ch 持有Swiss Travel Pass可免費搭乘遊船及火車；持有Eurailpass可免費搭乘火車，遊船部分則享半價優惠 若要在船上午餐，建議事先訂位

票價 行駛時間

票價(CHF)	二等廂	一等廂	行駛時間
琉森─福爾倫	51	79	2小時45分鐘
福爾倫─盧加諾	48	82	2小時30分鐘

聖哥達全景觀快車

從高山冰河到陽光棕櫚
伯連納快車
BERNINA EXPRESS

©Rhätische Bahn

　　由雷蒂亞鐵路公司(Rhätische Bahn)營運的伯連納快車，至今仍是穿越阿爾卑斯山區的鐵道中海拔最高的一條，同時也是高低落差最大的路線，144公里的路程一共穿越55個隧道及196座橋樑，從蒼翠蔥鬱的樹林草坡，上升至高山冰河環繞的銀色世界，最後抵達棕櫚樹搖曳的義大利邊境小鎮。而當中從圖西斯(Thusis)到蒂拉諾(Tirano)的路段，因為在建築學、工程學與環境概念上的高度成就，於2008年正式被列為世界文化遺產，完美體現了人類運用現代技術克服險阻山嶽的最佳範例。

列車路線
庫爾Chur/聖摩里茲St. Moritz➜阿爾卑格呂姆Alp Grüm➜波斯基亞沃 Poschiavo➜蒂拉諾Tirano(－盧加諾Lugano)

庫爾～聖摩里茲路段
　　搭乘鮮紅色的全景觀列車從庫爾出發，首先吸引目

光的是多姆勒什(Domleschg)地區的城堡群，火車穿行於河谷間，城堡則點綴在樹林中，景色相當夢幻。接著開始在高聳的橋樑上不斷穿行，包括90公尺高的索利斯橋(Solis Viaduct)及弧度優美的蘭德瓦瑟高架拱

橋(Landwasser Viaduct)。而從貝爾金(Bergün)到普雷達(Preda)之間千萬別眨眼,在短短20分鐘之內,火車將經由5個環形隧道及9座高架橋樑進入恩加汀谷地(Engadine),海拔瞬間爬升416公尺,這條被稱為阿爾布拉鐵路(Albulalinie)的路段,公認為伯連納鐵道中設計最

高明的部分。

聖摩里茲～蒂拉諾路段

列車經過蓬特雷西納(Pontresina)後進入最驚人的高山冰河段,首先映入眼簾的是摩特拉奇峰(Piz Morteratsch)和伯連納峰(Piz Bernina),接著很快地,摩特拉奇冰河與

❶庫爾

洋溢濃濃中世紀風情的庫爾,擁有哥德式建築的舊城景觀,其鄰近的多姆勒什地區林立著16座大小不同、年代各異的城堡,是瑞士城堡密度最高的地方。

❷聖摩里茲

這座著名的溫泉城市,其高山健行及冬季滑雪都受到歐洲旅客的喜愛,是全瑞士最早設有旅遊局的城鎮,也是名流出入、以昂貴聞名的度假勝地。

❸阿爾卑格呂姆

在車站旁的觀景台能眺望伯連納峰、帕魯峰(Piz Palü)及壯闊的冰河,往蒂拉諾方向山巒疊翠的山谷間,波斯基亞沃湖(Lago di Poschiavo)閃閃發光。建議在歐司比里歐站下車,沿著白湖畔的健行步道至此,約莫1.5小時的路程,還能欣賞紅色列車、白色湖水與青山交織成的絕美風景。

伯連納快車高度圖

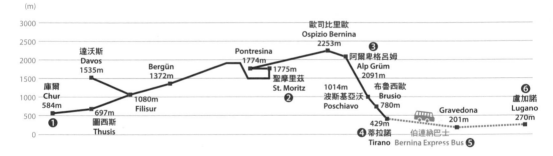

(m)

3000		
2500	歐司比里歐 Ospizio Bernina 2253m ❸	
2000	達沃斯 Davos 1535m　　Pontresina 1774m　　阿爾卑格呂姆 Alp Grüm 2091m	
1500	庫爾 Chur 584m　　Bergün 1372m　　1775m 聖摩里茲 St. Moritz ❷　　1014m 布魯西歐 波斯基亞沃 Brusio Poschiavo 780m	❻ 盧加諾 Lugano 270m
1000	697m　　1080m Filisur	Gravedona 201m
500	❶　　圖西斯 Thusis	429m ❹蒂拉諾 Tirano 伯連納巴士 Bernina Express Bus ❺
0		

❹蒂拉諾

蒂拉諾是瑞義國界上的小鎮,伯連納快車終點的火車站是瑞士國土,在車站內辦理入境檢查後,離開車站就是義大利境內。在小鎮上的教堂前可看見鮮紅色的列車像電車般穿越市區的景象。

❺伯連納巴士
Bernina Express Bus

這是伯連納快車的延伸旅程,沿著義大利北部的科摩湖(Lago di Como)進入瑞士的義語區。沿途經過不少懸崖峭壁,讓乘客有如置身雲霄飛車之感,司機的超完美技術與沿途風景同樣令人折服。

❻盧加諾

瑞士提契諾州(Ticino)最大的城市,集悠閒的度假氛圍與時髦的都會風情於一身,一次滿足逛街、賞古蹟、遊湖和健行賞景的所有需求。

佩斯冰河(Pers Glacier)便在眾人眼前會合，瀑布、冰河等壯觀的奇景，都以極近的距離從眼前閃逝。接著冰河融雪形成的白湖(Lago Bianco)在驚嘆聲中出現在火車右側，乳白綠的湖水被稱為「冰河牛奶」，後方聳立著薩薩爾梅森(Sassal Masone)與坎布雷納峰(Piz Camberna)兩座山峰及冰河，山腰處還能見到一道道蜿蜒瀑布向湖中奔流而去。此時也來到全程的最高點──歐司里歐(Ospizio Bernina)，接著開始一路向下，當火車離開布魯西歐站(Brusio)後，建築在平原上的圓環形高架橋為旅程帶來最後的高潮，這裡可清楚看到火車利用環形拱橋攀升及下降的最佳範例。最後，繽紛的義大利風情屋舍宣告蒂拉諾的到來，為這趟奇幻之旅劃下了句點。

列車資訊

☎ (0)81 288-6565　⏰ 每日08:28從庫爾出發的班次為全年行駛；每日13:34從庫爾出發及每日09:17、13:17從聖摩里茲出發的班次為5月中~10月底行駛；16:14從聖摩里茲出發的班次夏季為每日行駛，冬季為週五至週日行駛。伯連納巴士僅於2月中~11月底行駛(3月底~10月底每日、其他時間週四至週日)，發車時間為14:20　🎫 tickets.rhb.ch/en/pages/bernina-express　☀ 持有Swiss Travel Pass或Eurailpass可依車票等次免費搭乘　❶ 搭乘伯連納快車與伯連納巴士前，必須先上官網訂位。若要進入蒂拉諾，由於已穿越國境，記得隨身攜帶護照

搭乘伯連納快車的驕傲戰利品
在蒂拉諾站下車後，別忘了憑票根換取一張旅程證書，為這趟跨越寒帶及亞熱帶氣候的火車之行，留下最完整的回憶。

票價 行駛時間

價錢(CHF)	二等廂		一等廂		訂位費		行駛時間
	單程	來回	單程	來回	旺季	淡季	
庫爾-蒂拉諾	66	132	113	226	36	32	4.5小時
聖摩里茲-蒂拉諾	33	66	57	114	28		2.5小時

※伯連納巴士5~10月為CHF 16，其他季節為CHF 14，車程約3小時
※6~16歲半價

阿爾卑斯山麓快車

VORALPEN EXPRESS

阿爾卑斯山麓快車簡稱VAE，由東南鐵路公司(Südostbahn，SOB)營運，因為沿途穿越阿爾卑斯的山麓丘陵(德語為Voralpen)而得名。這條路線原本只是作為IR快車，連結瑞士中部與東部的小鎮與村莊，但由於一路穿行於牧歌式的田園景色中，展現果園、林地、牧場、村落等阿爾卑斯山脈低海拔地帶的特色，因而被列為景觀列車(PE)的一員。

列車路線

琉森Luzern→阿爾特戈爾道Arth-Goldau→拉珀斯維爾Rapperswil→聖加侖St. Gallen

阿爾卑斯山麓快車從琉森出發，經過阿爾特戈爾道、拉珀斯維爾等城鎮，最後抵達聖加侖。這條路線帶領遊客遨遊在阿爾卑斯山麓一帶，沿途除了千奇百怪的岩石和幽靜的深谷風景外，在阿彭策爾(Appenzeller)與吐根堡(Toggenburg)等地，牛羊緩步在翠綠草坡上的牧歌式畫面，最能呈現傳統阿爾卑斯風情。

在人文色彩方面，途經的幾座城市都以巴洛克式的建築風格聞名，像是聖加侖著名的修道院及圖書館(Fürstabtei St. Gallen und Stiftsbibliothek)，更是早在1983年時就被列為瑞士的第一批世界遺產名單。

列車資訊 ⏰全年行駛。從琉森出發到聖加侖07:39~19:39，從聖加侖出發到琉森07:05~19:05，每小時一班次 🌐unterwegs.sob.ch/de/pages/voralpen-express 🎫持Swiss Travel Pass、Eurailpass等有效火車票券皆可免費搭乘，不需事先訂位

票價 行駛時間

※6~15歲半價

價錢(CHF)	二等廂		一等廂		訂位費	行駛時間
	單程	來回	單程	來回		
琉森－聖加侖	25.6	76.6	43.6	130.6	5	2小時16分鐘

©SOB Suedostbahn

©Switzerland Tourism

—— 流轉於峽谷冰河間的電影畫面 ——

冰 河 快 車

GLACIER EXPRESS

冰河快車是世界上最出名的景觀火車之一，全線幾乎沿著瑞士境內的阿爾卑斯山脈行駛，連接策馬特和聖摩里茲這兩大最受歡迎的高山度假勝地，沿途一共穿越了91個隧道及291座橋樑，經過無數瀑布、冰河、峽谷與高原，景觀變化多端得超乎想像。

冰河快車鐵道總長300公里，車行時間約為8個小時，是由私人鐵路公司Rhätische Bahn Railway(RhB)和Matterhorn Gothard Bahn (MOB)分段經營，因為平均時速僅約37公里，所以又有「世界上最慢的快車」之名。

列車路線

聖摩里茲St. Moritz/達沃斯 Davos→庫爾Chur→安德馬特Andermatt→布里格Brig→策馬特Zermatt

聖摩里茲至庫爾的路段與伯連納快車重疊，稱為阿爾布拉路線，這段被列為世界文化遺產的鐵道利用精湛的

迴旋技術，讓列車在短時間內爬升416公尺，只見同樣的景色不斷在眼前消失又出現，相當有趣。經過Filisur後進入幽暗的蘭德瓦瑟隧道，一出隧道口，長142公尺、高65公尺的蘭德瓦瑟高架拱橋便在天空劃出一道優美弧線，瞬間有飛翔在峽谷上空的錯覺。

經過圖西斯後，進入保有自然風光的萊茵峽谷(Rheinschlucht)，這裡也是旅程的最低點，接著開始向上攀爬至此行最高點的上阿爾卑斯隘口，終年積雪的山脈和萬年冰河如電影畫面般在眼前緩緩流轉，讓人捨不得眨眼。

旅遊時間有限之下，建議選擇聖摩里茲至安德馬特的精華路段。如果只想稍稍體驗高級景觀列車的滋味，也可搭乘從布里格至策馬特的路段，從平緩的河谷平原沿著陡峭的高聳峽谷，一路攀升至海拔1,604公尺的策馬特。

車型特色

當冰河列車火紅的車體，行駛過以翠綠樹林、白色冰河及湛藍天空彩繪而成的阿爾卑斯山脈，無疑是曠野中的視覺焦點。車廂配備大型觀景窗及車頂天窗，視野開闊，能盡情徜徉在阿爾卑斯山脈的美景中。行程手冊及一組全新耳機貼心地放在每個座位上，旅程中的景點都有中文語音解說。每輛冰河快車都加掛了餐車，可以在舒適的全景觀小酒吧內，一邊啜飲香醇咖啡，一邊欣賞綺麗景色。或是選擇在自己的座位上點餐，由服務人員為你送上美味餐點。

❶策馬特
前進馬特洪峰的最後村落，即使無數遊客前來，依然保持清新質樸的阿爾卑斯風情。除了健行賞景和滑雪，不妨放慢腳步逛逛這可愛的小山城。

❷庫爾
瑞士東部的重要關口，擁有瑞士最悠久的城市歷史。蜿蜒的石板巷弄，北義哥德式的石造建築與精美壁畫，充滿濃濃中世紀風情。

❸達沃斯
以空氣清新著稱的冬季滑雪渡假勝地，兩側高山共有相連的7座滑雪場，夏天則是健行者的天堂，搭乘纜車至亞考布斯峰(Jakobshorn)，可擁有極為遼闊的視野。

❹聖摩里茲
聖摩里茲一年擁有超過320天陽光照耀，終年乾爽舒適、空氣清新，被讚譽為「香檳氣候」。這裡是瑞士唯一舉辦過兩次冬季奧運的城市，同時也是著名的溫泉勝地。

©ENGADIN ST. Moritz

冰河快車高度圖

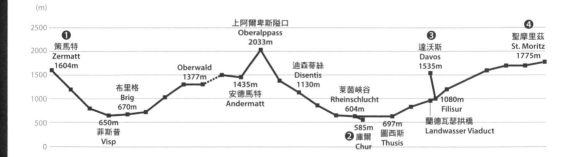

```
(m)

2500                          上阿爾卑斯隘口                                    ❹
                              Oberalppass                            ❸      聖摩里茲
2000  ❶                        2033m                                達沃斯    St. Moritz
     策馬特                                                          Davos    1775m
     Zermatt         Oberwald              迪森蒂絲                1535m
1604m              1377m                  Disentis
1500                         1435m        1130m      萊茵峽谷
       布里格                 安德馬特                  Rheinschlucht    1080m
       Brig                 Andermatt                604m          Filisur
1000   670m                                                  蘭德瓦瑟拱橋
                                                             Landwasser Viaduct
500   650m                              585m  697m
     菲斯普                               ❷庫爾  圖西斯
     Visp                               Chur  Thusis
0
```

列車資訊　☎(0)81 288-6565　🌐www.glacierexpress.ch　※持Swiss Travel Pass或Eurailpass可依車票等次免費乘車　❶搭乘前必須先訂位，可在台灣販售通行證的旅行社、瑞士各主要火車站或於官網上訂位，長程每人CHF 49，短程每人CHF 44

PICK UP !

冰河列車的趣味紀念品

為了使冰河列車爬坡時，餐桌上的飲料不會因為車體傾斜而溢出，鐵路公司特別設計一款站起來歪歪的斜口杯，造型相當可愛獨特，只能在庫爾、聖摩里茲和策馬特火車站買得到。

©Glacier Express

©Glacier Express

班次時間

東向車次

季節	夏季				冬季	
車次	PE900	PE902	PE904	PE906	PE920	PE902
策馬特出發	07:52	08:52	09:52		07:52	08:52
抵達庫爾	13:25	14:25	15:25		13:25	14:25
庫爾出發		14:34	15:34	18:58	13:34	14:34
抵達聖摩里茲		16:37	17:37	21:00	15:37	16:37

西向車次

※往返達沃斯需在Filisur換乘。

季節	夏季				冬季	
車次	PE901	PE903	PE905	PE907	PE923	PE925
聖摩里茲出發	07:02	08:51	09:42		08:51	09:42
抵達庫爾	09:04	10:56	11:55		10:56	11:55
庫爾出發		11:05	12:14	14:26	11:05	12:14
抵達策馬特		17:10	18:10	20:10	17:10	18:10

票價 行駛時間

※6~16歲半價

價錢(CHF)	二等廂	一等廂	行駛時間
聖摩里茲－策馬特	159	272	約8小時
庫爾－策馬特	124	212	約5.5小時

融化在香甜的誘惑之中

巧克力列車

SCHOKOLADENZUG

由 MOB鐵道公司營運的巧克力列車可視為黃金列車快線的延伸，與其說是景觀列車，其實更接近特色導覽行程。這是一個新的想像空間，首先搭乘名為「美好時光」(Belle Epoque)的懷舊車廂，這輛1915年出廠的普爾曼式(Pullman)火車，帶領遊客重回往日的風華年代。接著換乘巴士深入美麗的瑞士小鎮，到工廠參觀起士與巧克力的製作過程，了解這兩樣瑞士代表美味的背後祕辛。

列車路線

蒙投Montreux→格魯耶爾Gruyère→布羅Broc→蒙投Montreux

當火車從蒙投出發後，熱騰騰的巧克力飲品和巧克力麵包便端上桌伺候，為這趟巧克力之旅揭開名副其實的序幕。此時你可以一邊享用可口的點心，一邊欣賞窗外景緻，十分悠閒享受。火車到了蒙博翁(Montbovon)後，所有人下車換乘巴士，首先前往美麗的小城格魯耶爾，在這裡有足夠的時間逛逛村落及參觀格魯耶爾城堡，並進入La Maison du Gruyère起士工廠，現場觀看起士的製作。接著來到位於布羅的La Maison Cailler巧克力工廠，在此了解巧克力的生產過程，並試吃各式各樣的巧克力。最後再搭乘巴士返回蒙投，全程都有導覽解說。

巧克力列車

德國 Deutschland

法國 France

波登湖 Bodensee

巴塞爾 Basel

蘇黎世 Zürich

聖加崙 St.Gallen

蘇黎世湖 Zürichsee

列支敦士登 Liechtenstein

奧地利 Österreich

瑞嘉湖 Vierwaldstättersee

納沙特湖 Lac de Neuchâtel

伯恩 Bern

布里恩茲湖 Brienzersee

圖恩湖 Thunersee

茵特拉肯 Interlaken

洛桑 Lausanne

Broc

少女峰 Jungfrau

日內瓦湖 Lac Léman

Gruyères

蒙投 Montreux

日內瓦 Genève

策馬特 Zermatt

盧加諾 Lugano

義大利 Italia

法國 France

火車

列車資訊

☎ (0)21 989-8190　⊙7～8月的週二、四、五、六、日，及5、6、9月的週二、四、日運行。09:50從蒙投出發，17:15回到蒙投，全程7小時25分鐘　journey.mob.ch/en/products/chocolate-train　❗須事先訂位，可於官網上預約

票價

價錢(CHF)	全票	STP優惠	6~16歲
二等廂	89	59	69
一等廂	99	59	79

※票價含全程導覽、車上巧克力麵包及熱巧克力、La Maison du Gruyère起士工廠與La Maison Cailler巧克力工廠門票

SWITZERLAND
Panorama
Train Tour

玩瑞士
就是要享受
宜居城市

~這才是最理想的生活節奏~

法國　　　　　德國

蘇黎世
Zürich 見P.46

琉森
Luzern 見P.110　奧地利

伯恩
Bern 見P.126

洛桑
Lausanne 見P.96

日內瓦
Genève 見P.76

義 大 利

瑞士沒有像紐約、巴黎、倫敦這樣的超級大都會，即使是第一大城蘇黎世，市中心的人口也不過44萬，重要的景點只需要兩天就能走遍。然而這並不是説瑞士的城市不值得一遊，相反的，你可能會希望能花上多一點時間留在這裡，最好是能住上幾個星期，或許更久。畢竟在世界宜居城市的排行榜上，瑞士的城市總是榜上有名，你可曾見過哪個國際級的都會，可以直接跳下河水游泳？又有哪個國家的首都，可以直接飲取路旁的噴泉？這裡出門抬眼就是白雪覆頂的巍峨山頭，走過轉角就是故事悠悠的歷史古蹟；路上行人沒有匆忙的步伐，市區道路沒有壅塞的交通，空氣總是清新乾淨，鬧區也沒有嘈雜的聲音。於是你會發現，這才是理想中的生活節奏，來到瑞士，當然要好好享受這樣的怡人悠閒。

世界宜居城市的魅力，等你住過了就會知道

王牌景點 ❶

雖然是商業氣息濃厚的國際都會，並且還是瑞士第一大城，蘇黎世卻不同於一般充斥著高樓大廈的現代化城市，市中心的舊城區至今依舊保留歐洲古典的韻味。

蘇黎世
Zürich

MAP
P.5
C1

蘇黎世的多采多姿在所有城市中可謂獨樹一幟：新鮮自然的空氣、清澈純淨的湖泊、遠處的阿爾卑斯美景、隨處可以生飲的噴泉泉水、舒適便利的生活機能與悠閒緩慢的節奏步調，讓蘇黎世在世界最宜居住城市的排行榜上連年躋身前十名的地位。

雖然早在2千多年前，羅馬人就已在這裡建立稅關，但蘇黎世卻直到西元929年才被正式記載為獨立城鎮。此後，各式商會統治了蘇黎世一段時間，這也就是現在每年4月第3個週一，蘇黎世春鳴節中穿著傳統行會服飾遊行的由來。1877年，蘇黎世證券交易中心成立，隨著交易所逐漸躍升為全球第4大證券交易所，蘇黎世也轉型成國際舉足輕重的商業城市，而這裡的購物魅力也因而揚名四海，各式高消費的精品應有盡有，其中又以畫廊和古董拍賣為最。

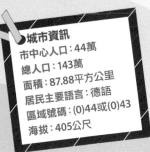

城市資訊
市中心人口：44萬
總人口：143萬
面積：87.88平方公里
居民主要語言：德語
區域號碼：(0)44或(0)43
海拔：405公尺

建議停留時間
只在蘇黎世城區：2天
連同周邊地區：3~5天

造訪蘇黎世理由

1 瑞士第一大城及主要門戶

2 經濟學人認證世界宜居城市

3 瑞士國家級博物館與最時髦購物區

一間間藝廊、古董店和個性餐廳、商家，將這裡點綴得十分時髦、有趣。

世界最宜居住城市 World's Most Livable Cities

關於世界最宜居住城市的稱號，這可不是自吹自擂就行了，而是要經過具有公信力的機構認證才算數。目前最具權威的機構當屬經濟學人智庫(EIU)，該機構每年都會根據社會穩定性、醫療衛生、文化、教育、基礎建設等不同面向，為世界各大城市進行細項評比。過去蘇黎世在這份榜單上，經常蟬聯龍頭寶座，近年雖然被維也納、墨爾本等城市超車，但仍連年在前十名單中佔有一席之地。

熱鬧繁華的夜生活，也在入夜後為蘇黎世掀起另一波高潮。

Zürich Tourism提供

i

蘇黎世遊客服務中心
🏠P.49B2 📍Im Hauptbahnhof (位於中央火車站一樓) ☎(0)44 215-4000

時間	11月~5月中	5月中~10月
週一至週六	08:30~19:00	08:00~20:30
週日	09:00~18:00	08:30~18:30

🌐www.zuerich.com

免費自行車租借

逛蘇黎世不想走路的話，可以去找**Züri rollt**的自行車租車站(在火車站前的Europaplatz上就有一處)，只要CHF 20押金，就能**免費租借**到晚上21:30，不過若是隔天才還車，就須支付CHF 10的租金。而如果想租的是電動自行車，每日租金則是CHF 30。
🌐www.zuerich.com/en/visit/sport/zurich-rollt

怎麼玩蘇黎世才聰明？

要不要買蘇黎世卡？

蘇黎世卡最大的強項，在於能免費搭乘大眾運輸工具，但若是你本身已持有**Swiss Travel Pass**，在有效日期內可免費搭乘所有大眾交通工具及參觀全國超過500家博物館，因此就沒有購買蘇黎世卡的必要了。但要注意的是，Swiss Travel Pass與蘇黎世卡在其他優惠的適用範圍上不盡相同。

記得隨身攜帶水壺

在歐洲，買水可不便宜，出門在外若是口渴了該怎麼辦？所幸瑞士人相當注重環保，即使是國際級的大都市，仍保有純淨的河湖水源。光是在蘇黎世市區路邊，就有超過1,200處**小噴泉**，這些噴泉除了美化市容之外，只要沒有「Kein Trinkwasser」(不宜飲用)的標示，都可以**直接生飲**，對於一整天在外走動的旅客相當方便，不但省去買飲料的費用，而且水質乾淨、富含礦物質，對蘇黎世人來說，這可比貨架的礦泉水更好喝呢！所以出門別忘了**帶個水壺**，隨時準備裝好裝滿。

蘇黎世
我們來了!
如何前往蘇黎世

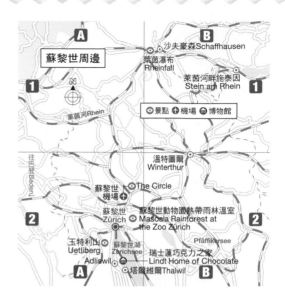

搭飛機去

蘇黎世機場(機場代碼ZRH)位於市區北方約10公里處,是瑞士的主要門戶,有超過70家航空公司的班機在此停靠,航線連結世界各地170多座主要城市。不過很可惜的是,目前從台灣前往蘇黎世並無直飛航班,都需要經由亞洲或歐洲城市轉機。

像是搭乘中華航空可在法蘭克福或維也納轉機,搭乘長榮航空可在慕尼黑或米蘭轉機。而搭乘國泰航空、泰國航空、新加坡航空、阿聯酋航空、土耳其航空,則分別在香港、曼谷、新加坡、杜拜、伊斯坦堡轉機。

◎ 蘇黎世機場 Flughafen Zürich

⏺P.48A2 🌐www.flughafen-zuerich.ch/en/passengers

搭火車去

蘇黎世中央火車站(Zürich Hauptbahnhof,簡稱Zürich HB)是歐洲中部的交通樞紐,每天有超過2,900輛火車會經過這裡,往來瑞士及歐洲各大城市。火車站就位於市中心,附近的Bahnhofplatz/HB、Bahnhofquai/HB、Bahnhofstrasse/HB都是電車大站,前往各處景點都十分便利。

◎ 蘇黎世中央火車站 Zürich HB

⏺P.49B2 🌐www.sbb.ch

從歐洲其他城市出發

◎從巴黎:搭乘法國高速列車TGV的直達車,需時約4小時。

◎從米蘭:搭乘歐洲城際列車EuroCity的直達車,需時約4小時。

◎從慕尼黑:搭乘歐洲城際列車EuroCity的直達車,需時約3.5小時。

◎從維也納:搭乘銳捷高鐵RJX的直達車,需時約8小時。

從瑞士境內城市出發

◎從日內瓦:搭乘直達的IC列車,需時約2小時40分鐘至3小時。

◎從琉森:搭乘直達的IC列車,需時約40分鐘至1小時。

◎從伯恩:搭乘直達的IC列車,需時約1~1.5小時。

◎從茵特拉肯:搭乘直達的IC列車,需時約1小時50分鐘至2小時。

◎從巴塞爾:搭乘直達的IC或IR列車,需時約50分鐘至1小時15分鐘。

DID YOU KNOW

世界最長的隧道在瑞士喔!

穿越阿爾卑斯山脈的聖哥達基線隧道(Gotthard Base Tunnel),是一條雙洞單線的鐵路隧道,全長超過57公里,是目前世界最長的交通用隧道!自2016年6月正式開通後,從蘇黎世搭火車前往南部的義語區及義大利,可以再節省約半個小時車程呢!

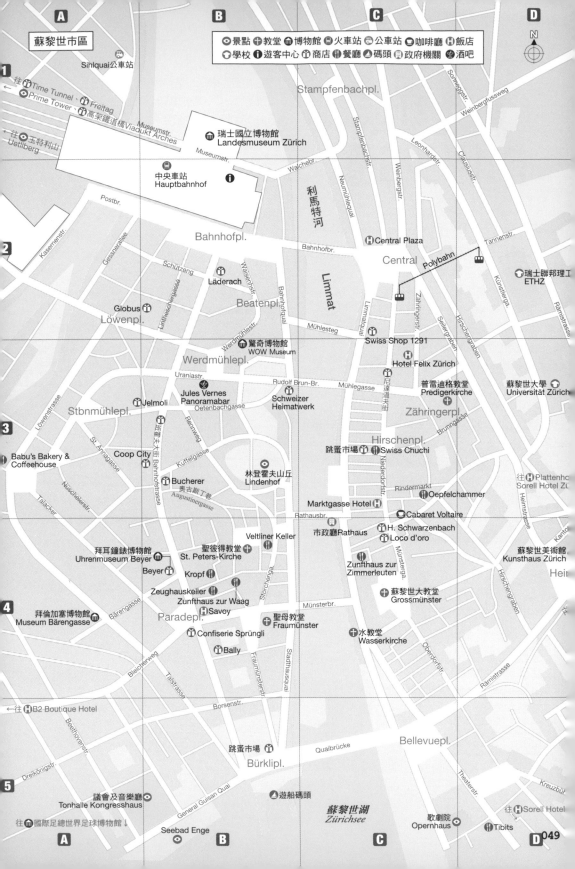

蘇黎世市區

◉景點　✚教堂　🏛博物館　🚉火車站　🚌公車站　☕咖啡廳　🅗飯店
🏫學校　ℹ遊客中心　🛍商店　🍴餐廳　⚓碼頭　🏛政府機關　🍺酒吧

N

1

🏛 Sihlquai公車站

往🍴Time Tunnel、🛍Freitag
往🏢Prime Tower、🚉高架鐵道橋Viadukt Arches
往玉特利山Uetliberg

Museumstr.

🏛 瑞士國立博物館
Landesmuseum Zürich

Museumstr.

Stampfenbachpl.

Weinbergfussweg

Sonneggstr.

Leonhardstr.

Clariusstr.

Walchebr.

Neumühlequai

Stampfenbachstr.

Weinbergstr.

🚉 中央車站
Hauptbahnhof
ℹ

Postbr.

2

Bahnhofpl.

Bahnhofbr.

利馬特河

Limmat

🅗 Central Plaza

Central　Polybahn

Tannenstr.

◉ 瑞士聯邦理工
ETHZ

Künstlerga.

Kaserenstr.

Gessneralle

Schützeng.

🍴 Läderach

Waisenstr.

Bahnhofquai

Beatenpl.

Limmatquai

Zähringerstr.

Hirschengraben

Seilergraben

Rämistrasse

🛍 Globus

Löwenpl.

Lintheschergasse

Werdmühlepl.

🏛 驚奇博物館
WOW Museum

Mühlesteg

🍴 Swiss Shop 1291

🅗 Hotel Felix Zürich

◉ 蘇黎世大學
Universität Zürich

Löwenstrasse

Uraniastr.

Rudolf Brun-Br.

Mühlegasse

🏛 普雷迪格教堂
Predigerkirche

Zähringerpl.

Brunngasse

◉ Jules Vernes
Panoramabar

Schweizer
Heimatwerk

尼達道夫街
Niederdorfstr.

3

Stbnmühlepl.

St. Annagasse

🍴 Jelmoli

Oetenbachgasse

Rennweg

Hirschenpl.

🛍 跳蚤市場
🍴 Swiss Chuchi

往🅗 Plattenho
Sorell Hotel Z

🅗 Babu's Bakery &
Coffeehouse

Nüschelerstr.

Coop City

Kuttelgasse

奧古斯丁巷
Augustinergasse

林登霍夫山丘
Lindenhof

Rindermarkt

🍴 Oepfelchammer

Heimstrasse

Talacker

🛍 Bucherer

班霍夫大街 Bahnhofstrasse

Marktgasse Hotel

🍴 Cabaret Voltaire

蘇黎世美術館
Kunsthaus Zürich

Hei

拜耳鐘錶博物館
🏛 Uhrenmuseum Beyer

🍴 Veltliner Keller

Storcheng.

🏛 市政廳 Rathaus

Münsterga.

Rathausbr.

🅗 H. Schwarzenbach
🍴 Loco d'oro

Oberdorfstr.

Rämistrasse

Kantor

Hirschengraben

4

聖彼得教堂
✚ St. Peters-Kirche

🛍 Beyer

🍴 Kropf

Bärengasse

Zeughauskeller

Zunfthaus zur Waag

🅗 Savoy

Paradepl.

拜倫加塞博物館
🏛 Museum Bärengasse

🍴 Zunfthaus zur
Zimmerleuten

蘇黎世大教堂
✚ Grossmünster

往🅗 Sorell Hotel

🍴 Confiserie Sprüngli

聖母教堂
✚ Fraumünster

🛍 Bally

Fraumünsterstr.

水教堂
✚ Wasserkirche

Münsterbr.

Stadthausquai

Bleicherweg

Talstrasse

Bürklipl.

往🅗 B2 Boutique Hotel

Borsenstr.

🛍 跳蚤市場

Quaibrücke

Bellevuepl.

Theaterstr.

Kreuzbü

5

Dreikönigstr.

Beethovenstr.

議會及音樂廳
🏛 Tonhalle Kongresshaus

往🏛 國際足總世界足球博物館↓

⚓ Seebad Enge

General Guisan Quai

Bürklipl.

⚓ 遊船碼頭

蘇黎世湖
Zürichsee

歌劇院
Opernhaus

往🅗 Sorell Hotel

🍴 Tibits

蘇黎世市區交通

如何從蘇黎世機場前往市區？

最便利的方式──火車

機場入境大廳對面為購物中心，其地下二樓即是機場火車站(Zürich Flughafen)，可搭乘S-Bahn (通勤火車)的S2、S16、S24，或IC、IR等列車抵達蘇黎世中央車站(Zürich HB)，火車運行時間約為凌晨05:00至午夜00:40，到中央車站車程只需10~12分鐘，平均每幾分鐘就有一班列車，相當便捷。

🚉成人單程：二等廂CHF 6.8，頭等廂CHF 11.2。6~16歲兒童半價

❗雖然持Swiss Travel Pass可免費搭乘，但會佔用掉一天的額度，如果入境當日還沒有要搭乘城際火車，建議先不要啟用

其他選擇──輕軌電車 Tram

在蘇黎世機場外也有輕軌電車站，可搭乘10號電車前往老城區及蘇黎世中央車站旁的Bahnhofplatz/HB站，平均每7~15分鐘就有一班，票價與搭乘火車相同。雖然車程需時48分鐘，但若投宿地點剛好在輕軌沿線各站附近的話，也會是一個選擇。

最舒適的方式──飯店接駁巴士

若是行李較多，或是同行者中有行動不便者，不想費心找交通工具，可以直接到入境大廳出口外的飯店巴士乘車區(Hotel Bus Zone 4)搭乘CHECK-IN all-ways的飯店接駁巴士。這種中型巴士設備新穎，座位舒適，能直接抵達下榻飯店門口，頗受觀光客歡迎。不過價錢比起大眾運輸工具，自然還是貴得多。

從機場前往飯店的巴士無需預約，直接上車向司機購票即可，價格會因為搭乘人數及飯店距離而有所不同。而從飯店前往機場的巴士，需至少提前2小時請櫃台代為預約。

📞(0)848 007-100

🕐從機場至飯店06:30~23:00，從飯店至機場04:00~22:00，每30分鐘發車一班

💲前往市中心的飯店：單人CHF 39，兩人CHF 44，三至四人CHF 49，之後每增加一人多CHF 10。詳細價目表請上官網查詢

🌐www.checkin-allways.com

♻有些飯店是巴士公司的合作伙伴，車資享有折扣優惠，詳細名單請上官網查詢

最彈性的方式──計程車

計程車招呼站在第一、二航廈入境處的出口，搭乘計程車到蘇黎世市中心需時約20分鐘，車資約CHF 60。

蘇黎世市區交通

蘇黎世的主要觀光景點都集中在老城區，用徒步的方式便可走遍全城，譬如從中央車站走到林登霍夫山丘只有600公尺，走到大教堂也只有1公里遠。若是不想走路，或是要前往比較遠的地方，也可多加利用大眾運輸工具。

大眾運輸系統

蘇黎世的大眾運輸工具都是由蘇黎世交通協會ZVV(Zürcher Verkehrsverbund)營運，包括路面輕軌電車(Tram)、公車、斜軌纜車與航行在蘇黎世湖上的渡船等。其中最常為觀光客利用的是路面電車，共有15條路線，範圍遍布全市區。而要前往郊區或鄰近城市，則可搭乘通勤電車系統(S-Bahn)。各類型大眾交通工具採用相同的購票機制，車票可以通用，在各大廣場售票亭均有販售，搭乘電車也可在站牌旁的自動售票機購票。

◎蘇黎世交通協會 ZVV

🌐www.zvv.ch

交通票券種類

◎單程票 Einzelbillette

ZVV的車資共分8個區段，只要是在蘇黎世市區範圍內，都可購買短程票(Kurzstrecken)，其效期為30分鐘，購買時按黃色按鈕，並投入金額，即可取得票券。若從市區要去玉特利山或動物園，則需購買1-2區的車票，效期為1小時；到機場或瑞士蓮巧克力之家則是3區段，效期也是1小時。

◎24小時票 24h-ticket

如果一天之內會搭乘2次以上大眾運輸工具，建議購買效期24小時的車票較為划算，購票起24小時內皆可不限次數搭乘。

◎ZVV單程票與24小時票價

廂等	成人		6~16歲兒童	
	二等廂	頭等廂	二等廂	頭等廂
單程短程票	CHF 2.7	CHF 4.5	CHF 2.3	CHF 3.8
單程票1-2區	CHF 4.4	CHF 7.3	CHF 3.1	CHF 5.1
單程票3區	CHF 6.8	CHF 11.2	CHF 3.4	CHF 5.6
24小時市區票	CHF 5.4	CHF 9	CHF 4.6	CHF 7.6
24小時1-2區	CHF 8.8	CHF 14.6	CHF 6.2	CHF 10.2
24小時3區	CHF 13.6	CHF 22.4	CHF 6.8	CHF 11.2

◎多程票 Mehrfahrtenkarten

如果連續多日每天都會搭乘1次大眾運輸，或是每天都會用到24小時票，那麼可以一次購買6張，如此一來不但每張票價會再便宜一些，也可省去不少買票的時間。不過這種車票在使用之前必須先在車站或車上的戳印機打上啟用日期、時間，才算生效。

◎9點一日票 9-Uhr-Tagespass

這種票適用於平日09:00~05:00及週末全日，亦即尖峰時刻以外的時段。不過9點一日票只有全票價區段的票種，並不適合只在蘇黎世市區走動的觀光客。

◎瑞士旅行通行證與蘇黎世卡 Swiss Travel Pass & Zürich Card

當然，若是持有瑞士旅行通行證或蘇黎世卡，就可以搭乘所有類型的大眾交通工具，不用再另外買票了。

計程車

在蘇黎世搭乘計程車，必須至計程車招呼站或以電話叫車。計程車資費率各家車行不一，大致說來，起錶價約為CHF 6，2公里後每公里跳錶CHF 3.8。要注意的是，叫車有時需支付額外的叫車費用。

◎7x7 Fahrdienste

☏(0)44 777-7777　🌐www.7x7.ch

◎Taxi 444 AG

☏(0)44 444-4444　🌐www.taxi444.ch

◎Tixi(身障協助)

☏(0)84 800-2060　🌐www.tixi.ch

租車

想以開車的方式在瑞士旅遊，建議出發前於網路預約，並選擇直接在蘇黎世機場購物中心二樓的租車櫃檯辦理取車，較為方便。機場提供租車服務的公司包括Hertz、Enterprise、Avis、National、Budget、Dollar/Thrifty、Europcar及Sixt等。

蘇黎世卡Zürich Card

想在有限的時間內趴趴來玩蘇黎世，可以去買一張蘇黎世卡，這張卡最棒的地方在於可用來搭乘市區及周邊地區所有的大眾交通工具，包括火車、路面電車、巴士、渡船、纜車和觀光遊船行程，參觀40間博物館時還可享有免費或折扣優惠，並能以半價參加市區散步導覽行程，而在24家特定餐廳也有餐飲優惠。蘇黎世卡可在機場、遊客中心、火車與大眾運輸的自動售票機購買。首次使用之前，必須先至車站或在車上的戳印機打上日期、時間，方能啟用。

價格	成人	6~16歲孩童
24小時卡	CHF 27	CHF 19
72小時卡	CHF 53	CHF 37

🌐www.zuerich.com/en/zurichcard

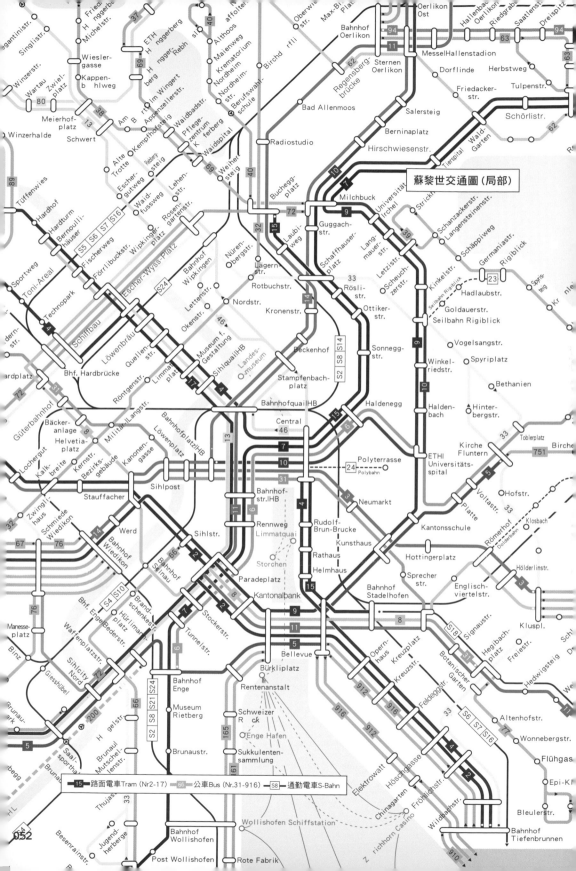

蘇黎世交通圖（局部）

052

優雅閒適的蘇黎世老城區，幾乎讓人忘了這裡是瑞士第一大城

蘇黎世湖 Zürichsee
MAP P.49 B5-C5

如何前往
◎ 搭乘Tram 2、5、8、9、11至Bürkliplatz站即達

在蘇黎世市區，沿著班霍夫大街往南走到盡頭，大約不到20分鐘路程，就會有種遠離城市的錯覺，遼闊的蘇黎世湖驀地在眼前展開，讓遊人們的心胸也頓時開闊了起來。東西狹長的蘇黎世湖，形狀像一根大香蕉，湖水面積廣達88.7平方公里，最深處達143公尺，從湖泊西北岸的蘇黎世一直延伸到東南40公里外的施梅里孔 (Schmerikon)，是瑞士的第6大湖。

遠處襯映著阿爾卑斯山脈的湛藍湖水波光瀲灩，令人很難相信這是擁有數十萬人口的瑞士第一大城港灣。

Zürich Tourism提供

蘇黎世的湖濱步道總是遊人如織，唯一的髒亂竟只是從悠閒划水的天鵝身上脫落的羽毛，以及牠們所吃剩的飼料。近前碼頭邊的澄澈碧波清可見底，

Zürich Tourism提供

湖濱泳池 Seebad Enge
◎P.49B5 ◎搭乘Tram 5至Rentenanstalt站，步行約3分鐘 ◎Mythenquai 9 ◎(0)44 201-3889 ◎5月中~5月底09:00~19:00，5月底~9月初08:00~20:00，9月初~9月中08:00~19:00 ◎成人CHF 8，16~20歲CHF 6，6~15歲CHF 4 ◎www.seebadenge.ch/wp

由於蘇黎世湖的水質澄淨到可以生飲也無礙，蘇黎世人索性在湖面上用木質甲板圍出一塊範圍，搭建起天然湖水的游泳池。在蘇黎世湖邊總計有26處這樣的付費公眾泳池，最有名的一處便是位於Seerestaurant Enge碼頭附近的Seebad Enge，白天人們可以在最自然潔淨的泳池裡恣意徜徉，到了夜晚則搖身一變，成為蘇黎世最熱門的雞尾酒派對場所。

除了各式風帆與水上活動之外，最吸引人的莫過於散佈湖邊的天然泳池。

直接跳進蘇黎世湖中恣意游泳，是當地人夏天最愛的樂事。

蘇黎世湖遊船 Zürichsee Schifffahrtsgesellschaft (ZSG)
在以乾淨湖水和雪山景色聞名的親水之城，搭船遊湖自然被列為必遊行程。ZSG的遊船碼頭遍佈整個蘇黎世湖沿岸，距離蘇黎世市區最便利的碼頭及售票處，位於班霍夫大街盡頭的布爾克利廣場(Bürkliplatz)上。每年4~10月間有許多不同行程可以參加，基本行程是繞行蘇黎世湖北端的迷你遊湖行程，可在55分鐘內盡情遍覽城市周邊的湖光山色。

◎(0)44 487-1333 ◎行程時間每年變動，建議上官網查詢 ◎使用ZVV的交通票券，迷你遊湖行程票價為3區段 ◎www.zsg.ch ◎使用Swiss Travel Pass或Zürich Card可免費搭乘

蘇黎世大教堂
Grossmünster
MAP P.49 C4

如何前往

◎搭乘Tram 4、15至Helmhaus站即達

info

⚲Grossmünsterplatz

🕙10:00~18:00 (11~2月至17:00)

💲免費

🌐www.grossmuenster.ch

❗週日12:30之前為彌撒時間，不開放參觀

◎登上卡爾斯塔Karlsturm

🕙教堂關門前1小時停止登塔

💲成人CHF 5，6~16歲CHF 2 (含藏書展示)

🎫憑門票參觀蘇黎世美術館，可折抵CHF 5

　　根據傳說，西元9世紀初，統治歐洲大陸的查理曼大帝曾在此地發現兩位蘇黎世聖人菲利克斯(Felix)和雷古拉(Regula)的墓穴，因而下令依照《聖奧斯汀會規》興建一座教堂，這便是今日蘇黎世大教堂的前身。不過，現今所見的蘇黎世大教堂建築結構，只能追溯至11世紀末到12世紀初，而教堂內的地窖則是其最古老的部分。

　　16世紀時，神學家茲文利便是以蘇黎世大教堂作為根據地，大力推行宗教改革，使蘇黎世成為宗教改革初期的新教重鎮。他曾在此提倡「禱告不忘工作」的主張，而這樣的新教倫理也直接促成了近代西方的資本主義精神。

大教堂的雙塔在利馬特河畔佇立著，形成一幅美麗的圖畫，也成了蘇黎世老城區最重要的象徵。

除了羅馬式的地窖與主祭壇外，最值得一看的便是由瑞士本地藝術家奧古斯托賈克梅提(Augusto Giacometti)於1932年所繪的彩繪玻璃窗。

大教堂青銅大門上的浮雕，刻劃的是大教堂的歷史，是1935至1950年間出自德國雕刻家奧圖孟許(Otto Münch)之手。

瑞士宗教改革先驅
——茲文利 Huldrych Zwingli, 1484~1531

16世紀歐洲因為教會日益腐敗而發生宗教改革，在日耳曼有馬丁路德，在瑞士則是由茲文利領導。茲文利反對教會代外國辦理徵召瑞士僱傭兵團，因而公開否認教皇的權威，他強調「上帝的旨意」，發展出「上帝的選民論」，成為新教重要的思想依據之一。茲文利的雕像常是手持聖經與長劍，表現出茲文利為了傳揚新教積極奮戰的精神，而他最終也是戰死在沙場上。茲文利死後，他的學說由喀爾文(Jean Chauvin)所吸收，終使後者成為宗教改革理論的集大成者。

蘇黎世美術館
Kunsthaus Zürich

蘇黎世美術館是瑞士最重要的藝術博物館，2020年完成擴建工程後重新開放。

Kunsthaus Zürich提供

如何前往

◎ 搭乘Tram 3、5、9至Kunsthaus站即達

info

⊕ Heimplatz 1　☎ (0)44 253-8484

🕙 10:00~18:00 (週三、四至20:00)

🚫 週一

💲 成人CHF 23，學生CHF 18，17歲以下免費。門票含語音導覽

🌐 www.kunsthaus.ch

🎫 週三常設展免費參觀

❗特展需另外購票，也可購買與常設展的聯票

梵谷、莫內等印象派大師們的作品，這裡也收藏了不少。

展示空間寬敞明亮，足以讓藝術愛好者消磨半日時光。

　　位於老城區的蘇黎世美術館就在大教堂東方不遠處，門口即有一座羅丹的著名雕塑《地獄之門》。美術館的收藏從15世紀文藝復興時期的大師作品到後現代的達達主義，包羅萬象。其中以瑞士本地藝術家如賈克梅提、霍德勒與菲斯利的作品最受人矚目。此外，孟克等北歐表現主義畫家的作品，這裡的收藏量也僅次於挪威，堪稱世界第二。

Highlights

★Titania liebkost zettel mit dem eselskopf
Johann Heinrich Füssli，1793-1794年

亨利希菲斯利是18世紀的浪漫派畫家，他出身於蘇黎世本地，不過很早就離開家鄉，後來成名於英格蘭。這幅畫畫的是莎士比亞《仲夏夜之夢》中的一幕場景，描述妖精王奧伯龍為了懲罰忤逆自己的王后緹坦妮雅，於是命小精靈帕克向她惡作劇，讓她愛上變成驢頭的織工波頓。

★Pastoral with the Arch of Constantine
Claude Lorrain，1648年

17世紀的法國風景畫大師羅倫，曾經仔細研究過羅馬近郊坎佩尼亞的景色，他筆下的田園風景洋溢著濃厚的懷舊之情，在當時的影響之大，甚至改變了人們對於所謂美景的定義，以至於後來許多英國花園都是以羅倫的作品為藍本設計。

★Grand nu
Pablo Picasso，1964年

畢卡索畫這幅畫時已是83歲高齡，而畫中主角應是小他45歲的新婚妻子賈琪蓮，也是他晚年的繆思女神。畢卡索一生畫過無數相同題材的裸女，但到了此時，風格已與過往大不相同，對情慾的表現也更加露骨。當時評論家對他這種畫風轉變頗不以為然，直到他過世後才注意到這可能就是日後新表現主義的先驅。

瑞士聯邦理工學院觀景平台
ETH Polyterrasse

MAP P.49 D2

如何前往

◎ 可搭乘UBS理工學院纜車(UBS Polybahn)前往，從中央車站向東步行過橋至Central，即可抵達山下纜車站。纜車每5分鐘一班，單程CHF 1.2，亦可使用效期內的ZVV車票、Swiss Travel Pass或蘇黎世卡搭乘

◎ 搭乘Tram 6、9、10至ETH/Universitätsspital站，步行約2分鐘

成立於1864年的瑞士聯邦理工學院(ETH)位於老城後方山丘上，是孕育諾貝爾獎得主的搖籃，也是愛因斯坦的母校。學院前方是片面積廣大的觀景平台，年輕學生們常常聚在長椅或階梯上看書聊天；從這裡向下眺望，映襯著遠方阿爾卑斯山脈的蘇黎世湖、老城區櫛比鱗次的屋瓦、以及教堂尖塔勾勒出的天際線景觀皆一覽無遺。建議上午順光時段前往，較適合拍照。

這處觀景平台與林登霍夫山丘隔著利馬特河東西相望，都是欣賞老城市容的絕佳去處。

理工學院主建築由德國著名建築師Gottfried Semper設計，新古典式的雄偉立面，即使遠在利馬特河對岸也能看到。

要到山上看風景，可從老城區的Central廣場搭乘登山鐵道纜車，只要2分鐘車程，可愛的紅色斜軌車就會將你送達。

大教堂醒目的雙塔、普雷迪格教堂(Predigerkirche)細瘦的綠色塔尖、遠處的蘇黎世大學主樓圓頂，在此也都清晰可見。

和瑞士其他市民公園一樣，這裡的空地上也畫有數面大型的西洋棋盤，對弈的人們搬動著如同滅火器大小的棋子廝殺著，讓這場陣仗顯得格外浩大。

一旁滾鐵球(boules)的人們努力瞄準目標，要讓自己的鐵球比別人的更靠近標的物，這也是當地常見的休閒活動之一。

Zürich Tourism提供

林登霍夫山丘
Lindenhof

MAP P.49 B3

如何前往

◎ 搭乘Tram 6、7、11、13、17至Rennweg站，沿Kuttelgasse東行，登上階梯即達

在班霍夫大街與利馬特河之間，有處稱為林登霍夫的小丘陵。這裡曾經挖掘出2千年前羅馬時代的稅關遺址，而羅馬人當年在此設立關卡，看中的就是它居高臨下的宰制地位。山丘上長滿成排的老椴樹，而「Linden」在德文中指的就是椴樹之意。每當天氣晴朗的假日午後，石牆上坐滿眺望賞景的人們，在涼爽的樹蔭下，靜靜欣賞利馬特河東岸高低錯落的老城斜瓦，感受蘇黎世傳統街區的古典之美。

聖彼得教堂
Kirche St. Peters

MAP P.49 B4

如何前往

◎ 搭乘Tram 2、6、7、8、9、11、13、17至Paradeplatz站，步行約3分鐘

◎ 搭乘Tram 4、15至Rathaus站，步行約2分鐘

info

⊙St.-Peter-Hofstatt 1 ⊙平日08:00~18:00，週六10:00~16:00，週日11:00~17:00 ⊙免費 ⊙www.st-peter-zh.ch ⊙每月第1個週六有風琴音樂會

鐘塔上的巨大鐘面，讓人大老遠便能看清當下時刻，也使聖彼得教堂成為蘇黎世重要地標之一。

聖彼得教堂是蘇黎世最古老的教區教堂，建造年代可能早於西元800年，但教堂之名首次出現在歷史文獻上是在西元857年，那一年東法蘭克國王日耳曼的路易將此地送給他的兩個女兒。1345年，蘇黎世第一任市長魯道夫布朗(Rudolf Brun)獲得了這座教堂，並於15年後葬於教堂的唱詩席下方。

教堂在建築上的特色，包括晚期羅馬哥德式的教堂尖頂和13世紀早期風格的唱詩席等，不過最引人注目的，還是鐘塔上直徑長達8.7公尺的巨大鐘面，為當今全歐洲之最。

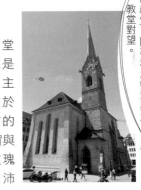

聖母教堂，隔著利馬特河與大教堂對望。有著高聳纖細尖塔的

聖母教堂
Fraumünster

MAP P.49 B4

如何前往

◎ 搭乘Tram 2、6、7、8、9、11、13、17至Paradeplatz站，步行約2分鐘

info

⊙Münsterhof 2 ⊙10:00~18:00 (11~2月至17:00) ⊙免費 ⊙www.fraumuenster.ch ❶教堂內禁止拍照，週日早上彌撒時間不開放參觀

這座教堂於西元853年，在查理曼大帝之孫日耳曼的路易贊助下興建，最初作為日耳曼南部貴族女子的修道院。聖母教堂因為其尊貴的背景，甚至在13世紀之前都還享有鑄造錢幣的特權！不過宗教改革之後，這裡成為新教據點，教堂卸下華麗的妝扮，只留下樸實無華的聖潔氣息。

來到聖母教堂參觀的遊客總是絡繹不絕，最主要的原因就在於唱詩班席後方的5條彩繪玻璃窗與南面袖廊的玫瑰窗，其大膽豐沛的色彩及像詩意般流動的意象，喜愛藝術的人一眼便能認出是當代超現實主義大師夏卡爾的作品，透過光線照射在教堂中的聖經人物們，是如此輕盈而又不失莊嚴，就像神聖的夢境一樣直視人的內心深處。北面袖廊的彩繪玻璃窗同樣出自名家之手，那是於1945年由瑞士畫家賈克梅提所繪。

班霍夫大街
Bahnhofstrasse

如何前往

◎ 從中央車站正門出站即達

info

🌐www.bahnhofstrasse-zuerich.ch

　　歐洲老經驗的買手肯定知道，在巴黎有香榭麗舍大道，在倫敦有牛津街，而在蘇黎世當然就屬班霍夫大道最為精彩。這條長達1.4公里、自中央車站延伸到蘇黎世湖畔的站前大道，是蘇黎世的精品大街，從世界知名品牌的流行服飾、珠寶、鐘錶店到百貨公司等，琳瑯滿目的精品以最吸引人的姿態誘惑著來往行人。

班霍夫大街規劃成僅允許電車行駛的行人徒步區，給予血拼客更大的逛街自由。

奧古斯丁巷目前規劃為行人徒步區，咖啡廳、餐館、商店林立，道路兩旁掛滿瑞士國旗。

奧古斯丁巷
Augustinergasse

如何前往

◎ 搭乘Tram 6、7、11、13、17至Rennweg站，步行約1分鐘

　　奧古斯丁巷是蘇黎世最美的歷史街道之一，因為從17世紀開始，一些富有的工廠主紛紛到這裡定居，並且聘請當時一流的工匠打造最漂亮的房子，因此彷彿豪宅的競技場。

　　這條小街道最搶眼的，就是眾多歷史樓房保存完好的木雕凸窗。凸窗除了有利於自然採光外，當年的主要作用是讓屋主可以清楚地窺視街道，如果發現街道上來了不速之客，即可採取措施優雅地避開來人，所以這些凸窗通常不會直接建在前門的上方，而總是略微偏移。

閱兵廣場
Paradeplatz

如何前往

◎ 搭乘Tram 2、6、7、8、9、11、13、17至Paradeplatz站即達

　　閱兵廣場位於班霍夫大街的中心地帶，自從瑞士的大型銀行在這裡設立主要辦事處開始，廣場周邊就逐漸發展，成為目前全瑞士最大的金融交易中心。而在另一

韓劇《愛的迫降》中，有一幕第二女主角徐丹推著行李箱站在街頭，身後有多線電車同時停泊、啟動的畫面，就是在此處拍攝的。

方面，閱兵廣場也是介於老城區和蘇黎世湖之間的一個重要的電車樞紐轉運站。

 MAP P.49 B4 拜耳鐘錶博物館
Uhrenmuseum Beyer

如何前往

◎ 搭乘Tram 2、6、7、8、9、11、13、17至
Paradeplatz站,步行約2分鐘

info

🏠Bahnhofstrasse 31 📞(0)43 344-6363

🕐週一至週五14:00-18:00 ❌週末

💰成人CHF 10,學生CHF 5,12歲以下免費

🌐www.beyer-ch.com

　　位於拜耳鐘錶珠寶店地下室的拜耳鐘錶博物館,雖然展示面積不大,但每一件收藏都令人大開眼界、嘖嘖稱奇。這些原本都是拜耳家族第6代狄奧多拜耳(Theodor Beyer)的私人珍藏,隨著蘇黎世禁止在地下室設立店鋪,狄奧多於是在1970年利用這多餘的空間向大眾展示他的最愛。

　　其中最讓人流連忘返的,莫過於18、19世紀供中國貴族賞玩珍藏的機械鐘,這些機械鐘每一件都有不同的造型與巧妙,例如一座中國賭徒造型的鐘,賭徒在整點時分會開出手上的牌,運用鐘體內的機關,使每次開出的結果都不相同,令人拍案叫絕。

前1400年的結繩計時、日晷、沙漏、教堂大鐘、老爺鐘、懷錶,一直到原子時代的新式鐘錶,可說是擁有一套完整的鐘錶族譜。

這裡蒐藏的計時器,從西元

展示依類型及年代分門別類,除了瑞士本地鐘錶,也有來自世界各地的精品。

驚奇博物館共有三層樓,劃分成不同的遊戲空間,記得要帶著智慧手機,作為開啟每個遊戲的鑰匙。

藉著影像投射效果,讓明明在同一個空間裡的人們,居然變得有人飛簷走壁、有人倒立,讓人既新奇又困惑。

儘管博物館空間不大,但若每種遊戲都想嘗試一下以滿足好奇心,也至少需要60至90分鐘時間。

 MAP P.49 B3 驚奇博物館
WOW Museum

如何前往

◎ 從中央車站步行約4分鐘

info

🏠Werdmühlestrasse 10

🕐平日10:00~20:00 (週五至22:00),週六09:00~22:00,週日09:00~20:00

❌週二 💰成人CHF 23,學生CHF 19,6~16歲CHF 16,2~5歲CHF 5

🌐www.wow-museum.ch/en

　　2020年夏季開幕的驚奇博物館,是嶄新的互動式博物館,運用精算過、精巧布置的空間環境,創造各種形態的視覺錯亂,讓參觀者在視覺和感官的幻象中看到有別於「正常」印象中的世界。例如透過許許多多的鏡子,因為無垠的折射效果營造出視覺迷宮,讓人一時不知究竟身在何處,充滿驚奇幻想和新視角。當然,別忘了利用手機拍下令人莞爾的紀念照。

由瑞士知名建築師團隊Christ & Gantenbein設計的新翼於2016年完工，摩登的線條完美融合在原有的歷史建築裡，象徵瑞士在流逝的歲月裡堅持著傳統、也適度接受新的概念，成就今天的瑞士。

與一般博物館為了宣揚國威，多半建成新文藝復興的宏偉樣式不同，這間瑞士首屈一指的歷史博物館，就像一棟童話故事中的浪漫城堡一樣。

不停轉動的巨大輪盤，是數百年來引領瑞士不斷前進的代表性象徵。

博物館中也收藏了豐富的中世紀教堂中的聖器、雕刻、壁畫和禮拜遊行使用的木雕，以及早期塞爾特人的工藝傑作，若是對歷史有濃厚興趣，包準滿載而歸。

瑞士國立博物館
Landesmuseum Zürich

MAP P.49 B1

如何前往

◎ 從中央車站往Landesmuseum方向出口即達

info

🏛 Museumstrasse 2　☎ (0)44 218-6511

🕐 10:00~17:00 (週四至19:00)　🚫 週一

💰 成人CHF 10，學生及65歲以上CHF 8，16歲以下免費　🌐 www.landesmuseum.ch

🎧 可免費下載中文語音導覽

古今各個面向，是認識瑞士最理想的去處。博物館內的館藏，橫跨

　瑞士國家博物館擁有全瑞士最完整的收藏，館藏範圍從新石器時代的原人遺跡，到近代服裝織品，可以說是把數千年的歷史都濃縮進這間博物館裡了。這裡的展覽動線規劃也相當特別，直接從16世紀對瑞士影響深遠的宗教改革切入，深入淺出地引導參觀者走過瑞士獨立及拿破崙戰爭。進入2樓挑高展示廳後，可以在瑞士聯邦委員會的辦公桌上聆聽聯邦制和直接民主的真意，透過故事了解今日瑞士富裕的原因，認識瑞士三大經濟支柱：醫療、金融及旅遊業的發展。若租用博物館的導覽設備，透過40分鐘的虛擬實境故事，就能穿越5百年歷史，解答你對瑞士的疑惑與好奇，相當適合做為瑞士之旅的起點。

如何前往

◎ 中央車站以西，鐵軌與利馬特河之間的區域

蘇黎世西區原是工人階級活動的工業區，佇立許多大型工廠，過去入夜之後街上幾乎看不到幾個行人，尤其在工業區外移後，這裡更是籠罩在荒廢與蕭條中。不過近年來，隨著大型電影院進駐，原來的造船工廠也改建成藝術中心，粗獷的工業區廠房佈置成新潮的小型劇場、爵士酒吧、後現代設計餐廳等，吸引了無數本地及國際年輕藝術家、文化工作者、新秀建築師等，共同打造成21世紀文化藝術與夜生活的新典範，蘇黎世西區由是脫胎換骨，成為年輕人聚集的超人氣區域。

由於是工業區改建，許多場所都還保留從前廠房或倉庫的外觀。

這裡的店家散發出自己的獨特個性，連店狗都與這股氣氛融合為一。

一番改造之下，粗獷的工業區也變得活潑繽紛起來。

黑色的主建築物內部是農夫市集，能夠買到來自蘇黎世近郊最新鮮的農產品。

這裡的店家大多是個性十足的設計師品牌。

36個石造拱門下有餐廳、藝廊、創意家具、設計師品牌服飾店等。

高架鐵道橋 Viadukt Arches

🚋 搭Tram 4、13、17至Löwenbräu站即達 🏠 Viaduktstrasse ⏰ 市場大廳09:00~20:00，商店11:00~19:00（週六10:00~18:00），各店家營業時間不一 ⏰ 週日 🌐 www.im-viadukt.ch

這座建於1894年的高架拱門鐵道橋，曾經像一把長長的利刃，將蘇黎世第5區切割成兩邊，東邊是高級住宅及商業區，西邊則變成社會底層勞工們活動的工業區，在90年代甚至還有情色及娛樂產業進駐。近幾年，在當地居民推動及政府協助下，鐵橋下的空間被重新打造成極具質感的創意商圈，於是高架鐵道橋從此搖身一變，成了市民們逛街散步的好地方。而在血拼的同時，火車還不時從上方呼嘯而過，形成富有趣味的畫面。

Prime Tower

🚋 搭乘Tram 4、8至Schiffbau站，即可看到 🏠 Hardstrasse 201 🌐 www.primetower.ch

飛機降落前，如果有機會坐在窗邊望向蘇黎世市區方向，目光一定會被這棟拔地而起的高樓所吸引。Prime Tower雖然只有36層樓高，卻已

前衛的多角造型覆蓋玻璃帷幕的一面高聳的長鏡子，反映西區的夜生活，也反射了老城的古典建築。

經是蘇黎世最高的大樓，坐落在以前工廠林立的蘇黎世西區，前身是座齒輪工廠，現在則是一棟新潮的商業辦公大樓。頂樓是相當受歡迎的餐廳和酒吧，擁有絕佳視野，可以眺望整個蘇黎世市區和遠處的阿爾卑斯山脈。

FIFA世界足球博物館是一座1970年代的建築物，開闢成3個樓層的展示空間，面積廣達3千平方公尺。

館內設置許多互動體驗區，運用高科技術，以趣味化的方式讓參觀者也能試試自己的身手。

關於各國國家隊的光榮歷史，這裡都有豐富展示。

各國球衣按照顏色一字排開，也頗為壯觀。

國際足總世界足球博物館
FIFA Museum

MAP P.49 A5

如何前往
◎ 搭乘Tram 5、6、7，或S-Bahn的S2、S8、S21、S24至Bahnhof Enge站即達

info
◎ Seestrasse 27
☎ (0)43 388-2500
◷ 10:00~18:00
休 週一
＄ 成人CHF 24，學生CHF 18，7~15歲CHF 14
ⓦ www.fifamuseum.com

　　由於國際足球總會(FIFA)的總部就位於蘇黎世，因此足球迷們來到這裡，千萬別錯過坐落於老城區西南方的世界足球博物館，館中展出國際足總的珍貴收藏，包括照片、影像、書籍、各成員國代表隊的球衣等，展品多達上千件。在地下一樓的「FIFA世界盃走廊」內，更有歷屆世界盃的比賽獎盃，完整呈現世界足球的發展歷程。

The Circle

MAP P.48 A2

如何前往
◎ 搭乘火車、S-Bahn或Tram 10、12至Zürich Flughafen, Bahnhof站即達

info
◎ Zürich Flughafen, Bahnhof
ⓦ www.thecircle.ch

　　等飛機不怕沒地方消磨時間囉！疫情過後，就在蘇黎世機場的火車站旁邊，出現了一個時尚的新區域，名為The Circle。裡面有眾多餐廳、咖啡廳、酒吧、商店，甚至來自蘇黎世的百貨公司，讓必須提早抵達機場的遊客，仍可以繼續享受瑞士式的悠閒氛圍。

The Circle由日本建築師山本理顯所規劃，數幢無論在外型或建材上都頗前衛的樓房，合抱成一個半室內、半戶外的活動空間。

The Circle包含兩間Hyatt酒店、一個大型會議中心、好幾家獨立商店與食肆，另一側還有公園。

這裡的消費售價和市區內差不多，雖然目前招商尚未完全，日後設施勢必會愈來愈完善。

瑞士蓮巧克力之家
Lindt Home of Chocolate

如何前往

◎ 從Bürkliplatz搭乘165號巴士,至Kilchberg ZH, Lindt & Sprüngli站下車,步行約3分鐘

◎ 搭乘S-Bahn的S8、S24至 Kilchberg站,步行約10分鐘

◎ 從Bürkliplatz遊船碼頭搭乘3731號渡輪至Kilchberg ZH 站,步行約10分鐘

info

⌂ Schokoladenplatz 1, 8802 Kilchberg

☎ (0)44 716-2000

◉ 每日10:00~19:00 (11~3月至18:30),最後一梯自助語音導覽行程於閉館前90分鐘出發

⊜ 成人CHF 15,學生CHF 13,8~15歲CHF 10

◉ www.lindt-home-of-chocolate.com

❗ 由於相當受歡迎,旺季前往最好事先預約購票

◎ 專人導覽行程

◉ 每日15:45出發

⊜ 成人CHF 28,學生CHF 26,15歲以下CHF 23

你可知道可可豆曾經可以當成貨幣用來買東西嗎?你知道可可豆最早在哪、又是如何被發現的嗎?你知道可可豆如何經過重重手續終於變成美味的巧克力嗎?瑞士又是如何變成知名的巧克力王國的呢?來一趟瑞士蓮巧克力之家,你對巧克力的所有好奇心都會獲得滿足。

瑞士蓮巧克力之家由瑞士知名建築師Christ & Gantenbein所設計。

瑞士蓮無疑是瑞士最知名的巧克力品牌,行銷全球已超過170年。

瑞士蓮(Lindt & Sprüngli)由史賓利父子(David & Rudolf Sprüngli)創立於1845年,地點就在蘇黎世南方的基希伯格(Kilchberg),而這間工廠打從1899年起,就持續生產巧克力至今。位於工廠附近的巧克力之家內,展示各種與巧克力相關的知識以及瑞士蓮的品牌歷史,來這裡參觀,當然也能吃到各種口味的瑞士蓮巧克力。博物館入口處還有一間新潮的咖啡廳,提供添加巧克力的鬆餅、冰淇淋等,是瑞士蓮旗下第一間品牌咖啡廳。

接待大廳裡一座高達9公尺的巧克力噴泉,成為遊客拍照打卡的最佳背景。

這裡以多媒體、互動式的展出方式,帶領眾人進入甜蜜的巧克力世界,還可看到最新的自動化巧克力製作技術。

連接展場出口的巧克力商鋪,是全世界最大的瑞士蓮巧克力店。

館內提供多款巧克力試吃,非常能攫取遊客芳心。

這裡提供巧克力製作課程,遊客可在大師專業的指導下,創作出專屬於自己的巧克力作品。

玉特利山
Uetliberg
MAP P.48 A2

如何前往

◎搭乘S-Bahn的S10至Uetliberg站即達

玉特利山是本地市民假日登山健行的好去處。在Uetliberg站下車後，順著指標於林間小路步行約20分鐘，便能到達山頂的觀景台。此外，在山頂上還有餐廳、旅館和兒童遊樂場等設施。如果有一整天空閒的時間，在登上觀景台後不妨沿著健行步道Planet Trail繼續南行，在充滿芬多精的森林裡漫步，約3小時後抵達Felseneggweg，從這裡有通往山下Adliswil的小纜車（夏季行駛至21:50，冬季至19:50，但有可能維修，請注意車站告示），從Adliswil便能夠搭乘S4回到蘇黎世中央車站。

標高871公尺的玉特利山是蘇黎世近郊的制高點。

從山上可以俯瞰整個蘇黎世市區、蘇黎世湖，以及遠眺阿爾卑斯山系的壯麗景色，視野非常遼闊。

山頂的觀景台景色宜人。

各健行路線的指標也做得很詳細，絕對不會讓人迷路。

真正走入雨林林間，與雨林中的動植物直接面對面，是非常有趣的體驗。

園方由馬達加斯加空運4,700多株雨林樹苗與雨林動物來到蘇黎世進行栽植與復育，才有了這個占地11,000平方公尺的熱帶雨林溫室。

行走在步道上時，不妨輕聲細語、緩步前進，仔細往林間尋找，就可以看到這些可愛狐猴的身影。

蘇黎世動物園熱帶雨林溫室
Masoala Rainforest at the Zoo Zürich
MAP P.48 A2

如何前往

◎搭乘Tram 6至Zoo站即達

info

✪Zürichbergstrasse 221　☎(0)44 254-2500
🕐09:00~18:00（11~2月至17:00），雨林溫室10:00開放　💰成人CHF 30，16~20歲CHF 25，6~15歲CHF 16　🌐www.zoo.ch
♨上官網購票可享1元折扣，關園前90分鐘購票享6折優惠

蘇黎世動物園中最珍貴的就是熱帶雨林溫室，這是一個以生態保育為出發點、與非洲馬達加斯加國家公園合作的計畫案，其門票所得30%將回饋給馬達加斯加國家公園，成為雨林保育基金。這座熱帶雨林在溫度、溼度及環境上，都與真正的雨林十分神似，最為珍貴的就是各種瀕臨絕種的狐猴，有時狐猴還會爬到溫室屋頂乘涼，樣貌十分惹人憐愛。

吃飽喝足，是維持閒情逸緻的必要手段

Swiss Chuchi
瑞士料理

must eat!
起士火鍋
CHF 32.5~42.5、
烤起士
CHF 31.5~39.5
推薦菜

 Rosengasse 10

位於Hotel Adler一樓的Swiss Chuchi以起士火鍋 (Käsefondue)與烤起士(Raclette)做為招牌，一走進佈置成瑞士傳統木屋的餐廳裡，馬上就聞到濃濃的起士味。除了傳統口味的起士火鍋，還可選擇特別加料版，例如增加梨子白蘭地的香味，或是加上火腿與香檳等。烤起士則是把起士片置於小鐵盤上加熱，待起士熔化成稠狀時，將熱騰騰的起士刮下覆蓋在切好的馬鈴薯或蔬菜上，也可根據個人喜好搭配雞胸、火腿或牛肉一起食用。

🚇P.49C3 🚃搭乘Tram 4、15至Rudolf-Brun-Brücke站，步行約1分鐘 ☎(0)44 266-9696 ⏰每日11:30~23:15 (最後點餐時間為22:00) 🌐hotel-adler.ch/swiss-chuchi-restaurant

Oepfelchammer
瑞士料理

must eat!
主餐
CHF30上下
推薦菜

 Rindermarkt 12

在老城區中心的Oepfelchammer是家標榜傳統舊式的古早味餐廳，餐廳對面不僅是瑞士19世紀著名詩人凱勒 (Gottfried Keller)年輕時的居所，而他過去也是這裡的常客，同時這裡還是蘇黎世最古老的酒館驛站呢！餐廳內部一邊是傳統木飾設計的Gaststube，另一邊是優雅的現代餐廳Züri-Stübli，其餐點以排餐為主，從前菜、主菜到甜點都非常講究，所以這兒也就成為蘇黎世最熱門的餐廳之一。

🚇P.49C3 🚃搭乘Tram 4、15至Rathaus站，步行約2分鐘 ☎(0)44 251-2336 ⏰週二、三16:00~24:00，週四至週六11:45~13:30、16:00~24:00 🚫週日、一 🌐www.oepfelchammer.ch

Zunfthaus zur Zimmerleuten
瑞士料理

must eat!
起士火鍋
每人CHF 39
推薦菜

 Limmatquai 40

位於市政廳旁的這間餐廳原本是棟有860年歷史的中世紀木造建築，曾經是木匠同業公會，於2007年慘遭祝融，所幸保留下豐富的照片與文書資料，讓重建工作得以順利進行。經過3年多的整修，現在可以選擇在氣派輝煌的挑高大廳舉辦宴會，在2樓傳統瑞士家居風格的餐廳品嘗道地瑞士料理，或是選擇在河邊拱型門廊下，一邊享用起士火鍋，一邊欣賞聖母教堂與利馬特河夜景。

🚇P.49C4 🚃搭乘Tram 4、15至Helmhaus站，步行約1分鐘 ☎(0)44 250-5363 ⏰11:30~14:00、18:00~22:30 🌐www.zunfthaus-zimmerleuten.ch

Cabaret Voltaire
咖啡酒吧

must eat!
招牌調酒
CHF 17~19
推薦菜

 Spiegelgasse 1

走進伏爾泰酒店，你可能會被充滿顛覆意象的內部空間嚇一大跳，不過可別大驚小怪，因為1916年，雨果巴爾(Hugo Ball)、漢斯阿爾普(Hans Arp)等人就是在這裡創造了達達主義(Dada)。今日的伏爾泰酒店是一間咖啡酒吧，同時當然也有一部分作為現代藝術的展示空間與文藝活動場所。而在一樓精品店裡，也可以買到許多與達達主義相關的書籍及周邊產品。

🚇P.49C3 🚃搭乘Tram 4、15至Rathaus站，步行約2分鐘 ☎(0)43 268-0844 ⏰酒吧13:30開始營業，週二~週四至23:00，週五、六至24:00，週日至18:00 🚫週一 🌐www.cabaretvoltaire.ch

Babu's Bakery & Coffeehouse
早午餐

must eat! 推薦菜
經典早餐盤 CHF 16.5、
酪梨吐司 CHF 15.5、
層架式下午茶
每人 CHF 38

🏠 | Löwenstrasse 1

Babu's 是一家頗受蘇黎世在地人喜愛的麵包店，運用優質的原料，像是來自埃蒙塔爾(Emmental)的Jumi家族乳製品、來自波斯基亞沃(Poschiavo)的Macelleria Zanetti香腸等。每天從清早陸續出爐新鮮麵包、三明治、糕點和蛋糕，結合飲料與餐點，推出早餐、午餐與早午餐，無論何時前往，門口總是站滿排隊的人群。建議事先上網訂位，以免排隊之苦。

📍P.49A3　🚋搭乘Tram 2、9至Sihlstrasse站，步行約1分鐘　☎(0)44 307-1010　🕐平日07:00~18:00，週六08:00~18:00，週日09:00~17:00　🌐babus.ch

Zunfthaus zur Waag
瑞士料理

must eat! 推薦菜
蘇黎世牛肉片
CHF 48、
藍帶肉排
CHF 54

🏠 | Münsterhof 8

這棟建於1636年的建築，過去數個世紀以來，一直都是亞麻紡織工會的會所，直到19世紀後才幾經轉手，於1935年成為老城區內首屈一指的餐廳。想要嘗嘗蘇黎世道地美食，可以點一客蘇黎世牛肉片(Zürcher Kalbsgeschnetzeltes)，那是將牛肉切成片狀用奶油嫩煎，再加上洋蔥丁和白酒一起煮，並搭配將馬鈴薯切碎、炒熟的薯餅(Roesti)食用，風味道地可口。而這裡的藍帶肉排(Kalbs-Cordonbleu Gefüllt)，內餡包裹流質的香濃起士，也非常值得一試。

📍P.49B4　🚋搭乘Tram 2、6、7、8、9、11、13、17至Paradeplatz站，步行約1分鐘　☎(0)44 216-9966　🕐11:30~14:00、18:00~22:00　🚫週日　🌐www.zunfthaus-zur-waag.ch

---

Zeughauskeller
瑞士料理

must eat! 推薦菜
風乾牛肉片 CHF 21、
阿爾卑斯通心粉 CHF 21.5、
香腸盤 CHF 31

🏠 | Bahnhofstrasse 28A

Zeughaus是軍械庫的意思，而這間餐廳從前的確就是一間軍械庫！1927年，軍械庫被改建成酒吧，修繕時不但維持軍械庫原有結構，並將部分兵器保留下來，成為裝潢題材，因此人們到這裡用餐時，仍然可以看到許多掛在牆上的斧鉞鎧甲，甚至重型槍炮。這裡供應的是道地蘇黎世美食，除了有當地名菜蘇黎世牛肉片和阿爾卑斯通心粉(Älplermagronen)外，光是香腸選擇就多達13種，是遠近馳名的傳統餐廳。

📍P.49B4　🚋搭乘Tram 2、6、7、8、9、11、13、17至Paradeplatz站，步行約1分鐘　☎(0)44 220-1515　🕐每日11:30~23:00 (熱食供應至22:00)　🌐www.zeughauskeller.ch

Coop City Zurich St. Annahof
美食吧

🏠 | Bahnhofstrasse 57

Coop是瑞士全國連鎖的零售集團，又根據規模大小，分為大城小鎮都有的一般超市，以及像班霍夫大街上這種什麼都賣的百貨公司。Coop City所附設的美食吧可說是背包客最好的朋友，不僅僅有簡單的三明治，主食有烤雞、豬排、義大利麵、燉飯等各種選擇，此外還有沙拉區、水果區、飲料區、甜點區，雖然不是吃到飽的方式，但一餐吃下來大約CHF 15就有主餐加飲料，在餐飲費用高昂的瑞士，是節省開銷的好方法。

📍P.49B3　🚋搭乘Tram 6、7、11、13、17至Rennweg站即達　🕐09:00~20:00　🚫週日　🌐www.coop.ch

用買物把蘇黎世的記憶帶回家！

MAP P.49 B3　Schweizer Heimatwerk
手工藝品店

　　如果你要尋找一個體面的禮物送人，並且不考慮用廉價紀念品敷衍了事的話，建議可以到這裡來看看。創立於1930年的Schweizer Heimatwerk是瑞士有名的手工藝品專賣店，這裡販賣的手工藝品標榜全是「瑞士製造」，有音樂盒、咕咕鐘、玩具、餐具、小擺飾、陶瓷藝品、針織刺繡等，不但品質精良，各物件的樣式也是獨一無二，只是價格自然也是不菲。

🚋搭乘Tram 4、15至Rudolf-Brun-Brücke站，過橋即達。　📍Uraniastrasse 1　☎(0)44 217-8300　🕐10:00~19:00　🚫週日　🌐www.heimatwerk.ch

MAP P.49 C4　H. Schwarzenbach
食品雜貨店

　　這家雜貨咖啡烘培坊自1864年創業至今，已是接手到第五代，百多年來在蘇黎世人心中佔有一席之地。
　　走進店內立刻會被貨架上一個個五顏六色的玻璃罐所吸引，各式各樣的香料、堅果、漿果、蜜餞、果醬、茶葉、咖啡和巧克力，合組成豐富而迷人的色澤；空氣中混雜各種食材的香氣，誘發著消費者的購買欲望。喜歡乾果雜貨的人，一定要來這間可愛的雜貨店尋寶。

🚋搭乘Tram 4、15至Rathaus站，步行約2分鐘　📍Münstergasse 17/19　☎(0)44 261-1315　🕐09:00~18:30（週六至17:00）　🚫週日　🌐www.schwarzenbach.ch

MAP P.49 B4　Confiserie Sprüngli
巧克力店

　　這家巧克力店1836年就在蘇黎世開幕，並於1859年遷移至現址，一旁還有間溫馨的附屬咖啡屋。這裡90%的巧克力為手工製造，形形色色少說也有50種口味。除了巧克力外，還有看了就令人垂涎三尺的蛋糕、派餅、小餅乾、小糕點等，而精緻的包裝更是增加購買欲望！最受歡迎的，是24小時內必須食用的松露巧克力，另外長得有點像迷你馬卡龍的Luxemburgerli也值得推薦。

🚋搭乘Tram 2、6、7、8、9、11、13、17至Paradeplatz站即達　📍Bahnhofstrasse 21　☎(0)44 224-4646　🕐平日07:30~18:30，週六08:30~18:00　🚫週日　🌐www.spruengli.ch

MAP 49 A1　Freitag
帆布包店

　　Freitag自1993年創業已來，已發展成國際知名的帆布包品牌，在世界各地已有30家直營專賣店。同時Freitag也是少數還將工廠設在蘇黎世的公司，而位於蘇黎世西區的這家旗艦店最符合其資源回收玩創意的品牌精神，由19個大貨櫃疊合而成9層樓高塔，建築本身就是西區的地標。店內陳設的最大特色是四面像倉庫一樣的抽屜牆，每一個抽屜都代表一種花色，你可以根據抽屜外貼著的照片選擇喜歡的款式。逛完還可爬上頂層瞭望台，眺望蘇黎世西區工業城的景色。

🚋搭乘S-Bahn至Zürich Hardbrücke站，出站往北下橋即達　📍Geroldstrasse 17　☎(0)43 366-9520　🕐平日11:00~19:00，週六10:00~18:00　🚫週日　🌐www.freitag.ch

以蘇黎世為據點，玩向更深入的瑞士

還沒走近萊茵瀑布，老遠就能聽到猶如萬馬奔騰般的波濤怒吼聲等靠近瀑布的奪人氣勢，那股千軍萬馬奔騰翻躍的奪人氣勢更是非同小可。

MAP P.48 B1 **萊茵瀑布**
Rhienfall

如何前往

◎ 搭乘S-Bahn的S9至Neuhausen Rheinfall站，從蘇黎世車程50分鐘，從沙夫豪森車程4分鐘。出站後步行約10分鐘至遊客中心

◎ 從沙夫豪森搭乘B1或B7公車至Neuhausen Zentrum站，車程約15分鐘。下車後步行約12分鐘至遊客中心

info

🌐 www.rheinfall.ch

◎ 沃特小城堡 Schlösschen Wörth

📍 Rheinfallquai 30, Neuhausen am Rheinfall

🕐 11:30~14:30、17:30~23:00 ⊗ 週一、二

◎ 勞芬城堡 Schloss Laufen

🕐 每日10:00~18:00 💲 成人CHF 5，6~15歲CHF 3 🌐 www.schlosslaufen.ch

　「君不見，黃河之水天上來」這句話若是移轉到萊茵瀑布上，雖不中，亦不遠矣。萊茵瀑布雖然高低落差只有23公尺，但幅寬寬達150公尺，以平均流量來説，

是全歐洲最大的瀑布，在全世界也能排得上第22名，尤其是夏天高山雪融之後，更為可觀。

　觀賞萊茵瀑布有3個最理想的地方：一是右岸沙夫豪森州的沃特小城堡，這座水岸邊的城堡目前改建成一家炙手可熱的景觀餐廳，而萊茵瀑布的遊客中心也離此不遠；一是左岸蘇黎世州的勞芬城堡，這座雄踞山丘上的城堡本身也開放參觀，除了可了解城堡的千年歷史、萊茵瀑布的自然環境，還能循著城堡下方的景觀步道至水岸觀景台，感受觸手可及的水花所濺起的暢快清涼；最後一處是在遊船上，這兩座城堡旁都有碼頭，不但

萊茵瀑布建議行程

行程	內容	價格	時間	網址
萊茵瀑布快車 (Rhienfall Express)	自沙夫豪森渡船碼頭出發，乘坐小火車造型的直達車至萊茵瀑布，需時約30分鐘	成人單程CHF 8，來回CHF 12；6~12歲單程CHF 4，來回CHF 7	5~9月每日12:50~18:00發車5班，4月僅週四至週日發車，10月上旬僅發車前兩班(詳見官網時刻表)	www.rhyfall-express.ch
巨岩遊船體驗 (Felsenfahrt)	從沃特城堡碼頭出發，登上瀑布中央的巨石，全程30分鐘，其中20分鐘在巨石上	成人CHF 20，6~16歲CHF 10		www.rhyfall-maendli.ch
15分鐘遊船行程	從沃特城堡碼頭出發，全程15分鐘	成人CHF 8，6~16歲CHF 5	5~9月09:30~18:30，4月及10月11:00~17:00，每12~20分鐘一班	
30分鐘語音導覽遊船	從沃特城堡碼頭出發，全程30分鐘，含中文語音導覽	成人CHF 11，6~16歲CHF 7		
跨河渡船	往來沃特城堡與勞芬城堡碼頭，航程5分鐘	成人單程CHF 3，6~16歲單程CHF 2		

萊茵瀑布小檔案

位置：沙夫豪森州與蘇黎世州交界
水道：萊茵河
鄰近城市：萊茵河畔紐豪森
(Neuhausen am Rheinfall)
高低落差：23公尺
幅寬：150公尺
最深深度：13公尺
夏季平均流量：每秒600立方公尺
冬季平均流量：每秒250立方公尺
形成時間：約14,000至17,000年前

可一路駛向瀑布腳下，還能登上瀑布中央的巨石，近距離感受震撼。

而在每年7月31日，瑞士國慶日前一天晚上，這裡都會施放煙火慶祝，屆時滿天燦爛的火樹銀花照亮怒濤洶湧的萊茵瀑布，將是一輩子難以忘懷的壯觀景致。

萊茵瀑布遊客中心

⌂ Rheinfallquai, 8212 Neuhausen am Rheinfall
◷ 每日09:00~18:30
ⓦ www.schaffhauserland.ch

最特別的觀景位置就是乘坐遊船前往瀑布中央，爬上竦峙在大水之間的巨石，在離瀑布最近的距離，感受浩浩湯湯的震撼與被瀑布包圍的刺激。

搭乘渡船可以往返瀑布左岸的勞芬城堡及右岸的沃特城堡。

在沃特城堡餐廳附近的河邊，可從正面飽覽萊茵瀑布全景。

沿著河邊走一圈，從各種角度欣賞萊茵瀑布的壯闊之美，也可以找個好位子坐下，好好飽覽眼前的風景。

勞芬城堡的觀景台，則能從高處俯視萊茵瀑布側面。

萊茵河畔的施泰因一如其名，果真像顆被上帝鑲在萊茵河畔的瑰麗寶石。

萊茵河畔的施泰因
Stein am Rhein

MAP P.48 B1

如何前往

◎ 從蘇黎世搭乘IC或RE至沙夫豪森，再轉乘S-Bahn的S1，總車程約1小時出頭

◎ 從蘇黎世搭乘S-Bahn的S12至溫特圖爾(Winterthur)，再轉乘S29，總車程約1小時出頭

◎ 從沙夫豪森可搭乘S-Bahn的S1直達，車程23分鐘

◎ 出萊茵河畔的施泰因車站後，往北過橋即達老城區，步行約6分鐘

一踏進市政廳廣場，立刻會被周圍的璀璨景象所吸引住，廣場周圍包括市政廳在內的樓房大都建於16世紀，除了有華麗的凸窗外，幾乎每一棟都繪上色彩鮮豔的溼壁畫。而在老城區裡有兩家博物館：修道院博物館位於河邊的聖喬治修道院中，展示過往本篤會修道院中的生活，以及數百年來的民間藝術；林德烏爾姆博物館則透過原封不動的傢俱陳設，原汁原味重現19世紀中葉的布爾喬亞階級生活，讓遊客經由實物與模型，認識當時人們的日常作息與工作場景。

壁畫主題多半是歷史故事與神話傳說，而這些樓房就以其壁畫的主題來命名，例如紅牛、太陽、白鷹、雄鹿等。其中的「太陽」，在當地是間饒富盛名的歷史餐廳。

萊茵河畔的施泰因遊客中心
📍P.70B1
🏠Oberstadt 3, 8260 Stein am Rhein
📞(0)52 632-4032
🕐平日10:00~1230、13:30~1600，週六
10:00~14:00，週日11:00~15:00
🌐www.schaffhauserland.ch

施泰因市區

荷恩克林根城堡 Burg Hohenklingen
📍P.70B1 🚶從老城區有登山小徑可達，步行約30分鐘 🏠
Hohenklingenstrasse 1 📞(0)52 741-2137 🕐10:00~23:00
🚫週一、二 🌐burghohenklingen.com

城堡最初由柴林根公爵(Duke of Zähringen)建於12世紀左右，其後隨著屢經易幟而不斷增建。1457年，萊茵河畔施泰因的市民合力將城堡買下，一方面是為了炫耀市民階級的財富，一方面也作為城市守望塔使用，而城堡也在往後的歲月裡，不止一次為當地市民阻擋住外敵入侵。

由於管理階級大都住在山下老城區內，因此城堡維持了完整的舊時模樣，結構也不再有所更動。

城堡現有部分闢為餐廳，在此用餐不但氣氛優雅，窗外景色更是令人屏息。

登上城堡塔樓，可以眺望倚著萊茵河的老城景觀。

MAP P.48 B1

沙夫豪森
Schaffhausen

如何前往

◎ 從蘇黎世搭乘IC或RE直達，車程約38分鐘

◎ 從蘇黎世搭乘S-Bahn的S9、S12、S24直達，車程約1小時

◎ 出沙夫豪森火車站後，過Bahnhofstr.到馬路對面，即是往老城區的方向

　　沙夫豪森是遊歷萊茵瀑布時必訪的城市，雖然貴為沙夫豪森州的首府，卻是個規模小到足以用雙腳走遍的迷你小鎮。由於從前萊茵河的航運受到萊茵瀑布阻礙，商貨必須在沙夫豪森上岸後轉運，因而使它成為繁榮的貿易重鎮，短短兩條主街就密布了十餘處工會會館，也為這裡帶來豐厚的財富。

　　沙夫豪森老城街道上最值得一看的，便是家家戶戶牆上爭奇鬥豔的「凸窗」。凸窗除了可以讓屋內的人更容易觀察街上動靜外，最主要的功能還是為了炫耀主人家的財富，而溼壁畫也是當時人們裝飾住家常見的方法，只是富裕的沙夫豪

這是當地著名畫家史提默(Tobis Stimmer)於1570年繪製的作品，而身為武士階級的主人瓦德基希(Hans von Waldkirch)的肖像也出現在壁畫一角。不過現今的壁畫是在1943年重繪的，原畫的一部分則被收藏在萬聖教堂博物館裡。

弗龍瓦格廣場(Fronwagplatz)南側的弗龍瓦格塔山牆上，有面打造於1564年的天文鐘(Astronomische Uhr)，這面巧奪天工的大鐘可說是瑞士鐘錶發達的最佳註腳，除了可以顯示時間、星期、月份外，還能預測日月蝕、月亮形狀、太陽在黃道十二宮的位置、春分和秋分的日子等10種功能！

森人總是喜歡讓自己的家跟得上時代，於是在溼壁畫的保存上便不若萊茵河畔的施泰因那般好。

存的溼壁畫中，最有名的便是位於Vordergasse 65號的騎士之家(Haus zum Ritter)，這棟建於15世紀末的建築外牆，畫滿了以希臘羅馬神話及歷史故事為題材的美麗壁畫，主要寓意在於表現當時所看重的中古騎士美德。

沙夫豪森現

由於凸窗的建造所費不貲，主人無不極盡鋪張之能事來顯示自己財力雄厚，富豪之間甚至還會舉辦凸窗比賽以爭高下。

摩爾噴泉(Mohrenbrunnen)位於弗龍瓦格廣場北側，噴泉雕像的主角其實是《聖經》故事中東方三王之一的加斯帕，由於他在這裡被描繪成摩爾人的形象，噴泉也由是得名。

沙夫豪森市區圖

景點 教堂 飯店 博物館 火車站 遊客中心

現在這些古代的會館門口，大都還保留著華麗的徽紋刻飾，足以想見昔日工商業發達的盛況。

聖約翰教堂(Kirche St. Johann)的尖塔，也是老城地標之一。

走在沙夫豪森老城街上，最大的樂趣就是一一鑑賞這些華麗的凸窗。

沙夫豪森遊客中心
- P.72A1
- Vordergasse 73, 8200 Schaffhausen
- (0)52 632-4020
- 10:00~17:00 (週六至14:00)
- 週日
- www.schaffhauserland.ch

博物館的外觀雖然低調，當中卻是鐘錶世界的大觀園。

萬國錶博物館
IWC Schaffhausen Museum
- P.72B2　Baumgartenstrasse 15　(0)52 235-7565
- 09:00~17:30 (週六至15:30)　週日、一　成人CHF 6，優待票CHF 3，12歲以下免費　www.iwc.com/en/company/museum.html

如果你對專業取向的鐘錶有興趣的話，萬國錶(IWC)的總部便是設在沙夫豪森的老城區裡。而在精品專賣店的旁邊，則是間萬國錶的博物館，展示該品牌一百多年來設計出的經典錶款及重要技術，不妨進去參觀。

米諾要塞 Munot

📍P.72B1 🚶從老城區沿任何一條路往東行，都能看到米諾要塞 🕐5~9月08:00~20:00，10~4月09:00~17:00 💰免費 🌐munot.ch

這座要塞興建於1564到1589年宗教改革如火如荼之際，過去擔負著守衛城市的重責大任，今日要塞頂部的圓形廣場則成為市民活動的場地，不定期會舉辦音樂會、露天電影院及舞會等活動。由於要塞位於沙夫豪森老城的制高點，因此人們多是為了俯瞰城市風景而來，穿過幽暗的迴旋坡道來到頂部，視覺立刻豁然開朗起來，面對老城的方向望去，教堂和城門的尖塔鶴立在古老的街區裡，高低錯落的古宅屋瓦像浪潮一般首尾相連，就連萊茵河畔的景致以及周圍的葡萄園風光也都一覽無遺。

要塞巨大的圓形主體建築令人印象深刻。

因為登高望遠的良好視野，要塞塔樓過去即作為城市守望警戒之用，為了延續自古以來的傳統，至今還有守衛住在塔樓上，並於每天晚上9點敲鐘向居民報時(在過去，這是指示城門關閉的鐘聲)。

要欣賞沙夫豪森老城區的全景，最理想的位置就是登上老城東邊的米諾要塞。

穿過幽暗的掩體，一條可以通行馬車的迴旋坡道將遊客帶往堡壘頂部。

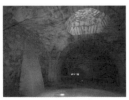

寬闊內部空間，為昔時居民在戰亂時提供庇護的場所。

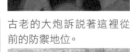

古老的大炮訴說著這裡從前的防禦地位。

萬聖大教堂及博物館
Münster und Museum zu Allerheiligen

📍P.72B2 🚶從老城區往南行，看到最大的教堂尖頂即是萬聖教堂 ◎教堂 🕐09:00~18:00(冬季至17:00) 💰免費 ◎博物館 📍Klosterstrasse 16 ☎(0)52 633-0777 🕐11:00~17:00 🚫週一 💰成人CHF 12，學生及65歲以上CHF 9，20歲以下免費 🌐www.allerheiligen.ch 🎫每月第1個週六免費

萬聖大教堂大約建於12世紀初，為一座羅馬式的教堂，由於改信新教的緣故，大教堂內原本華麗的壁畫和雕飾皆被完全刮除。萬聖教堂的修道院是全瑞士規模最大的修道院，一邊是12世紀羅馬式的建築，而另一邊卻是13世紀哥德式的產物。而在萬聖教堂博物館裡，則展示了沙夫豪森建城1千多年來的城市歷史，豐富而多樣化的展覽品，包括從附近山洞出土的石器時代文物、動物骨骸到當地人民從古至今的各種生活用品，同時還能看到騎士之家本來的牆面。

有趣的是，教堂內的12根大柱中有一根是有點傾壞的，於是當地人便稱呼這根大柱為一猶大」。

修道院外圍是一處中古世紀的草藥園，一旁有座原本懸掛在高塔上的大鐘，因為鐘上的一段銘文曾直接觸發德國詩人席勒的靈感，讓他寫下著名的詩篇《鐘之歌》，從此這口鐘便被稱作「席勒之鐘」。

巴登 Baden

MAP P.5 C1

如何前往

◎從蘇黎世搭乘IR直達，車程約15~20分鐘

◎從蘇黎世搭乘S-Bahn直達，S19車程22分鐘，S12車程28分鐘，S6車程38分鐘

巴登位於蘇黎世西北約25公里處的利馬特河谷中，Baden在德文中就是「沐浴」的意思，從名稱便不難猜想，城鎮的起源和發展即是拜這天然湧出的礦泉所賜。自2千年前的羅馬時代開始，巴登的溫泉就以「赫爾維蒂之水」(Aquae Helveticae)聲名遠播，而15~18世紀的舊瑞士邦聯，更曾多次在巴登召開議事會，也讓這裡的角色更形重要。19世紀之後，巴登已是名揚國際的溫泉勝地，像是歌德、尼采、托馬斯曼、赫塞等人，都經常來到這裡休養度假。

作為瑞士溫泉度假勝地的始祖，巴登沒有擁擠的觀光人潮、氣派奢華的溫泉飯店，由利馬特河和葡萄園圍繞的一方天地，洋溢著寧靜優雅的悠閒氣息。

沒有溫泉，就沒有巴登，由於與蘇黎世的交通相當方便，成為當地旅客放鬆身心各地旅客放鬆身心的首選之處。

這些露天的戶外溫泉池採用完全天然的溫泉水，水溫維持在38°C以上。

Switzerland Tourism提供

公共溫泉池 Heissen Brunnen

◆P.74B1 ◆中央車站東方出口，沿著Baderstrasse往北下坡步行至利馬特河岸即達 ◆每日07:00~22:00加熱，每週一、三、五進行清潔 ◆免費 ◆入浴之前請先把身體沖洗乾淨

巴登共有18處硫磺泉源，是瑞士礦物質含量最豐富的溫泉地，每日有100萬升泉水從超過3千公尺深的地底湧出。地底泉源溫度為47°C，水質滑順，水色透明，不會有特別重的硫磺味。溫泉水可泡可飲，對治療風濕、關節痛及循環系統的疾病頗有幫助。

從前羅馬人發現溫泉後不久，就在這裡修建了公眾浴場，隨著最後一座中世紀的露天浴池在19世紀被填平建為廣場，戶外溫泉在巴登從此失去了蹤跡，直到150年後，巴登與利馬特河對岸的恩內特巴登(Ennetbaden)又重新開鑿戶外池，並於2021年底竣工，讓人們得以再度享受在藍天白雲下免費泡湯的樂趣。

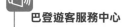

巴登遊客服務中心

◆P.74A2

◆Bahnhofplatz 1(火車站往舊城方向出口)

◆(0)56 200-1530

◆週一12:00~17:30，週二至週五10:00~12:30、13:30~17:30，週六09:00~14:00

◆週日

◆deinbaden.ch

巴登市區

A

B

公共溫泉池 Heissen Brunnen

Limmath of Baden Hotel & Spa

Römerstr.

Schiefe Br.

Parkstrasse

Grand Casino Baden 賭場

1

1

Bahnhofstr.

中央車站 Hauptbahnhof

通往河谷的升降梯

Badstrasse

Oltrainstr.

Theaterpl.

Sonnenbergstr.

Ehrendingerstrasse

巴登歷史博物館 Das Historische Museum

2

2

Schlossbergpl.

鐘塔 Stadtturm

Löwenpl.

石丹城堡遺址 Ruin Stein

舊木橋 Holzbrücke

A

B

◆景點 ◆博物館 ◆遊客中心 ◆飯店 ◆火車站 ◆廣場

巴登舊城區
Baden Altstadt
🚉中央車站東方出口，沿著Badstrasse往南下坡步行，即進入舊城區

巴登中央車站位於利馬河左岸高地，往北可抵達河岸溫泉區，往南這一片鐵道與河岸間的斜坡地帶就是舊城區。從主要大街Badstrasse踩著石板道路向下漫步，穿越市塔門(Stadtturm)後便來到有小噴泉的獅子廣場(Löwenplatz)，在廣場旁找到通往山丘的小巷子，順著階梯向上就能到達石丹城堡遺址(Ruin Stein)，視線從整齊劃一的新城區越過火車站和鐵軌，停留在古城櫛比鱗次的褐色魚鱗斜瓦上，河流對岸圍繞的是連綿丘陵和金黃葡萄園，15分鐘上坡的辛苦換來居高臨下的全景視野相當值得。

高聳的市塔門從前除了瞭望守衛的功能外，也身兼報時的鐘塔。

獅子廣場往利馬特河方向下坡，步行至河邊就能看到有屋瓦木簷的木橋(Gedeckte Holzbrücke)，這座橋自13世紀開始即作為城市的重要聯外通道，今日所見木橋則是建於1809年。

石丹城堡的歷史可追溯到西元1000年以前，這座城堡曾經在17世紀進行大規模擴建，只是在1712年瑞士內戰的第二次維爾梅根戰爭(Zweiter Villmergerkrieg)中，信奉天主教的巴登敗給了支持新教的蘇黎世，迫於壓力，只好把城堡拆除。不過直到今日，巴登市民依舊把這座廢墟當作自己城市的象徵。

沿著巴登歷史博物館下方的河畔步道散步，稍往下游方向有座現代化的新橋，越過新橋可搭乘透明升降梯回到中央車站前的廣場。

Badstrasse是老城最熱鬧的商店街，兩旁都是品牌商店和餐廳。

13世紀時，舊木橋旁穩重厚實的塔門管控利馬特河岸出入口，捍衛著老城。1415年瑞士邦聯征服巴登所在的阿爾高地區(Aargau)，新上任的地方行政長官選擇此處入住，此後這棟塔樓就作為歷任地方長官官邸。

博物館內展示著從前巴登地區的歷史與工藝器具。

館內也能看到18至20世紀巴登地區市民階級的生活樣貌。

登上塔樓可眺望巴登老城的城市風景。

巴登歷史博物館
Das Historische Museum
📍P.74B2 🚶越過木橋即達 🏠Wettingerstrasse 2 ☎(0)56 222-7574 🕐週二至週六13:00~17:00(週四12:00~19:00)、週日10:00~17:00 🚫週一 💰成人CHF 8，學生CHF 6，16歲以下免費 🌐museum.baden.ch

博物館所在的這棟塔樓曾是舊瑞士邦聯的地方長官官邸，1798年最後一任地方長官離開後，官邸曾售出成為私有財產、學校和監獄，1913年才由市府改為歷史博物館，並於1992年於河邊增蓋新館。博物館中主要呈現巴登和鄰近地區的歷史，順著塔樓的螺旋梯層層向上，可以認識史前時代的考古文物、羅馬時期至中世紀的藝術、木雕、工藝和繪畫。至於新館在重新規劃後，則是以巴登溫泉的發展與地方關係為主題。

古今多少公卿名流，都無法抵擋花園城市的魅力

造訪日內瓦理由

① 世界知名的美麗花園城市

② 經濟學人認證世界宜居城市

③ 瑞士鐘錶的大本營

日內瓦擁有依山傍水的好風景，市區緊臨的日內瓦湖(即法語中的雷夢湖)是民眾平日休憩的最佳去處。

👁 🍴 🏛 MAP P.4 A3 **日內瓦**
Genève

城市資訊
市中心人口：20萬
總人口：63萬
面積：15.92平方公里
居民主要語言：法語
區域號碼：(0)22
海拔：375公尺

位於瑞士西南部的日內瓦，在地理上和德語區的蘇黎世各據一方，不僅是瑞士第二大城，也是瑞士法語區的重鎮。雖然日內瓦的人口僅有20萬，卻是聯合國歐洲總部及紅十字會總會所在地，市內還有許多國際性的機構，小小一座城市，卻掌管著全球80億人口的福利，其國際地位的重要性可想而知。

除了作為國際級的大都會外，日內瓦還是一座充滿公園、綠地的花園市，市區被隆河一分為二：右岸是新城區，日內瓦的主要車站就座落於此，同時這一帶也有不少尊貴的五星級大飯店；而隆河左岸是以市政廳為中心的老城區，擁有許多優美的古蹟和廣場，靠近河邊的隆河大街與市場大街更是高級鐘錶店與名牌專賣店匯集的地方，皆屬觀光重地。

而從日內瓦市區也可以望見阿爾卑斯山及侏羅山脈的巍峨群峰，如此得天獨厚的自然條件，難怪要成為瑞士最受歡迎的觀光城市，自古以來便吸引許多名人到此一遊，包括拜倫、巴爾札克、杜斯妥也夫斯基、茜茜皇后，和近代的奧黛麗赫本、亞蘭德倫等，都曾在此流連忘返。

日內瓦遊客服務中心
🔗 P.80C2
📍 Quai du Mont-Blanc 2 (CGN渡輪碼頭上)
📞 (0)22 909-7000
🕐 週一至週六09:15~17:45 (週四10:00起)，週日10:00~16:00
🌐 www.geneve.com

建議停留時間
只在日內瓦城區：2天
連同日內瓦湖區：3~5天

布倫瑞克公爵卡爾二世因為1830年的革命而逃亡國外，此後輾轉流落異鄉，最後來到了日內瓦。他在1873年過世時，將大筆遺產送給了這座城市，條件是日內瓦市府必須為他打造一座顯赫的墳墓。布倫瑞克公爵之墓就位於他晚年居住的Beau-Rivage酒店旁，在日內瓦湖畔算得上無法忽視的耀眼存在。

人稱茜茜(Sisi)的伊莉莎白，出身於巴伐利亞約貴族，後來嫁給奧地利皇帝法蘭茲約瑟夫一世，因為她驚人的美貌與時尚感，而讓整個歐洲都為她著迷。茜茜晚年因為兒子的自殺而陷入深度憂鬱，只能靠著旅行稍微排解，而日內瓦便是她最心儀的流連之處。然而就在1898年9月10日，茜茜在日內瓦湖畔散步時，遭到一名義大利的無政府主義者刺殺身亡，因此今日在日內瓦湖畔便立有這尊雕像，以紀念這位「世界最美麗的皇后」。

日內瓦湖中的大噴泉，是這座美麗城市的招牌景觀。

在日內瓦出生的名人中，啟蒙時代思想家盧梭算是最有名的一個，為了紀念他，隆河中央的船島在1834年改名為盧梭島，並為他立有雕像。

記得領取日內瓦交通卡

遊客來到日內瓦，只要**事先預訂任何一家旅館**(包括青年旅館與露營地)，都可以在入住日期的3天前，從電子信箱收到旅館寄來的電子版**日內瓦交通卡(Geneva Transport Card)**，交通卡可以儲存在手機裡，憑卡可免費搭乘日內瓦包括輕軌、巴士、S-Bahn、渡船在內的所有**大眾運輸工具**，且使用效期至**退房當日**為止。

可以考慮買日內瓦通行證

如果沒有使用Swiss Travel Pass，又想深度觀光日內瓦，那可以在旅遊局官網或遊客中心購買一張**日內瓦通行證(Geneva City Pass)**。使用這張通行證可免費參觀日內瓦市區所有**博物館**、美術館，參加各類型**觀光行程**與活動也可享有免費或折扣優惠。另外，也可用來免費搭乘日內瓦的大眾交通工具。日內瓦通行證的效期分為**24小時**、**48小時**、**72小時**三種，價格分別為CHF 30、CHF 40與CHF 50。

免費無線網路熱點

如果想為自己帶來的網路分享器節省流量，沿著**日內瓦湖湖畔**很容易就能找到免費的**公共Wi-Fi**，其他像是糧倉公園、Plaine de Plainpalais廣場、日內瓦植物園等地，也都能搜尋到免費的Wi-Fi訊號。

日內瓦公約 Les quatre Conventions de Genève

在電影或新聞中常常聽到的《日內瓦公約》，主要目的是為了國際人道而簽訂，自1864年首次簽訂以來，又經過多次修改與增補，如今已有4個公約，分別為：《改善戰地武裝部隊傷兵員境遇公約》、《改善海上武裝部隊傷兵員及遇船難者境遇公約》、《關於戰俘待遇公約》與《關於戰爭中平民保護公約》。另外還有2個針對國際性與非國際性武裝衝突中關於平民保護的附加議定書，從而確立了戰爭時交戰雙方應遵守的人道原則。

日內瓦我們來了！

如何前往日內瓦

搭飛機去

日內瓦國際機場(機場代碼GVA)位於市區西北方約4.5公里處的瑞法邊境上，是瑞士的主要門戶之一，超過40家歐洲及國際航空公司在此提供服務，航線連結世界各地130座主要城市。不過很可惜的是，目前從台灣前往日內瓦並無直飛航班，都需要經由歐洲城市轉機。

像是搭乘中華航空可在法蘭克福、阿姆斯特丹、維也納或羅馬轉機，搭乘長榮航空可在慕尼黑或維也納轉機。而搭乘阿聯酋航空、土耳其航空，則分別在杜拜、伊斯坦堡轉機。

◎日內瓦國際機場 Genève Aéroport

🏠Route de l'Aéroport 21, 1215 Genève

☎(0)848 192-020 🌐www.gva.ch

搭火車去

日內瓦火車站是瑞士國際及國內的交通樞紐，擁有四通八達的火車網絡。火車站就位於市中心的隆河右岸，距離市區各大景點都在步行可達的範圍內，且車站外就有輕軌電車及公車的站牌，走路到CGN的渡輪碼頭也不遠，交通十分便利。

◎日內瓦火車站 Gare de Genève

📍P.80A1 🌐www.sbb.ch

從歐洲其他城市出發

◎**從巴黎**：搭乘法國高速列車TGV的直達車，需時約3小時。

◎**從里昂**：搭乘法鐵區域列車TER的直達車，需時約2小時。

◎**從米蘭**：搭乘歐洲城際列車EuroCity的直達車，需時約4小時。

從瑞士境內城市出發

◎**從蘇黎世**：搭乘直達的IC列車，需時約2小時40分鐘至3小時。

◎**從琉森**：搭乘直達的IR列車，需時約3小時。

◎**從伯恩**：搭乘直達的IC或IR列車，需時約2小時。

◎**從洛桑**：搭乘直達的IC或IR列車，需時約40分鐘；搭乘直達的RE列車，需時約50分鐘。

◎**從茵特拉肯**：需在伯恩轉車，總車程約3小時。

搭遊湖船去

夏天從洛桑出發前往日內瓦，如果時間和預算充裕，並想要欣賞美麗湖景的話，也可選擇搭乘CGN公司的單程遊船。每年4月底到10月中之間，每日10:55及14:35從洛桑Ouchy碼頭出發，14:35及18:25抵達日內瓦Mont-Blanc碼頭。可使用Swiss Travel Pass搭乘。

◎日內瓦湖航運公司 CGN

☎(0)848 811-848 🌐www.cgn.ch

如何從日內瓦機場前往市區？

最便利的方式──火車

日內瓦機場的地下即是Genève-Aéroport火車站，可搭乘IC、IR、RE等列車抵達日內瓦火車站。班次算是密集，每小時約有5班，車程只需6~7分鐘。

🎫**成人**：二等廂CHF 3，頭等廂CHF 5.4。**6~15歲兒童**：二等廂CHF 2，頭等廂CHF 3.5 (若有預訂城內旅館，可使用收到的日內瓦交通卡搭乘)

其他選擇──公車

如果目的地是隆河左岸的老城區，也可搭乘公車進城。在機場地面層的出境大廳外就有公車站，5號公車可前往日內瓦火車站、Bel-Air與Place de Neuve，10號公車可前往日內瓦火車站、Bel-Air、隆河大街與市場大街一帶。公車班次密集，尖峰時刻每8~15分鐘就有一班，車程約半個小時左右。

🎫**成人CHF 3，6~15歲CHF 2** (可使用日內瓦交通卡搭乘)

最彈性的方式──計程車

從日內瓦機場搭乘計程車到特定區域有其公定價格，以前往市中心來說，隆河右岸為CHF 50，隆河左岸為CHF 60，車程約需10分鐘。

日內瓦
市區交通

日內瓦大部份景點集中在舊城區，都在徒步可達的範圍內，但若要前往郊區的聯合國歐洲總部或是卡露吉鎮，還是得搭乘市區巴士或輕軌電車。

大眾運輸系統

日內瓦的大眾運輸由TPG營運，屬於法瑞綜合公共交通系統(UNIRESO)的一環，主要有輕軌電車(tram)、無軌電車(trolleybus)與公車3種。其中輕軌電車只有5條路線，14、15、18號線有經過火車站，12、15、17、18號線有經過日內瓦大學附近的Plainpalais。詳細路線圖可在遊客中心或TPG服務處索取。

◎日內瓦公共交通TPG

🌐www.tpg.ch

交通票券種類

各類型大眾交通工具採用相同的購票機制，車票可以通用，而整個日內瓦及其周邊地區只要在瑞士境內，都屬於zone 10的票價範圍。不過一般入住旅館的遊客，都會收到免費的日內瓦交通卡，或是使用Swiss Travel Pass與日內瓦通行證，

- **來日內瓦，搭船遊湖才是王道**
  日內瓦湖是西歐最大的湖泊，也是沃州景致最美的所在，城內沿湖岸有許多碼頭提供遊船服務，你可依據自己的喜好、時間與預算來選擇行程，也可以搭船前往沿湖其他城鎮。日內瓦市區的出發碼頭為Quai du Mont-Blanc與Jardin Anglais，行程、時刻表與詳細票價每季變更，請上官網查詢。

  🌐www.cgn.ch

因此沒有購買車票的需要。如果你沒有以上票券，車票資訊如下：

◎**短程票 Saut de puce**：適用於3站以內的距離。成人CHF 2，6~15歲CHF 1.8。

◎**單程票 Billet zone 10**：效期為60分鐘。成人CHF 3，6~15歲CHF 2。

◎**一日票 Carte journalière**：效期自購買起至隔日凌晨05:00，週末時1張票可供2人同行共用。成人CHF 10，6~15歲CHF 7.3。

◎**9點一日票 Carte journalière dès 9h**：效期為每日早上09:00至隔日凌晨05:00。成人CHF 8，6~15歲CHF 5.6。

交通渡船
Mouettes Genevoises Navigation

碧藍的日內瓦湖上，常常可以看見鮮黃色的水上交通船，繁忙地往來於兩岸新舊城區。這種稱為Mouettes Genevoises的渡船，對市民而言是重要的交通工具，省去不少往返兩岸的時間。而對遊客來說，若沒有搭乘遊湖船行程的時間或預算，乘坐這種貼近水面的交通船一樣能體驗短暫的遊湖樂趣。

◎日內瓦海鷗渡船公司 MGN

🌐www.mouettesgenevoises.ch

渡船路線

交通船有四種路線，M1、M2、M3都是從白朗峰大道旁的Pâquis碼頭出發，分別前往Molard(近隆河大街)、Eaux-Vives(近英國公園)及Port Noir/Genève-Plage，M4則是往來於Port Noir/Genève-Plage 和de Chateaubriand之間。其中，搭乘M3渡船會從大噴泉旁經過，能近距離感受直上天際的水柱震撼。

⏺平日約07:20~21:00（冬季約至19:30），週末約10:00~18:00。M1、M2每10分鐘一班，M3、M4每30分鐘一班

💲單程票：成人CHF 2，兒童CHF 1.8。一小時券：成人CHF 3，兒童CHF 2

✤可使用日內瓦交通卡、日內瓦通行證與Swiss Travel Pass

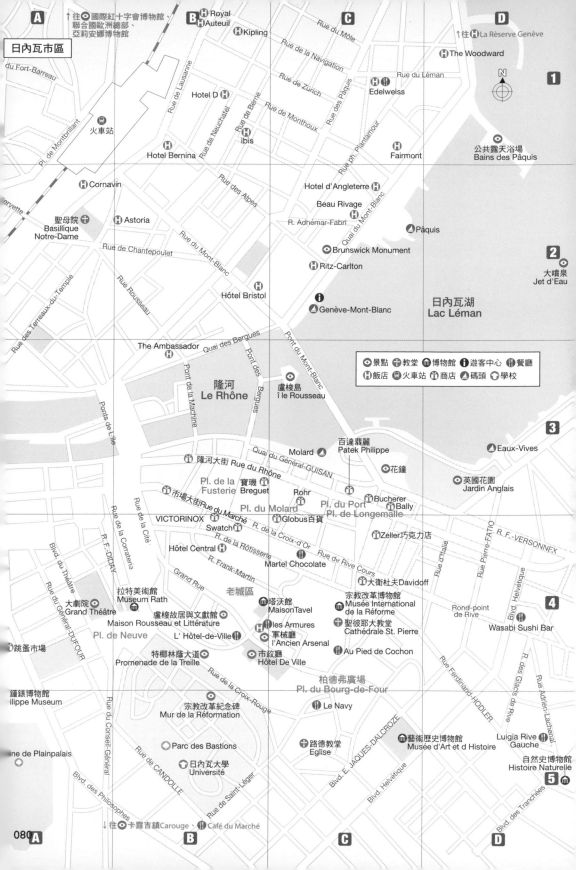

A | B | C | D

往 國際紅十字會博物館
聯合國歐洲總部、
亞莉安娜博物館

往 La Réserve Genève

Royal
Auteuil

Kipling

Rue du Môle

The Woodward

1

du Fort-Barreau

Rue de la Navigation

Rue de Zürich

Rue de Lausanne

Rue de Berne

Rue de Monthoux

Rue des Pâquis

Rue du Léman

Hotel D

Edelweiss

Rue de Neuchâtel

ibis

Rue ph. Plantamour

Fairmont

公共露天浴場
Bains des Pâquis

Hotel Bernina

Cornavin

火車站

Pl. de Montbrillant

Rue des Alpes

Hotel d'Angleterre

Beau Rivage

聖母院
Basilique
Notre-Dame

Astoria

Rue du Mont-Blanc

R. Adhémar-Fabri

Quai du Mont-Blanc

Pâquis

Rue de Chantepoulet

Brunswick Monument

2

大噴泉
Jet d'Eau

Rue Rousseau

Ritz-Carlton

Hôtel Bristol

日內瓦湖
Lac Léman

Genève-Mont-Blanc

Rue des Terreaux-du-Temple

The Ambassador

Quai des Bergues

Pont du Mont-Blanc

Pont des Bergues

隆河
Le Rhône

盧梭島
Île Rousseau

景點 教堂 博物館 遊客中心 餐廳
飯店 火車站 商店 碼頭 學校

3

Ponts de l'Ile

Pont de la Machine

Quai du Général-GUISAN

Molard

百達翡麗
Patek Philippe

Eaux-Vives

隆河大街 Rue du Rhône

花鐘

英國花園
Jardin Anglais

Pl. de la
Fusterie

寶璣
Breguet

Rohr

Pl. du Molard

Bucherer
Bally

Pl. du Port
Pl. de Longemalle

市場大街Rue du Marché

Globus百貨

Zeller巧克力店

R. F.-VERSONNEX

VICTORINOX

Swatch

R. de la Croix-d'Or

Rue de Rive Cours

Rue de la Cité

Rue de la Corraterie

Hôtel Central

R. de la Rôtisserie

Martel Chocolate

Rue Pierre-FATIO

大衛杜夫Davidoff

R. d'Italie

Grand Rue

R. Frank-Martin

老城區

宗教改革博物館
Musée International
de la Réforme

Rond-point
de Rive

Blvd. Helvétique

4

大劇院
Grand Théâtre

拉特美術館
Museum Rath

塔沃館
MaisonTavel

Wasabi Sushi Bar

Blvd. du Théâtre

R. F.-DIDAY

盧梭故居與文獻館
Maison Rousseau et Littérature

les Armures

聖彼耶大教堂
Cathédrale St. Pierre

Rue du Général-DUFOUR

Pl. de Neuve

L' Hôtel-de-Ville

軍械廳
l'Ancien Arsenal

跳蚤市場

特雅林蔭大道
Promenade de la Treille

市政廳
Hôtel De Ville

Au Pied de Cochon

Rue Ferdinand-HODLER

Rue des Glacis de Rive

Rue Adrien-Lachenal

ine de Plainpalais

Rue du Conseil-Général

宗教改革紀念碑
Mur de la Réformation

Rue de la Croix-Rouge

柏德弗廣場
Pl. du Bourg-de-Four

Le Navy

Luigia Rive
Gauche

鐘錶博物館
ilippe Museum

Parc des Bastións

路德教堂
Eglise

Blvd. E. JAQUES-DALCROZE

藝術歷史博物館
Musée d'Art et d Histoire

自然史博物館
Histoire Naturelle

日內瓦大學
Université

Rue de CANDOLLE

Rue de Saint-Léger

Blvd. Helvétique

Blvd. des Tranchées

5

Blvd. des Philosophes

往 卡露吉鎮Carouge、 Café du Marché

A | B | C | D

風華絕代的日內瓦，請用悠閒的步調細細品嚐

MAP P.80 D2

大噴泉
Jet d'eau

大噴泉小檔案
- 設置年代：1891年
- 噴射高度：140公尺
- 噴射速度：時速200公里
- 噴射流量：每秒500公升
- 使用泵浦：2台，總重超過16公噸
- 供電電壓：2,400伏特
- 輸出功率：將近1,000千瓦

如何前往

◎ 從火車站搭乘6號公車，或在Bel-Air搭乘2號公車，往Genève, Plage的方向，至Rue du Lac站下車，再步行約4分鐘

◎ 搭乘MGN渡船M2線至Eaux-Vives碼頭，再步行約3分鐘

info

● 5月～9月中09:00～23:15，其他季節10:00~22:30

休 冬季可能有半個月時間關閉維修

愛 夏季每日及春、秋兩季的週末，晚上會有彩色燈光照射，且顏色會依每日主題而變化

❗遇天候不佳或風速過強時，隨時關閉

　無論你在日內瓦的哪個角落，往日內瓦湖的方向看去，都能看見一道直向天際的大水柱，隨著風向捉摸不定，有時像是一條天邊垂落的緞帶，有時又宛若一艘張飽了風的帆船，那就是日內瓦最著名的景觀——大噴泉。

　其實大噴泉在1886年原本只是附近水力發電廠的安全閥，工人下班時將龍頭關閉後，為了釋放多餘的水壓，便有這麼一

最親近大噴泉的地方，當然就是沿著堤岸來到它的腳下，在那裡不但可以感受水柱的清涼震撼，若是天氣晴朗，還有機會看見360度的圓形彩虹呢！

道水柱從閥裡噴出，在半開玩笑的情況下，工人刻意將水加壓，竟也成了當地一處景觀。1891年，為了慶祝瑞士建國600周年，日內瓦當局將這座閥門移至湖畔碼頭邊，這在當時曾引發不小的爭議，因為湖岸居民認為這麼大的水柱會破壞日內瓦湖的美好景致，想不到100多年過去，遠從世界各地而來的人們，聚集在湖邊都只是為了一睹大噴泉的壯麗，這恐怕也是當初反對的居民們所始料未及的。

後，1951年在湖面下加建抽水泵浦，站才達到了今日相當於45層摩天大樓的高度。

大噴泉剛移入日內瓦湖時只能噴出90公尺高，以抽取湖水來代替水廠水壓，

觀賞大噴泉最熱門的地點，是在噴泉旁的英國公園與對岸的渡輪碼頭。

英國花園與花鐘
MAP P.80 C3-D3
Jardin Anglais et horologe fleurie

問題來了,日內瓦號稱鐘錶世界的首都,那麼日內瓦城內最常被遊客拍照留念的鐘位於哪裡呢?答案就在英國花園!

如何前往

◎ 搭乘MGN渡船M1線至Molard碼頭,步行約3分鐘

◎ 從火車站搭乘6、8、9、25號公車至Métropole站即達

info

● 開放式公園

⊜ 免費

坐落在白朗峰大橋(Pont du Mont-Blanc)南側的英國花園,是日內瓦居民假日休閒的去處,花園中最為人稱道的景點,就是直徑長達5公尺的大花鐘。花鐘建於1955年,目的是為了向日內瓦的鐘錶工業致敬,鐘面使用12,000株花卉與植物排列而成,其秒針長達2.5公尺,是當今世界之最。同時,花鐘不僅芬芳迷人,其作

隨著花期遞嬗,鐘面的顏色也會跟著變化,十分賞心悦目。

人們悠閒地躺在碧草如茵的綠地上,日內瓦式的愜意莫過於此。

為時鐘的功能也精確無比,因為你所看到的時間,可是透過衛星來校準的。

隆河大街
MAP P.80 B3-C3
Rue du Rhône

如何前往

◎ 搭乘12、17號輕軌至Molard站,步行約2分鐘

◎ 搭乘MGN渡船M1線至Molard碼頭,步行約1分鐘

鄰近「鐘錶山谷」(Vallée de Joux)的日內瓦,長久以來一直在瑞士的鐘錶業高居執牛耳的地位,許多名貴的鐘錶,譬如百達翡麗,就是由日內瓦起家的。位於隆河左岸的隆河大街可説是日內瓦鐘錶業的金光大道,在這條貴氣逼人的街道上,你可以找到百達翡麗、蕭邦、歐米茄、伯爵、古柏林等名錶的直營專賣店,也能看到瑞士著名鐘錶珠寶商寶齊萊在日內瓦的分店。

來自國際的精品名牌如LV、Gucci、Fendi、Bvlaari、HERMÈS等,也將日內瓦的

市場大街
MAP P.80 B3-C4
Rue du Marché

如何前往

◎ 搭乘12、17號輕軌至Molard站即達

與隆河大街平行的市場大街,應該是全日內瓦最熱鬧的一條街道了。和隆河大街相比起來,這裡顯得平易近人許多,以鐘錶為例,在世界上擁有廣大年輕粉絲的Swatch,就將日內瓦的分店開設在這裡。

每到假日,市場大街上便擠滿了熙熙攘攘的人潮,路邊也不時可看到賣弄各式絕活的街頭藝人,街景十分熱鬧。

坐落於市場大街上的,多半是一些主攻年輕人市場的時髦商店。

市政廳是棟四合院式的建築，始建於15世紀，爾後數百年間不斷擴建，才達到今日的宏偉規模。

這個砲陣從前擔負著守衛城市的重任，現在則是供人緬懷的歷史陳跡。

市政廳內最為知名的是阿拉巴馬廳(salle de l'Alabama)，名字源於1872年在此仲裁的「阿拉巴馬號索賠案」，這次事件開了國際和平仲裁先河，在國際法的歷史上意義非凡。

最左邊的馬賽克拼貼壁畫，描繪的是凱撒征服日內瓦的場景，而凱撒所著的《高盧戰記》，正是第一個提到日內瓦這個名字的歷史文本。

中間的馬賽克壁畫，描繪的則是中世紀時期商業繁榮的景象。

最右邊的壁畫內容是宗教改革期間，日內瓦大開城門讓難民進入的情景。

市政廳內以斜坡代替樓梯的設計，是古時為方便信差騎馬進入傳遞消息之用。

市政廳與舊軍械廳
Hôtel de Ville / L'Ancien Arsenal

MAP P.80 B4

如何前往

◎ 搭乘36號公車至Hôtel-de-Ville站即達

◎ 搭乘12、17、18號輕軌至Place de Neuve站，步行約5分鐘

info

⊙ Rue de l'Hôtel-de-Ville 2

⊛ 免費　● 市政廳僅有中庭開放參觀

日內瓦市政廳在國際史上有著重要的地位，除了1872年的阿拉巴馬號索賠案外，1864年由17國共同簽署關於戰爭人道救援的日內瓦公約亦是在此簽訂，而當年召開的會議也和國際紅十字會的誕生息息相關。市政廳對面的舊軍械廳是棟17世紀的建築，在一樓的開放空間裡留有5門加農砲，砲陣後方牆壁上還有3幅拼貼於1949年的馬賽克壁畫，描繪內容為日內瓦歷史上的重要事件。

登城節 L'Escalade

登城節是日內瓦最重要的節慶，熱鬧的程度甚至超過了新年！登城節的慶祝活動是為了紀念1602年12月12日的一場大勝利。當時鄰近的薩伏伊(Savoy)公爵企圖攻佔還是獨立共和國的日內瓦，卻遭到全城軍民合力抵抗，最終鎩羽而歸。在攻防的過程中，最出名的就是羅優姆大媽(Mère Royaume)將熱蔬菜湯倒在登城士兵身上，英勇退敵的故事。現在每年登城節，家家戶戶都會準備巧克力製的鍋子，餐廳和市政廳也會供應熱蔬菜湯，夜裡穿著當時的服裝，拿著火把在隆河邊遊行，當騎馬的傳令官朗讀完勝利宣言，並在聖彼耶大教堂前燃起篝火後，活動便到達了最高潮。

◯ 每年12月12日或最靠近的週末

Genève Tourisme提供　Switzerland Tourisme提供

宗教改革紀念碑
Mur des Réformateurs

MAP P.80 B5

如何前往

◎ 搭乘12、17、18號輕軌至Place de Neuve站，步行約3分鐘

info

◎ Prom. des Bastions 1

16世紀時由於羅馬教會的腐敗，日耳曼的馬丁路德率先向天主教威權發難，接著，蘇黎世的茲文利也將宗教改革的火炬引進了瑞士，而在瑞士集其思想之大成者，便是日內瓦的喀爾文(Jean Calvin)，他不但將日內瓦變成了「新教的羅馬」，其學說理論也對後世的西方宗教，乃至於社會型態有著不可抹滅的影響。

1909年時，適逢喀爾文400歲冥誕，人們便在日內瓦大學裡的一面牆上雕刻了喀爾文及其弟子們的浮雕像，用以紀念喀爾文對宗教改革所做的貢獻，雕像上還刻有

牆上人物由左而右分別是：法萊爾(Guillaume Farel)、喀爾文、伯撒(Théodore de Bèze)和諾克斯(John Knox)。

中央人物組的左右兩側，也刻有其他人物的浮雕像，表示喀爾文的新教主義在其他地方所帶來的影響。這些人物包括新英格蘭的羅傑威廉斯(Roger Williams)、英國的克倫威爾(Oliver Cromwell)、匈牙利的伯茨凱伊什特萬(Bocskai István)等人。

「Post Tenebras Lux」的字樣，意即經過了黑暗，光明終於來到。

盧梭故居與文獻館
Maison Rousseau et Littérature (MRL)

MAP P.80 B4

如何前往

◎ 搭乘36號公車至Hôtel-de-Ville站，步行約1分鐘

◎ 搭乘12、17、18號輕軌至Place de Neuve站，步行約6分鐘

info

◎ Grand-Rue 40　◎ (0)22 310-1028

◎ 11:00~18:00 (閉館前30分鐘停止入場)

◎ 週一　◎ 成人CHF 7，學生CHF 5，12歲以下免費

◎ m-r-l.ch　◎ 每月第1個週日免費

盧梭(Jean-Jacques Rousseau, 1712~1778)在世時雖然窮困潦倒，且行事作風備受爭議，但他所著作的《民約論》(Du Contrat Social)卻點燃了18世紀啟蒙運動的熊熊烈火，為歐洲的民主思潮帶來光亮，更直接

盧梭集著名的哲學家、政治思想家、音樂家、作家、教育家等身份於一身。

1712年6月28日，盧梭就是在這裡出生的，而這間博物館的成立，便是為了要紀念這位日內瓦最為知名的公民。

引發了美國獨立運動與法國大革命。而他的另一部名著《愛彌兒》(Émile, ou De l'éducation)，則是世界第一部教育小說，為西方現代教育哲學奠下了基礎。當年他的出生地現已闢為博物館，透過25分鐘的語音導覽，遊客可以逐一瞭解到盧梭的生平及畢生作品，而館方也會定期舉辦與盧梭相關的紀念活動，讓後人得以認識這位天才型的自學家。

特椰林蔭大道
Promenade de la Treille
MAP P.80 B4

如何前往

◎ 搭乘36號公車至Hôtel-de-Ville站，步行約1分鐘

◎ 搭乘12、17、18號輕軌至Place de Neuve站，步行約4分鐘

特椰林蔭大道位於日內瓦中世紀的城牆上，是1515年馬里尼亞諾戰役(bataille de Marignan)時，為鞏固市政廳等行政機關而加建的防禦工事的一部份，以當時裝飾有藤蔓的柵欄而得名。城牆5公尺的高度，讓這裡得天獨厚地有了居高臨下的視野。

最初種在這裡的其實是胡桃樹和桑樹，今日枝葉扶疏的栗樹是1721年才開始種植的，而綠意盎然的樹蔭下，也成為日內瓦市民乘涼、散步的最佳去處之一。

從林蔭大道可眺望遠方白雪皚皚的山頭。

沿著城牆上方的欄杆旁，有張裝設於1774年的特椰長椅，板凳長達126公尺，曾寫下世界上最長板凳的紀錄。

大道起點上的雕像，是1815年代表瑞士參加維也納會議的羅許蒙(Pictet de Rochemont)，當年他不但遊走於列強之間，鞏固瑞士成為永久中立國的角色，更是促使日內瓦加入瑞士聯邦最重要的推手，對瑞士及日內瓦國際地位的影響功不可沒。

日內瓦其實是瑞士的新成員

先前曾看到有旅遊書作者，因為在日內瓦看到了盧梭出生地，便喜孜孜地宣稱盧梭其實不是法國人，而是瑞士人。不過事實上，日內瓦在盧梭的時代還沒有加入瑞士，而是個獨立的國家。早期日內瓦名義上屬於神聖羅馬帝國領土，有勃艮第、薩伏伊與日內瓦主教等多方勢力在此角逐，到了1541年宗教改革期間，市議會通過喀爾文的《民事法令》，從而建立了日內瓦共和國。1648年三十年戰爭結束，在《西發里亞和約》簽訂下，日內瓦共和國正式脫離神聖羅馬帝國，直到1798年被法國大革命後的法蘭西共和國所併吞。1815年拿破崙失敗，日內瓦在維也納會議上恢復了獨立地位，但旋即又加入瑞士聯邦，成為瑞士最新的一塊版圖。

柏德弗廣場
Place du Bourg-de-Four
MAP P.80 C4

如何前往

◎ 搭乘36號公車至Bourg de Four站即達

◎ 搭乘12、17號輕軌至Rive站，步行約7分鐘

柏德弗廣場是日內瓦市內最古老的一座廣場，據說就建在古羅馬的交易廣場遺跡上。從中世紀以來，這裡就是相當熱鬧的市集所在，而現在的柏德弗廣場，則成了美食餐廳、露天咖啡座林立的約會角落，人們坐在餐廳外的露台上談天說笑，或是觀看街頭藝人的精彩表演，四處都瀰漫著一股悠閒的氣息。

環繞在廣場四周的建築物樓層間，有著明顯的顏色差異，這是由於宗教改革時，為了容納大批從舊教國家逃來的移民，只好將市中心的樓房向上加蓋，也才形成今日特殊的景象。

聖彼耶大教堂
Cathédrale St.-Pierre

大教堂建築本身融合多種不同式樣，拱門為哥德式風格，立面廊柱是希臘羅馬式，至於大廳內則依稀可見羅馬萬神殿的影子。

如何前往

◎搭乘36號公車至Cathédrale站即達

◎搭乘12、17號輕軌至Molard站，步行約5分鐘

info

◎**教堂**

⬆Cr de Saint-Pierre

🕐6~9月09:30~18:30 (週六至16:30，週日12:00起)，10~5月10:00~17:30 (週日12:00起)

💰教堂免費。登高塔：成人CHF 7，學生CHF 5，7~16歲CHF 4 🌐www.cathedrale-geneve.ch

🎵7、8月17:00有鐘琴演奏，6~9月18:00有管風琴演奏 ❶關門前30分鐘停止登塔

◎**地下考古遺址 Site archéologique**

⬆Cours Saint-Pierre 6 ☎(0)22 311-7574

🕐每日10:00~17:00 (最後入場時間16:30)

💰成人CHF 8，7~16歲CHF 4

🌐www.site-archeologique.ch

🎫有與教堂高塔、宗教改革博物館的聯票，亦提供免費英文語音導覽

　　建於1160到1232年間的聖彼耶大教堂，是舊城區中最醒目的標的，只要朝著大教堂高聳的尖頂走去，就能到達老城中心。聖彼耶大教堂在世界宗教史上最顯著的地位奠定在1536至1564年間，當時集宗教改革思想大成的喀爾文就是在此論經講道，由於他在新教傳佈上的努力，也讓日內瓦自此有了「新教的羅馬」之稱。喀爾文當時使用的椅子(Le Siège de Calvin)如今依然完好地保存在教堂內，而對新教著力甚深的羅漢公爵(Henri de Rohan)死後也被葬在這裡，供後人緬懷留念。現在在教堂下方又挖掘出許多西元4世紀的考古遺跡，更為教堂增添不少話題。

宗教改革博物館
Musée International de la Réforme

宗教改革博物館位於聖彼耶大教堂的迴廊邊，館址正好就是1536年5月21日日內瓦宣布進行宗教改革的地點，因此別具意義。

如何前往

◎搭乘36號公車至Cathédrale站即達

◎搭乘12、17號輕軌至Molard站，步行約5分鐘

info

⬆Cour de Saint-Pierre 10 ☎(0)22 310-2431

🕐10:00~17:00 ❌週一 💰成人CHF 13，學生CHF 8，7~16歲CHF 6 🌐www.musee-reforme.ch 🎧提供免費中文語音導覽

　　這間博物館向遊客展示了許多宗教改革時期的畫作、為了打破神職人員的權威而翻譯成白話文的聖經、當時新舊教之間的論戰漫畫等，並介紹關於新教的音樂形式及南特敕令(Edict de Nantes)解除後造成的移民潮，而遊客在此也能完整地認識當時諸位神學家們對於救贖預定論(Predestination)的看法。在博物館的地下室裡，還有一條通往大教堂考古遺址的地下通道，有興趣的遊客可以購買聯票進入參觀。

百達翡麗鐘錶博物館
Patek Philippe Museum

MAP P.80 A5

如何前往

◎ 搭乘12、15、17、18號輕軌至Plainpalais站，步行約6分鐘

info

⚲ Rue des Vieux-Grenadiers 7

☎ (0)22 707-3010

🕐 14:00~18:00 (週六10:00起) ⊗ 週日、一

💲 成人CHF 10，學生CHF 7，18歲以下免費

🌐 www.patek.com

♺ 提供英文語音導覽

對鐘錶迷來說，縱使面前有千軍萬馬，也不能阻擋他進入百達翡麗鐘錶博物館朝聖的決心。博物館內最令收藏家們血脈沸騰的地方是在二樓，那裡有完整的百達翡麗名錶珍藏，從1839年安東尼百達(Antoni Patek)創業伊始製造的鐘錶，一直到現代問世不久的新錶款，這裡都有豐富的展示。博物館三樓則是主人私藏的古老鐘錶，例如打造於1530年代的全世界最古老的機械錶。而這層樓中最精彩的陳列，莫過於18世紀時由中國皇室訂做的各色機械鐘，這些機械鐘有的做成鳥籠的模樣，有的則是一把精細的火槍，整點一到，鳥鳴槍響，各有巧妙，令人拍案叫絕。

博物館的一樓展示了許多從前打造零件與進行組裝的工作台，搭配古老的照片，讓遊客了解以前製錶的工作情形。

在博物館二樓，可以找到1989年百達翡麗為誌慶創業150周年而推出的「Caliber 89」，這支錶可以同時顯示33種時間資訊，是目前世界上最複雜的鐘錶。

百達翡麗鐘錶博物館在瑞士同類型的博物館中，擁有崇高的無上地位，除了多達數千件的驚人館藏外，最重要的一點就是它是「百達翡麗」，鐘錶界的王者象徵！

日內瓦鐘錶

瑞士鐘錶業之所以興盛發達，其實和宗教革命的歷史有關。16世紀時，法國新教徒胡格諾派在本國遭到鎮壓屠殺，於是紛紛逃到日內瓦尋求庇護，他們之中有許多是技藝精熟的金匠、珠寶商與鐘錶師傅，為這座城市帶來深厚的工藝基礎。後來又由於喀爾文教派主張簡樸禁奢、反對穿金戴銀，於是許多工匠轉而致力於製錶，從而開啟了日內瓦鐘錶業的新紀元。

時至今日，能在機芯刻印「日內瓦印記」(Poinçon de Genève)，仍是頂級鐘錶的資格證明。日內瓦印記創立於1886年，只有日內瓦本地生產、並且符合嚴苛標準的製作技術和工藝表現，才能獲得此最高榮譽，象徵機芯質感及外觀上毫無瑕疵，這不只是日內瓦的官方認證，早已成為世界公認的權威標籤。

聯合國歐洲總部 (萬國宮)
Palais des Nations (ONU)

MAP P.80 A1

如何前往

◎搭乘15號輕軌至Nations站即達

info

⊙14 Avenue de la Paix ☏(0)22 917-4896

⊙導覽行程全長1小時,每日場次時間請上官網查詢 ⊙成人CHF 16,學生CHF 13,6~17歲CHF 10 ⊛www.ungeneva.org

❗除了需攜帶護照外,由於台灣並非聯合國會員國與觀察員國,故還需第二身分證明,也就是台胞證,不過有時國際駕照與國際學生證也被接受

　第一次世界大戰結束後,美國總統威爾遜建議讓日內瓦成為國際聯盟設址之地,此後日內瓦便成為許多重要國際組織的落腳處,包括國際勞工組織、國際紅十字會、世界衛生組織等,都將總部設在這裡。其中,聯合國歐洲總部正式於1946年在日內瓦成立,這裡腹地極廣,所有建築物和綠地加起來,堪與凡爾賽宮媲美,裡面不僅有聯合國開會會場,還有圖書館、美術館及公園等設施,不過必須在專門導覽人員的帶領下才能進入參觀。

　在這裡,除了可以看見聯合國代表們開會時的場地,還能欣賞充滿現代藝術感的建築本身。如果有心,可以在此購買一份「和平通行證」(Pass for Peace),代表你祈求世界和平的願望。

正門後方的萬國旗海,是萬國宮最經典的畫面。

📖 **國際紅十字會 ICRC**

1859年時,來自日內瓦的商人亨利杜南(Jean Henri Dunant)在索爾費里諾戰役中親眼目睹了戰爭的殘酷,不但數以千計的士兵戰死沙場,受傷的士兵也沒有得到任何救護。於是他設立臨時醫院,不論哪一邊的傷患都無條件提供救援,並將這段經歷寫成回憶錄,四處奔走,希望當權者能注意這個議題。1863年,他與古斯塔夫穆瓦尼埃(Gustave Moynier)等人成立了一個五人委員會,這便是國際紅十字會的前身。隔年瑞士便邀請歐美諸國,在日內瓦簽訂了第一個《日內瓦公約》,於是這個世界第一個人道組織於焉正式誕生,並在1876年定名為紅十字國際委員會。

國際紅十字會博物館
Musée international de la Croix-Rouge et du Croissant-Rouge

MAP P.80 A1

如何前往

◎ 從火車站搭乘8、20號公車至Appia站即達

◎ 搭乘15號輕軌至Nations站,步行約10分鐘

info

國際紅十字會的總部,就設立於聯合國歐洲總部的正前方。

⊙Avenue de la Paix 17 ☏(0)22 748-9511

⊙10:00~18:00 (11~3月至17:00) ⊗週一

⊙成人CHF 15,12~22歲及65歲以上CHF 10,12歲以下免費 ⊛www.redcrossmuseum.ch

　博物館的展覽內容,雖是以國際紅十字總會成立的目標、發展歷史及160年來於世界各地災難救援的紀錄為主,然而其展示卻充滿互動性與趣味,以聲光效果和公共藝術等深入淺出的方式,取代枯燥乏味的圖表及數據,帶領參觀者瞭解戰爭與人道救援等嚴肅的國際和平議題,讓人在談笑間領悟和平的重要及真諦。

　全新設計的展區分成「捍衛人類尊嚴」、「重建家庭連結」、「減輕自然風險」3大主題,以多媒體影像呈現及互動體驗方式,讓參觀者反思這3個影響人類未來的重要關鍵。

亞莉安娜博物館
MAP P.80 A1
Musée Ariana

如何前往

◎ 從火車站搭乘8、20號公車至Appia站,步行約2分鐘

◎ 搭乘15號輕軌至Nations站,步行約8分鐘

info

⊕ Avenue de la Paix 10 ☎ (0)22 418-5450

🕙 10:00~18:00 🚫 週一

💲 成人CHF 14,學生CHF 10,25歲以下免費

🌐 www.musee-ariana.ch

🎁 每月第1個週日免費

　　古斯塔夫萊維羅(Gustave Revilliod)是19世紀有名的收藏家,為了存放他不斷增加的陶瓷收藏品,甚至特別蓋了這棟華麗的新古典主義式建築,並以他的母親亞莉安娜命名。古斯塔夫由於沒有子嗣,因此在臨死前將他畢生收藏連同建築本身都送給了日內瓦政府。博物館內可看到世界各國的精緻陶器、瓷器、彩釉和玻璃藝品。有趣的是,你不但會發現許多17世紀法國、荷蘭瓷匠刻意模仿景德鎮的青花瓷,也能找到一些中國景德鎮為了外銷歐洲而燒製的歐風瓷器。除了古代精品,館內也有當代藝術家們的豐富傑作,例如法國大師雷內拉利克(René Jules Lalique)的作品就讓人大開眼界。

亞莉安娜博物館是歐洲重要的陶瓷博物館,有超過25,000件館藏,時代涵蓋7個世紀,收藏範圍遍及歐洲與遠東的作品。

自然史博物館
MAP P.80 D5
Muséum d'histoire naturelle

這間瑞士最大的自然史博物館,每年吸引超過20萬參觀人潮。

如何前往

◎ 從火車站搭乘1、5、8、25號公車至Muséum站即達

◎ 搭乘12、17號輕軌至Villereuse站,步行約5分鐘

info

⊕ Route de Malagnou 1

☎ (0)22 418-6300

🕙 10:00~17:00

🚫 週一 💲 常設展免費

🌐 institutions.ville-geneve.ch/fr/mhn

　　這間最受小朋友歡迎的博物館,展示多樣化的生物標本和各種珍奇異獸的實體模型。一樓主要陳列哺乳動物和鳥類,二樓為兩棲類、爬蟲類、昆蟲和其他無脊椎動物,三樓及四樓則分別展示地球與人類的演化、五花八門的美妙礦物,以及瑞士的地質結構。

卡露吉鎮
MAP P.80 B5
Carouge

卡露吉鎮的許多店主都身兼設計師,且賣場與工作室相連,個人特色十足。

如何前往

◎ 搭乘12、18號輕軌至Rondeau站即達

　　卡露吉是日內瓦近郊的幽靜小鎮,被稱為「日內瓦的格林威治村」,這裡以小咖啡館與個性手工精品店著稱,尤其是各種精品店,都是強調純手工製造。卡露吉鎮曾經是薩丁尼亞王國的一部分,於1754年後開始發展為人潮聚集的市集,主要居民多為18世紀移民自法國南部及義大利的後裔,因此街道巷弄間流露一股義大利南部的地中海悠閒風情。

別忘了，和法國很靠近的日內瓦也是個美食之都

must eat!
牛肉炸鍋
CHF 42、
起士火鍋
CHF 30 起
推薦菜

Edelweiss
瑞士料理

 Place de la Navigation 2

位於Hôtel Edelweiss地下室的同名餐廳，大概是日內瓦新城內最得觀光客緣的餐廳了。Edelweiss是一家以阿爾卑斯高地風味為號召的餐廳，每天晚上7點半之後便會有瑞士傳統民謠演出，從手風琴、木響板、魯特琴、牛鈴到阿爾卑斯長號等傳統樂器，樂手們無不使出渾身解數，要讓氣氛熱到最高點。而菜色當然也是以阿爾卑斯山區的料理為主，譬如最受遊客歡迎的烤起士(Raclette)與起士火鍋(Cheese Fondue)等。其他像是牛肉炸鍋(Bourguignonne)也非常有名，其鍋子裡裝的不是湯或起士，而是滾燙的熱油，用長叉叉起已切成塊狀的牛肉，放到熱油鍋裡油炸，待牛肉炸熟後再沾上特製的調料食用。

◆P.80C1　◆從火車站步行約10分鐘。或從火車站搭乘1、25號公車至Navigation站即達　☎(0)22 544-5151　◐18:00～23:00　㊡週日、一　♨www.hoteledelweissgeneva.com

---

Luigia Rive Gauche
比薩專賣店

 Rue Adrien-Lachenal 24a

不仔細尋找，很容易就會錯過這家隱身在小巷子底的義大利比薩專賣店。這家被當地網友評比為日內瓦最好吃的比薩，雖然位置隱密，風格卻一點也不低調，圓形燈泡排列成的霓虹大招牌，讓人誤以為站在義大利夜總會入口；中心圍成一圈的長吧台式座位讓歡笑熱鬧的義式氛圍擴散，半開放廚房內的大窯烤爐，一再提醒你，不點份覆蓋著濃郁起司的薄脆比薩嘗嘗，就太對不起自己了！

◆P.80D5　◆搭乘12、17號輕軌至Villereuse站，步行約5分鐘　☎(0)22 840-1515　◐平日11:30～14:30、18:30～23:00（週五至23:30），週六11:30～23:30，週日11:30～22:30　♨www.luigia.ch

---

Martel
巧克力甜點店

 Rue de la Croix-d'Or 4

日內瓦手工巧克力不只是遊客最愛的伴手禮，也是居民的生活必需品。Martel創業於1818年，這家位於市場大街上的老牌巧克力店，百年來深受市民愛戴，店內的手工巧克力口味多樣豐富，甜而不膩、入口即化，都是當日現做且售完為止，因此越晚來的話選擇越少。Martel也提供室內外的座位區，在櫃檯前選擇心儀的巧克力和甜點後，找個喜歡的位置坐下，服務人員就會前來為你點搭配的飲料。

◆P.80C4　◆搭乘12、17號輕軌至Molard站，步行約2分鐘　☎(0)22 310-3119　◐週一至週六09:00～19:00，週日10:00～17:00　♨martel-chocolatier.ch

L' Hôtel-de-Ville
瑞士料理

河鱸魚片
CHF 39、
日內瓦香腸 CHF 40
推薦菜

 Grand-Rue 39

這間與市政廳同名的歷史餐廳，數百年來一直都是政府官員們中午休息聚餐的場所，因此餐點的美味與嚴謹自是不在話下。如果你想把日內瓦當地美食嘗個過癮的話，建議可以點一份套餐，含前菜與甜點在內共有5道菜，河鱸魚片(Filets de Perches)、日內瓦風味香腸與傳統的辣燉豬排，一次滿足味蕾的好奇心。而最後的甜點也很特別，洋梨慕斯裝盛在鬱金香造型而帶有梨子酒風味的軟餅乾裡，外頭則由一層像是鳥巢形狀的麥芽糖拉絲所包裹著，在視覺上極富現代藝術感。

📍P.80B4 🚌搭乘36號公車至Hôtel-de-Ville站，步行約1分鐘 ☎(0)22 311-7030 🕐每日11:30~22:45 🌐restaurant-hoteldeville.ch

Au Pied de Cochon
瑞士料理

脆皮烤豬腳
CHF 35
推薦菜

 Place du Bourg-de-Four 4

位於柏德弗廣場上的這家餐廳，是當地美食雜誌的常客，餐點以道地的法國佳餚著稱，從店名「在豬的腳下」便可得知，豬肉料理是這家餐廳的招牌菜色，許多人來到這家餐廳，都會點一份他們最出名的脆皮烤豬腳(Pied de Cochon Croustillant)享用。其實除了豬肉之外，Au Pied de Cochon對於魚肉的烹調也掌握得極為出色，尤其是他們所使用的都是剛從日內瓦湖中打撈上來的漁獲，非常新鮮肥美。

📍P.80C4 🚌搭乘36號公車至Bourg de Four站，步行約1分鐘 ☎(0)22 310-4797 🕐09:00~24:00 (週末12:00起) 🌐pied-de-cochon.ch

Les Armures
瑞士料理

檸檬鱸魚
CHF 47、
每日特餐
CHF 24
推薦菜

 Rue du Puits-Saint-Pierre 1

位於Hôtel Armures一樓的同名餐廳，始業於17世紀，號稱是日內瓦歷史最悠久的餐廳。餐廳至今仍保持了中世紀的古老風味，一副雄壯威武的全套鎧甲就佇立在櫃  台旁，地下室則是歷史酒窖。Armures供應的是瑞士法語區的傳統料理，古老菜譜傳承著數個世紀以來的美味，各種口味的起士火鍋交織成濃得化不開的起士覺網。如果對起士沒興趣，推薦招牌鱸魚料理，日內瓦湖新鮮現撈的湖魚是來到這個城市必嘗的特色佳餚，那鮮甜中又留在舌根的一抹酸味，即使吃完滿滿一盤仍令人意猶未盡。

📍P.80B4 🚌搭乘36號公車至Hôtel-de-Ville站，步行約1分鐘 ☎(0)22 818-7171 🕐12:00~22:30 (週日至23:00) 🌐www.lesarmures.ch/restaurant

Café du Marché
歐陸料理

羊肩肉排
CHF 46 (2人份)、
巴黎牛排CHF 36
推薦菜

 Place du Marché 4, Carouge

走進卡露吉鎮市集廣場旁的Café du Marché，會瞬間以為自己來到義大利南部村莊的小餐館，牆面上彩繪豐收的葡萄園，歲月在深褐色的木頭老桌  子上雕刻痕跡，泛著淡淡溫潤光澤，整個空間飄散義大利式的熱情與歡笑聲。這裡賣的是精緻的歐陸料理，尤以各種肉類餐點做得最為出色，搭配主廚精心調製的醬汁，若再點上一瓶當地釀製的葡萄酒，就更加完美詮釋卡露吉的浪漫風情了。

📍P.80B5 🚌搭乘12、18號輕軌至Carouge-Marché站即達 ☎(0)22 301-2647 🕐平日07:30~23:30，週六07:00~23:30，週日09:30~23:00 🌐www.cafedumarchecarouge.ch

來到瑞士鐘錶大本營，不買也要開眼界

Victorinox旗艦店
瑞士刀專賣店

MAP P.80 B4

如果你以為Victorinox只販售瑞士刀和行李箱，日內瓦的這家旗艦店絕對會顛覆你對這個品牌的看法。店面一樓是整個牆面的錶款、男女休閒服飾和香水，順著鑲嵌著瑞士刀的牆面走上樓梯，有更多兼顧休閒功能與時尚造型的服飾。而地下室則是瑞士刀的大本營，除了基本款功能外，還有加上隨身碟或滑雪及高爾夫球專用的工具組。尤其多變的造型更是令人激賞，目不暇給的顏色及材質選擇，如復古款、限量版的貝殼及大理石表面，甚至還有奢華的鑽石鑲嵌款式等，在這裡絕對能找到你心目中的夢幻瑞士刀！

🚋搭乘12、17號輕軌至Molard站，步行約1分鐘 ⌖Rue du Marché 2 ☎(0)22 318-6340 ⏰10:00~19:00 (週六至18:00) 🚫週日 🌐www.victorinox.com

Swatch
鐘錶行

MAP P.80 B4

同樣是瑞士製造的Swatch手錶，主打年輕族群的低價市場，在鐘錶與大眾藝術的結合上，Swatch所表現出來的創意無人能出其右，從電影、漫畫、時事到體育，幾乎所有題材都能運用在Swatch錶款的設計上，也讓Swatch在低價鐘錶的市場中，以另類風格成功打響名號，甚至還成為不少錶迷收藏的對象。Swatch在日內瓦共有4家分店，其中以市場大街上的這家最大、款式最齊全，值得品牌愛好者們來這裡獵貨。

🚋搭乘12、17號輕軌至Molard站即達 ⌖Rue du Marché 40 ☎(0)22 311-4542 ⏰10:00~19:00 (週六至18:00) 🚫週日 🌐www.swatch.com

跳蚤市場
跳蚤市場

MAP P.80 A4

在百達翡麗博物館附近的Plaine de Plainpalais公園，每週三和週六都會有規模龐大的跳蚤市場。這裡的跳蚤市場雖然什麼都賣，什麼都不奇怪，但最有名的還是當地藝術家的創作作品，以及一些古董的二手畫作。據說曾有人在這裡的書畫市場上，僅用15瑞士法郎的低廉價格，便從一位不識貨的老闆手上買到莫內真跡，因而轟動一時。有興趣的朋友不妨也前來這裡尋寶一番，說不定會有意想不到的收穫。

🚋搭乘12、15、17、18號輕軌至Plainpalais站即達 ⌖Plaine de Plainpalais公園周邊 ⏰每週三、六及每月第1個週日06:30~18:30 (冬季至17:30)

Chocolats Rohr
巧克力專賣店

MAP P.80 C3

Rohr是一家做蛋糕店起家的巧克力店，傳承至今已是第五代接棒，小小的空間裡，老日內瓦人總是絡繹不絕地走進來購買令人開心的魔法靈藥。店家堅持只販售自家配方製作的巧克力，像是招牌白蘭地甜酒松露巧克力，入口即化，散發淡淡酒香餘韻，令人回味無窮。此外，這裡的花式巧克力也是一絕，兼顧趣味與口感的垃圾筒造型巧克力(poubelles de Genève)是送禮時的好選擇。同時也別忘了嚐嚐有日內瓦黑磚之稱的「pavés glacés」，Rohr的口味可是來自最原始的配方呢！

🚋搭乘12、17號輕軌至Molard站，步行約2分鐘 ⌖Place du Molard 3 ☎(0)22 311-6303 ⏰09:00~19:00 (週六至18:00) 🚫週日 🌐rohr.ch

百達翡麗 Patek Philippe
MAP P.80 C3 鐘錶行

由於百達翡麗幾乎每一款錶都能打上日內瓦印記,於是百達翡麗決定制定出一套更嚴格的印記標準,並於2009年宣布不再使用日內瓦印記,取而代之的是自家的百達翡麗印記。百達翡麗對自家產品的要求,除了品質和美感,更要精準度標準量化;除了機芯需經過嚴格檢驗,全錶的每一個零件都在檢驗範圍之內。由此可以看出百達翡麗對於品牌的要求是何等嚴苛,動輒數十萬台幣的名錶,貴得不是沒有道理。

🚋搭乘12、17號輕軌至Molard站,步行約4分鐘 📍Rue du Rhône 41 ☎(0)22 707-3050 🕐10:00~18:30 (週六至18:00) ⓧ週日 🌐www.patek.com

寶璣 Breguet
MAP P.80 B3 鐘錶行

寶璣錶是世界頂級鐘錶工藝的典範品牌,每個細節都精準呈現獨特的品牌風格:表現在指針尖端的鏤空圓點(Breguet hands)、花樣繁複的手工雕刻金質錶面、以及錶盤上隱藏式的簽名。對細節的講究讓寶璣一直受到皇室及政商名流愛戴,包括法王路易十六、瑪麗安東尼王后、拿破崙及邱吉爾等人,都是寶璣的擁護者。品牌的創意與對卓越的追求更是充分表現在複雜的機芯技術上,從初期的自動上鍊懷錶、業界首創的陀飛輪(Tourbillion)技術、擺輪軸防震器,到2006年推出令人驚嘆的雙陀飛輪腕錶,難怪寶璣一直立於頂級鐘錶業的不敗之地。

🚋搭乘12、17號輕軌至Molard站,步行約3分鐘 📍Rue du Rhône 40 ☎(0)22 317-4920 🕐10:00~18:45 (週六至17:00) ⓧ週日 🌐www.breguet.cn

大衛杜夫 Davidoff
MAP P.80 C4 菸草雪茄店

除了鐘錶之外,大衛杜夫算是日內瓦的另一項名牌,雖然創立人席諾大衛杜夫(Zino Davidoff)是位俄裔的猶太人,但他名聞天下的菸草事業卻是在日內瓦起頭。目前大衛杜夫的菸草產地主要來自多明尼加。走進日內瓦的這家大衛杜夫菸草店,琳瑯滿目的各色菸草與林林總總的吸菸用具,簡直就像個菸草博物館一樣;而後方的雪茄專賣區則又是另一處大觀園,除了大衛杜夫本身的6大系列外,包括Domaine AVO在內的各種雪茄名牌也都應有盡有。

🚋搭乘12、17號輕軌至Rive站,步行約2分鐘 📍Rue de Rive 2 ☎(0)22 310-9041 🕐09:00~18:30 (週六至18:00) ⓧ週日 🌐davidoff.com

寶齊萊 Bucherer
MAP P.80 C3 珠寶鐘錶行

準備到瑞士買鐘錶的人,一定對寶齊萊不陌生!從1888年開業至今,已成為瑞士全國連鎖的高級珠寶鐘錶專賣店。各種品牌的名錶一應俱全,從頂級的寶璣、萬國、伯爵、蕭邦、浪琴等,到價格較平易近人的天梭、Victorinox、Swatch都找得到,同時還號稱是世界最大的勞力士手錶販售店。另一方面,自2008年開始,寶齊萊也有原創設計的錶款。由於有許多來自中國的買家,所以店內也會說中文的店員。

🚋搭乘12、17號輕軌至Molard站,步行約4分鐘 📍Rue du Rhône 45 ☎(0)22 319-6266 🕐10:00~18:30 (週六至18:00) ⓧ週日 🌐www.bucherer.com

近看湖光，遠看山色，雖在人間，宛如天堂

造訪日內瓦湖區理由

1 瑞士最大的湖泊美景

2 名列世界遺產的葡萄梯田

3 全瑞士最著名的中世紀古堡

古老的西庸城堡、遼闊的日內瓦湖、雄偉的阿爾卑斯山頭，共同構成一幅令人心神嚮往的絕美畫面。

日內瓦湖區
Region du Léman

MAP
P.4
A2-B2

建議停留時間
日內瓦湖區：至少2天

日內瓦湖是西歐最大的湖泊，在法文中還有另一個極其浪漫的名字，叫做雷夢湖(Lac Léman)。日內瓦湖是瑞士和法國的交界，湖泊北岸是瑞士一連串如珍珠般的可愛城鎮，而湖泊南岸則是法國白雪皚皚的阿爾卑斯山頭，以出產高級礦泉水聞名的艾維昂(Evian)就位在這裡，而從瑞士的一側往南看，還能望見歐洲第一高峰──白朗峰(Mont Blanc)呢！

許多來到日內瓦的遊人，都不會忘了沿著湖岸一路往東，一一走訪湖畔的美麗城鎮，巴不得用每個角度把這座湖泊看個過癮。從洛桑、拉沃、威薇，一直到東岸的蒙投，如果你發現自己已不可自拔地愛上了這裡，請不要覺得驚訝，因為自古以來早就不知有多少騷人墨客曾因湖畔美景而深受啟發，留下許多著名的詩篇與小説。

怎麼玩日內瓦湖區才聰明？

注意節慶與活動的時間

記得領取交通卡

和日內瓦一樣，你只要在洛桑、威薇、蒙投任何一家有納稅的住宿場所訂房，包括星級酒店、小旅館、B&B、青年旅社、露營地等，都可向櫃台人員索取一張免費的交通卡。在洛桑地區為**洛桑交通卡(Lausanne Transport Card)**，在威薇一蒙投地區則是**里維拉卡(Montreux Riviera Card)**，憑卡可免費搭乘地鐵、公車、通勤火車等**大眾運輸工具**，適用範圍皆涵蓋城鎮中心與周圍郊區，使用效期從入住日直到退房日(洛桑交通卡最多為15天)。

由於湖區的交通卡不似日內瓦交通卡，沒有電子版本，初到城鎮領取交通卡之前的交通，可出示**訂房證明**代替。同時因為交通卡不可轉讓，使用時可能也會被要求查驗**護照**等身分證明文件。

除了交通免費之外，持交通卡參觀多家博物館、景點及參加觀光活動，還能享有折扣優惠。

日內瓦湖區一帶常有許多**節慶活動與嘉年華會**，最出名的像是蒙投爵士音樂節、莫爾日鬱金香嘉年華、韋爾蘇瓦巧克力嘉年華、代堡國際熱氣球週等。每有節慶，湖區一帶都是人潮洶湧、萬頭攢動，不過由於這些城鎮的腹地都不是很大，因此往往一房難求。換句話說，如果你打算參加這些節慶，最好**提早訂房與訂火車座位**；反之如果沒想要湊熱鬧，那前往拜訪時就請避開這些日期。

遊歷湖區，不妨把**洛桑**當成據點

從洛桑出發前往威薇和蒙投非常便利，都可以安排成一日遊或半日遊的行程。最重要的是，洛桑是瑞士的學術重鎮，將近三分之一的居民都是負笈來此的學生，換言之，比起其他觀光城鎮，在洛桑更容易找到**便宜的餐飲選擇**，多少可以為旅行節省一點預算。

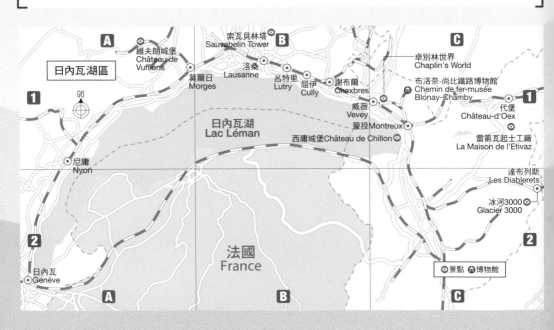

洛桑不是只有奧林匹克，更多驚喜等你來發掘！

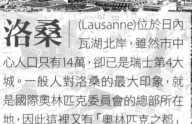

洛桑在中世紀時由於位在朝聖路線上，加上曾是個由主教統治的政教合一小國，因此自古以來便擁有濃厚的宗教傳統；老城中心風華絕代的哥德式大教堂便可以作為證明。

©Switzerland Tourism

洛桑

(Lausanne)位於日內瓦湖北岸，雖然市中心人口只有14萬，卻已是瑞士第4大城。一般人對洛桑的最大印象，就是國際奧林匹克委員會的總部所在地，因此這裡又有「奧林匹克之都」的稱號。不過洛桑也是瑞士著名的大學城，擁有洛桑大學等著名學府，大量年輕學生人口，為這座城市帶來充沛的活力與朝氣。

從日內瓦前往洛桑的直達列車班次非常密集，車程約在35~45分鐘左右。若從蘇黎世出發，直達車程為2小時15分鐘。從琉森的直達車為2小時17分鐘，從伯恩的直達車為1小時13分鐘。

洛桑地鐵(Métro)只有2條路線，全長只有13.7公里，是全世界最小的地鐵系統，卻也是瑞士唯一擁有地鐵的城市。M1線主要通往城市西邊的大學城，而M2線連接市區南端的烏契、洛桑火車站和大教堂附近，是遊客最常使用到的路線。而兩條路線則在市中心的弗隆站(Lausanne-Fion)交會。除了地鐵，洛桑也有39條公車路線與6條夜間公車路線，弗隆站附近的Bel-Air公車站是許多條公車路線的轉運樞紐。一般觀光客只要訂房，就會獲得一張洛桑交通卡，憑卡便可免費搭乘這些交通工具。
◎ 洛桑諾斯地區交通局 TL
🌐 www.t-l.ch

夏天從日內瓦出發前往洛桑，如果時間和預算充裕，並想要欣賞美麗湖景的話，也可選擇搭乘CGN公司的單程遊船。每年4月底到10月中之間，每日10:45及14:45從日內瓦Mont-Blanc碼頭出發，14:25及18:10抵達洛桑Ouchy碼頭。可使用Swiss Travel Pass搭乘。
◎ 日內瓦湖航運公司 CGN
☎ (0)848 811-848
🌐 www.cgn.ch

◎ 洛桑火車站遊客中心
📍 P.96A2
📌 Avenue Louis-Ruchonnet 1
🕐 每日09:00~18:00
◎ 洛桑大教堂資訊站
📍 P.96B2
📌 Pl. de la Cathédrale
🕐 週一至週六09:30~12:30、13:30~18:30 (10~3月至17:00)、週日13:00~17:30 (10~3月14:00~17:00)
◎ 洛桑旅遊局
☎ (0)21 613-7373
🌐 www.lausanne-tourisme.ch

洛桑市區

域外藝術美術館 Collection de l'Art Brut
聖梅耶城堡 Château St. Maire
魯米訥宮 Palais de Rumine Riponne-Maurice Béjart
洛桑大教堂 La Cathédrale de Lausanne
洛桑歷史博物館 Musée Historique
Vigie
市政廳
Bessières
蒙布隆公園 Montbenon
Lausanne Flon
聖法蘭索瓦教堂 L'Eglise St. François
艾莉榭攝影美術館 Photo Elysée
州立美術館 Musée cantonal des Beaux-Arts
洛桑車站
蒙特里翁山丘 Crêt de Montriond
Grancy
Délices
Jordils
奧林匹克博物館 Musée de Olympique
Beau-Rivage Palace
Ouchy
日內瓦湖 Lac Léman
遊船碼頭
Quai de Belgique

◎ 景點　⚑ 教堂　🏛 政府機關
◎ 公園　⚓ 碼頭　🛍 購物　🚋 電車
ℹ 遊客中心　🏨 飯店　🏛 博物館

聖法蘭索瓦教堂
Église réformée Saint-François

MAP P.96 B2

如何前往
搭乘M1、M2線地鐵至Lausanne-Flon站,步行約4分鐘

info
🕐 Place Saint-François　◐每日 08:00~20:00　⑤免費　🌐www.sainf.ch

　　聖法蘭索瓦教堂緊鄰著方濟會的修道院,大約建於1270年左右,而56公尺高的鐘樓,優雅莊嚴的形制和大教堂的鐘樓如出一轍,為1400年加建的部分。教堂底下的聖法蘭索瓦廣場是洛桑老城內最繁華的地段,周圍商行店家及辦公大樓林立,每天午餐及下午茶時刻,人們齊聚在廣場上用餐談天,十分熱鬧。而廣場東側有條名為柏格路(Rue de Bourg)的街道,這條路面鋪著石磚的步行街雖然並不寬廣,卻是洛桑老城內精品名店最集中的購物大街,每週三及週六早上6點到下午2點的傳統市集,也很值得一逛。

雖然洛桑擁有一座無與倫比的大教堂,但對於一般市民而言,位於通衢大街上的聖法蘭索瓦教堂才是他們信仰的依托。

由於仍是機關重地,因此並不開放參觀,遊客只能在外邊的廣場上欣賞它的獨特美感。

聖梅耶城堡
Château St. Maire

MAP P.96 B1

如何前往
搭乘M2線地鐵至Riponne M. Béjart站,步行約8分鐘

info
🕐 Rue de la Barre 6
❶城堡內部不開放參觀

　　從大教堂往上走到最高處,便會看到一棟造型奇特的城堡,城堡下半部是厚實的石牆建築,上半部卻是由紅磚砌成,這種建築式樣流行於義大利的北部,為何會出現在法語區的瑞士呢?原來這座建於1397到1427年間的城堡,最初是作為洛桑大主教的居城,當時的主教出生於義大利北部的奧斯塔(Aosta),因此便徵召故鄉的工匠來為他築城。城堡居高臨下的宰制地位,加上牢不可破的防禦體系,使得聖梅耶城堡從完工的那天起便一直是洛桑的權力中心。宗教革命以後,城堡成為當地的行政長官官邸,而今天,這裡則是沃州的議會所在。

令人驚訝的是，大門口的這些雕像在宗教改革之前都還有著鮮豔的色彩！

只要你肯走上232階的鐘樓，大教堂便會以全城最佳的風景當作回報。

洛桑大教堂不但是瑞士境內規模最宏大的主座教堂，同時也被認為是瑞士最美麗的哥德式建築。

教堂內部的裝飾雖然因為改信新教而變得樸素，但繽紛絢麗的彩繪玻璃依舊動人。

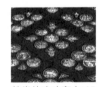

教堂的玫瑰窗由105片彩繪玻璃組成，每一片圖案都代表著不同的節氣、元素與黃道12宮，體現了中世紀時期的宇宙觀，對歷史研究幫助極大。

洛桑大教堂
Cathédrale de Lausanne

MAP P.96 B2

如何前往

搭乘M2線地鐵至Bessières站，步行約4分鐘

info

🏠Pl. de la Cathédrale 1　⏰09:00~19:00 (10~3月至17:30)　💲免費　🌐www.cathedrale-lausanne.ch/accueil　❗週日早上10:00前為彌撒時間，不開放參觀

登高塔

⏰週一至週六09:30~12:30、13:30~18:30 (10~3月至17:00)，週日13:00~17:30 (10~3月14:00~17:00)　💲成人CHF 5，學生CHF 3，16歲以下CHF 2

　任何一位曾經造訪過洛桑的旅人，都一定會對華麗雄偉的洛桑大教堂留下深刻印象。這座瑞士法語區的精神堡壘始建於1150年，經過7次不同階段的修建，終於在一百多年後的1275年宣告落成，並由教皇額我略十世(Gregory X)與哈布斯堡家族的魯道夫一世(Rudolph I)為其舉行奉獻禮。還沒走進大教堂，南側大門上的精緻雕像就已讓人傾心嘆服，刻畫繁複的聖經人物密密麻麻地占據了所有空間，每一尊的表情都栩栩如生，無論是藝術表現還是雕工技術，都堪稱一絕。

　而進到教堂內部，那扇從13世紀便遠近馳名的彩繪玻璃玫瑰窗，更是引人目不轉睛。

　而洛桑大教堂另一處奇特的地方，就在於它可能是全瑞士最後一間保留守更人制度的教堂，每天晚上10點到凌晨2點，都能聽到大教堂鐘樓上傳來守更人聲若洪鐘的報時聲，在寧靜的夜晚裡，顯得格外古趣。

奧林匹克博物館
Musée Olympique

MAP P.96 B4

如何前往

◎搭乘M2線地鐵至Ouchy站，步行約8分鐘。或轉乘24號公車至Parc Musée Olympique站即達

◎從火車站搭乘21號公車，或在地鐵M2線的Délices站轉乘25號公車，至Musée Olympique站，步行約3分鐘

info

⊙Quai d'Ouchy 1　☎(0)21 621-6511　◐09:00~18:00　休週一　⑤成人CHF 20，學生及長者CHF 14，15歲以下免費　⊕olympics.com/museum　✈提供免費中文語音導覽

　洛桑因為是國際奧林匹克委員會(IOC)的總部所在，因而又有「奧林匹克之都」的美譽，也是世界上唯一可以任意使用奧運5環標誌的城市。而1993年全世界第一座奧林匹克博物館在此揭幕後，每年更是有數以萬計的遊客來到這座城市感受奧運會的魅力。

　還沒走進博物館，門口外那根比大門還高的橫竿標示著奧運史上的跳高紀錄，想起那句「更快，更高，更遠」的奧運格言，你怎麼能說這世上沒有超人存在？展示面積廣達11,000平方公尺的博物館，展出超過上萬個實體物件，從古希臘時期的聖火炬、奧林匹克遺物、神殿模型，到現代奧運會的器材設備、獎牌徽章、附屬紀念品等，這裡都蒐集得非常齊全。

　最吸引人的是，這裡還有歷屆奧運奪牌選手們當時所使用的體育用品，例如1992年在巴塞隆納奧運會中橫掃天下的美國男籃夢幻一隊，其奪冠時的簽名球也收藏在一樓的展示櫃中。除了實體展示外，博物館中的多媒體資料庫更是可觀，你只要輸入想查詢的選手名字，就能立刻看到他們當年參賽時英姿煥發的精彩影片。

火焰，是奧運會的象徵之一，每天中午都會在這裡奏響奧林匹克的會歌。博物館正前方的不滅的

曾代表瑞士奪得1996年亞特蘭大奧運鞍馬金牌的李東華，他當時所穿的體操服和鞍馬就在此展示。

博物館的陳列大都具有高度互動性與娛樂性，體育愛好者們總會在這裡樂不思蜀。

每一屆奧運會的獎牌，這裡也有齊全的展示。

099

美術館原本位於奧林匹克博物館後方，於2022年6月遷至Plateforme 10藝術區的現址。新建築由葡萄牙建築師Aires Mateus所設計。

©Matthieu Gafsou, Photo Elysée, Plateforme 10

©Matthieu Gafsou, Photo Elysée, Plateforme 10

這裡的展覽以輪展的方式策劃，每次展出不同攝影師的創作發表，是國際攝影師們嶄露頭角的重要舞台。

艾莉榭攝影美術館
Photo Elysée

MAP P.96 A2

如何前往

從洛桑火車站步行約6分鐘

info

🏛Place de la Gare 17　☎(0)21 318-4400
🕙10:00~18:00 (週四至20:00)　休週二　💲成人CHF 15，學生CHF 12，26歲以下免費　🌐elysee.ch　🎫每月第1個週六免費

　艾莉榭攝影美術館是一處專門展示攝影作品的場所，也是歐洲第一個攝影藝術館。展示的攝影作品不見得都是狹義的報導式攝影，拍攝的對象也不見得是風景或人物，事實上，這裡的作品有很大一部分都是針對視覺效果特殊設計的，就像後現代各流派的畫家一樣，只不過他們所使用的素材不是畫筆和顏料，而是實物和底片。於是攝影便不只是單純的捕捉鏡頭與攝影技巧而已，而是在拍攝之前就已預先設定好主題、構圖、色彩、光影和表達方式，接著像畫家一樣進行創作。

「Brut」這個字在法文中即帶有「未經提煉」的意思，這樣原始而真實的精神層面，可不是一般在社會規範與理智控制下的正常人所能表現出來的。

©Switzerland Tourism

洛桑的域外藝術美術館肯定是世上最另類的美術館之一了，這裡展示的藝術品你絕對沒有看過，藝術家們的特色也是千百個陌生。

域外藝術美術館
Collection de l'Art Brut

MAP P.96 A1

如何前往

從火車站搭乘3、20、21號公車至Beaulieu Jomini站即達

info

🏛Avenue des Bergières 11　☎(0)21 315-2570　🕙11:00~18:00　休週一(7、8月除外)　💲成人CHF 12，學生CHF 6，16歲以下免費　🌐www.artbrut.ch　🎫每月第1個週六免費

　所謂「域外藝術」，簡單講就是非主流，不但非主流，而且隔絕於文化傳承與社會規範之外，一方面未受薰陶，另一方面更不受常理左右，因此又常稱為「原生藝術」。

　這間美術館的創作者都是精神病患或是牢裡的罪犯，他們不但沒有受過正規的藝術訓練，有的甚至連大字都不識幾個，但是當你凝視著這些看似混亂卻又充滿力量的作品時，又很難不被它們深深吸引。其實藝術原本就是一種宣洩內心的方式，而這些創作者們比起一般藝術家更不受技巧與流派的限制，甚至掙脫理性的束縛，赤裸裸地傳達出他們潛意識中的情感，彷彿這些靈魂的不安、恐懼、憤怒、偏執，就這樣不假修飾地在畫布上掙扎著。

拉沃的葡萄園梯田，
美到成為世界遺產

> 葡萄園梯田的範圍大約是從洛桑東邊的呂特里，一直延伸到威薇西邊的沙爾多訥(Chardonne)。

遊歷拉沃最好的起點，是呂特里(Lutry)、屈伊(Cully)、謝布爾(Chexbres)等有火車站或碼頭的小鎮。

◎從洛桑出發，搭乘S-Bahn的S1、S2、S3、S4，至呂特里約5分鐘，至屈伊約10分鐘。
◎從威薇出發，搭乘S7至謝布爾約9分鐘，搭乘S3、S4、S7至屈伊約10分鐘，搭乘S3、S4至呂特里約14分鐘。

6月中至9月中可搭乘CGN的遊湖航程，每日有3班往返洛桑和蒙投之間，途經呂特里、屈伊、與謝布爾下方的Rivaz等地，可從湖上欣賞葡萄園梯田的絕美景致

©Switzerland Tourism

◎拉沃地區遊客中心
📍P.95B1
✆(0)84 886-8484
🌐www.montreuxriviera.com
◎呂特里遊客中心
🏠Place des Halles 3, Lutry
🕐平日09:00~18:00及5~9月的週六10:00~14:00
◎屈伊遊客中心
🏠Rue de la Gare 10, Cully
🕐13:30~17:30
🚫週末
◎謝布爾遊客中心
🏠Place de la gare 2, Chexbres
🕐10:00~12:30、13:30~17:00
🚫週末

日內瓦湖區的 **沃州** (Vaud)是瑞士第二大葡萄酒產地，這一帶共有26個葡萄園區，這處沿著日內瓦湖北岸種植的拉沃葡萄園梯田，種植歷史據稱可追溯至羅馬軍隊占領時期，也有人說最早是從中世紀的傳教士才開始釀酒，而目前在斜坡上將近16公里長的種植面積，則確認是始於11世紀。聯合國教科文組織在2007年宣布將拉沃葡萄園梯田列為世界文化遺產，理由是居民因應外在的地理環境，花費近千年時間，逐步瞭解並轉而利用地方資源，最終生產出高度經濟價值的作物，是人類與環境互動演化的最佳驗證。

拉沃葡萄園梯田
Lavaux

MAP P.95 B1

日內瓦湖的美景本身已夠迷人,到了拉沃一帶,沿著湖畔鋪展出綿延不絕的葡萄園梯田,更是美得令人懷疑眼睛!春夏時節,拉沃的沿岸一片碧綠,遊客可以在只有夏夜開放的酒窖品酒,也可以搭遊湖船從另一個角度欣賞梯田。而在秋日裡,滿山遍野的金黃,襯著看不到邊際的日內瓦湖和湛藍天空,在阿爾卑斯的陽光照耀下,色彩猶如梵谷筆下的麥浪般豔麗,心情卻是莫內畫中的寧靜平和。

拉沃地區的酒窖多半屬於家庭經營,為了標示出各自特色,人們會在家門口掛上各式各樣的鐵鑄門牌,或在牆上嵌進一塊展示窗,擺上自家釀的酒,就是間小小的葡萄酒專賣店。對酒不感興趣的遊客,不妨放慢腳步在葡萄果香伴隨下穿梭小徑,尋找最適合停留的拍照地點;或是在沿著斜坡搭蓋的小鎮裡亂逛,屬於瑞士的法式浪漫莫過於此。

在遊客中心租輛自行車,穿行在葡萄園間的小徑上,也是遊賞拉沃的經典方式。

當地也有許多觀光導覽行程,可事先在旅遊局官網上預約。

葡萄梯田旁間或聳立著中世紀的城塔,更是引人思古之情。

葡萄酒列車 Lavaux Express

搭乘這輛僅有兩節車廂的可愛小火車,不需要鐵軌就能漫遊在葡萄園梯田之間,是遊覽拉沃最輕鬆愜意的方式之一。小火車共有4條路線可供選擇,全程約1至2小時不等。在5月~9月下旬的週五至週日晚上18:30,葡萄酒列車還會有特別的「Caveau Train」行程,從呂特里的遊船碼頭出發,參觀當地農家釀酒的酒窖,以及品嘗拉沃最負盛名的葡萄酒,還能將品酒的葡萄酒杯帶回家作紀念。

🚏在呂特里或屈伊的CGN碼頭上車
☎(0)848 848-791
🕐每年時間略有調整,可上網查詢,並事先訂位

💰成人CHF 16,長者及13~18歲CHF 12,4~12歲CHF 6;酒窖行程成人CHF 28,4~16歲CHF 10
🌐www.lavauxexpress.ch

雖然瑞士鐘錶精準，但在威薇你可能會忘了時間

這支高達8公尺的不鏽鋼餐叉並非天神用餐時不小心掉落凡間的，而是1995年食物博物館為慶祝建館10週年，請來瑞士藝術家Jean-Pierre Zaugg所進行的創作。雖然活動結束後便於隔年拆除，但當地居民實在太過喜歡，連年請願下，終於在2007年重新豎立回來，如今已成為威薇的招牌景觀。

威薇

(Vevey)這座位於日內瓦湖濱的可愛小鎮，其實歷史非常悠久，早在古羅馬時代即已建立聚落。中世紀時，由於著名的朝聖之路法蘭奇納大道(Via Francigena)有經過這裡，所有從英格蘭坎特伯里或法國要前往羅馬教廷的朝聖者，都會在小鎮上留宿一晚，也讓威薇慢慢發展了起來。威薇真正風光的時候是在19世紀，當時許多大企業都是從這裡起家，像是專門製造電車與客運車體的ACMV、瑞士最古老的巧克力廠牌Cailler等，都是在威薇創立，而食品奶粉業的龍頭雀巢公司，自1867年創立以來，其總部至今仍留在這裡。附帶一提的是，今日人們早習以為常的牛奶巧克力，最初就是在1875年時由Daniel Peter在威薇研發成功的。

◎從洛桑搭乘S3、S4、RE、IR，車程約15~20分鐘。
◎從蒙投搭乘S3、S4、RE、IR，車程約5~10分鐘。
◎從日內瓦搭乘RE、IR，車程約1小時。

從蒙投搭乘201號公車至威薇，車程約30分鐘。

夏天時從洛桑可搭乘CGN的遊船前往威薇，船程約1小時，行程、時刻表與詳細票價每季變更，請上官網查詢或至遊客中心詢問。

◎威薇遊客中心
🔎P.103A1
📍Grande-Place 29, Vevey
☎(0)848 868-484
🕐5~9月09:00~18:00（週末至17:00）；10~4月平日09:00~17:30，週末10:00~14:00
🌐www.montreuxriviera.com

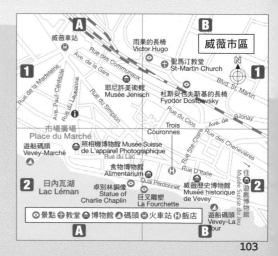

威薇市區

威薇車站
雨果的長椅 Victor Hugo
聖馬汀教堂 St-Martin Church
耶尼許美術館 Musée Jenisch
杜斯妥也夫斯基的長椅 Fyodor Dostoevsky
市場廣場 Place du Marché
照相機博物館 Musée Suisse de L'appareil Photographique
遊船碼頭 Vevey-Marché
食物博物館 Alimentarium
威薇歷史博物館 Musée historique de Vevey
日內瓦湖 Lac Léman
卓別林銅像 Statue of Charlie Chaplin
巨叉雕塑 La Fourchette
遊船碼頭 Vevey-La Tour

◎景點 ✟教堂 🏛博物館 ⚓碼頭 🚉火車站 🏨飯店

MAP P.103 A2

照相機博物館
Musée suisse de l'appareil photographique

如何前往

從威薇火車站步行約7分鐘

info

⌖Grande Place 99 ☏(0)21 925-3480 ⊙11:00~17:30 ㊡週一 ⑤成人CHF 9，學生CHF 7，18歲以下免費 ⊕www.cameramuseum.ch ✆可免費租用英語語音導覽

　如果你對相機有異於常人的熱情，一定會覺得自己身在天堂，因為這裡的相機收藏從最原始還談不上相機的攝像設備，到21世紀高畫素的數位相機，可說一應俱全。在這裡，你可以看到早期將感光液塗在玻璃上當作底片的攝像設備，在當時甚至就已有配上顏料加工的「彩色照片」；而1百多年前拍攝肖像照所搭設的佈景，也讓人有古今一同之感。

　二樓以上的相機展示更是洋洋大觀，早期軍隊使用的像炮管一樣的相機、第一代拍立得相機、第一款跟著太空人漫步外太空的相機、第一代可以在海底拍攝的相機⋯⋯透過完整而詳細的語音導覽解說，你所得到的知識並不只有每一款相機的功能而已，而是了解人類如何克服技術上的困難，運用新的知識與科技，不斷發展出日新月異的相機設備。

這裡最精彩的是各組雕工精細、造型誇張的西洋棋和象棋，光是用看的就很賞心悅目。

MAP P.103 B2

遊戲博物館
Musée Suisse du Jeu

如何前往

從威薇火車站搭乘201號公車至La Tour-de-Peilz, centre站，步行約2分鐘

info

⌖Rue du Château 11, La Tour-de-Peilz ☏(0)21 977-2300 ⊙11:00~17:30 ㊡週一 ⑤成人CHF 12，長者及6~16歲CHF 8 ⊕museedujeu.ch

　這棟城堡就是最受兒童喜愛的遊戲博物館，館中收藏來自世界各地的遊戲種類，從遠古時代用石頭玩的「拈」，到最新款的Switch，數千年的遊戲智慧全都濃縮在這棟城堡裡了。而在五花八門的遊戲中，你也能找到不少熟悉的家鄉味，舉凡麻將、牌九、尪仔標等，當然不能在這場世界遊戲的盛會中缺席。其實遊戲的歷史幾乎和人類文明一樣長久，人類經由遊戲的益智啟發，發展出文學、數學、科學、甚至哲學，因此怎麼能說嬉就一定無功呢？

和洛桑的艾莉榭攝影美術館不同，威薇的照相機博物館展示的不是攝影作品，而是照相機本身。

1839年第一款商用照相機問世，攝影從此進入了新時代，不過當年拍照的曝光時間長達10多分鐘，這也是早期相片中的人物不苟言笑的原因。

除了劇照之外,當年的戲服道具也都有所展示,像是這件為《大獨裁者》中,卓別林扮演Hynkel時所穿過的軍服。

©Chaplin's World

©Chaplin's World

遊客也可以坐在《大獨裁者》中的理髮椅上,而一旁播放的電影正是1940年的《大獨裁者》。

卓別林世界
Chaplin's World
MAP P.95 C1

如何前往
從威薇火車站搭乘212號公車至Chaplin站即達

info
📍 Rte de Fenil 2, Corsier-sur-Vevey
☎ (0)842 422-422
🕐 夏季約09:00~18:00,冬季約10:00~17:00
💰 成人CHF 29,60歲以上CHF 27,學生CHF 25,6~15歲CHF 19
🌐 www.chaplinsworld.com

　　頭戴一頂圓邊帽、身穿一件窄禮服、手拿一根竹拐杖、臉上一撮小鬍子,這就是人們印象中傳奇喜劇泰斗查理卓別林(Charlie Chaplin,1889-1977)的標準形象。卓別林出生於英國,在美國的好萊塢大放異彩,並自編自導自演了許多經典電影,例如《淘金記》、《城市之光》、《摩登時代》、《大獨裁者》等。卓別林電影的不朽,並不在於他的喜感與趣味,而是他在電影中運用幽默傳遞了人性,利用諷刺來對抗不公,使得他的作品在娛樂之外,更有著難以言喻的影響力。

　　然而就是因為卓別林所擁有的龐大影響,加上他略帶左傾的色彩,使他於麥卡錫主義猖獗的年代裡,成為美國聯邦調查局的眼中釘。1952年,美國政府趁卓別

卓別林生前居住的大莊園Manoir de Ben,於2016年春天正式開放為紀念館,供影迷及遊客參觀。
©Chaplin's World

在這裡當然也有很多機會可以重溫《大獨裁者》、《城市之光》等經典名片。
©Chaplin's World

林回鄉之際,取消了他的入境資格,卓別林於是決定定居於威薇,並在這裡一住就是25年,直到他於1977年逝世為止。威薇為了紀念這位最出名的移民,於是將他的故居整理之後,開放為紀念館。卓別林世界主要分為莊園大屋與工作室兩大部分,前者透過卓別林生前的生活空間與私人收藏,帶遊人重新認識喜劇之王的生平與才華;後者則著重在電影方面,包括實設場景、海報劇照、戲服道具與影片音樂等,讓遊人再次感受這些經典名片的魅力與偉大。

這間博物館是雀巢企業的產業之一，是世界少見以「食」為主題的博物館。

食物博物館
Alimentarium

如何前往

從威薇火車站搭乘201、202號公車至Vevey, Hôtel de Ville站，步行約3分鐘

info

📍Quai Perdonnet 25　🕐10:00~18:00 (10~3月至17:00)　週一　💰成人CHF 13，學生CHF 11，6~15歲CHF 4　🌐www.alimentarium.org

也許一般人對威薇這個地名感到有點陌生，但對雀巢(Nestle)這個名字就再熟悉不過了，而雀巢正是由威薇起家的廠牌。這間雀巢旗下的博物館共分3層樓、5個展區，一樓的主題是「烹飪」與「食用」，在烹飪的部分陳列了各種烹飪器材與食物原料，食用的展區則是介紹世界各地的飲食文化。二樓的主題是「購買」

在烹飪區裡，甚至還有一間讓兒童學習廚藝的烹飪教室。

與「消化」，購買區佈置成一間超市的模樣，以生動的文字及多媒體介紹各種常見的食品類型；而消化展區當然就是講解食物被吃進肚子之後究竟去了哪裡。寓教於樂的佈置設計，豐富多樣的遊戲操作，讓孩子對於學習樂在其中。

這棟古代權貴富豪的宅邸，建於16世紀，最初是塔沃(Tavel)家族的產業，後來賣給了伯恩時期的封建領主。其造型獨特的屋頂與窗框，令人印象深刻。

博物館中展示不少過去的民生用品，保存了數百年來威薇的市民記憶。

威薇歷史博物館
Musée historique de Vevey

如何前往

從威薇火車站搭乘201號公車至Ste Claire站，步行約1分鐘

info

📍Rue du Château 2　☎(0)21 925-5164　🕐11:00~17:00　週一　💰成人CHF 5，學生CHF 4，18歲以下免費　🌐www.museehistoriquevevey.ch　✨每月第1個週末免費

博物館的建築在19世紀時曾是一間旅館，二次大戰結束營業後，當地的葡萄酒同業公會為避免這座華麗的古宅傾圮毀壞，於是在1986年將其買下，整理修葺後開放為博物館供人參觀。現在城堡一樓是家當地有名的餐廳，樓上是威薇歷史博物館，館中有兩大非看不可的重點：一是古時造型精緻的門鎖收藏，包括鑰匙、鎖扣、盒子等；另一是當地畫家杜茂林(F.A.L. Dumoulin)在18世紀末時繪製的作品，他曾在西印度群島目睹英法之間的海戰，並讓當時的場景躍然紙上。

要尋找心靈上的寧靜，就到蒙投來吧！

平靜無波的湖面，照映出遠方白頭雪山的倒影，這景色美得像幅描繪仙境的油畫。

◎從洛桑搭乘S3、S4、RE、IR，車程約20~30分鐘。
◎從威薇搭乘S3、S4、RE、IR，車程約5~10分鐘。
◎從日內瓦搭乘RE、IR，車程約1小時。
◎從茵特拉肯搭乘黃金列車，車程約3小時12分鐘。

從威薇搭乘201號公車至蒙投，車程約30分鐘。

夏天時從洛桑可搭乘CGN的遊船前往蒙投與西庸城堡，船程約1.5小時，行程、時刻表與詳細票價每季變更，請上官網查詢或至遊客中心詢問。

蒙投 (Montreux)位於日內瓦湖的東岸，「如果你要在心靈上獲得真正的寧靜，就一定要去蒙投。」說這句話的人，是弗萊迪墨匠里，搖滾天團皇后合唱團的主唱，當他第一次到蒙投錄製專輯時，就已深深愛上這個地方。其實不只有弗萊迪，愛上蒙投的人何止萬千，這裡因為氣候溫和、景色優美，19世紀時即是歐美王公貴族、政商名流的度假勝地。關於蒙投的迷人之處，你只消在湖邊散步一回便能有所體會，遼闊的日內瓦湖幾乎要越過地平線，和天空連成一片，微風在湖面上吹起些許波紋，唯一的聲響來自拍動翅膀的天鵝，遠方積雪的山頭則用沈默回應著。於是人們終於明白，為何在這人來人往的度假勝地，蒙投卻還能保持如此靜謐，也許所有人想的都一樣，深怕不經意的大聲嚷嚷，就會在湖面掀起波浪。

◎蒙投遊客中心
☗P.107A1
⌂Grand-Rue 45, Montreux
☏(0)848 868-484
⌚5~9月09:00~18:00（週末至17:00）；10~4月平日09:00~17:30，週末10:00~14:00
🌐www.montreuxriviera.com

艾彌爾的長椅
Henri-Frédéric Amiel
Tralala
Rue du Temple
Sentier de la Greppe
Rue de la Gare
都德的長椅
Alphonse Daudet
蒙投車站
蒙投博物館
Musée de Vieux-Montreux
避船碼頭
日內瓦湖
Lac Léman
市場廣場
Place du Marché
天主教堂
Catholic Church
往西庸城堡
Château de Chillon
弗萊迪・墨丘里雕像
Statue of Freddie Mercury
迪布魯的長椅
Henri Deblue
Eden Palace
蒙投賭場
Casino de Montreux
Quai du Casino

◎景點　⊞博物館　Ⓗ飯店　Ⓙ教堂
⌂碼頭　🚂火車站　ⓘ遊客中心

蒙投市區

弗萊迪銅像於1996年才正式揭幕，面對著日內瓦湖粼粼的波光，景色如夢境般安詳和諧。

許多樂迷來到銅像前，都會拍下這麼一張照片。

自2003年起，每年9月5日弗萊迪冥誕時，來自世界各地的樂迷都會聚集在銅像前舉辦慶典。

弗萊迪像
Statue de Freddie Mercury

MAP P.107 A2

如何前往

◎從蒙投火車站步行約7分鐘

◎搭乘201號公車至Montreux, Marché站，步行約2分鐘

info

○Place du Marché

現在的年輕人可能對弗萊迪墨丘里（Freddie Mercury）感到陌生，但每當國際有體壇大事時，那首「We Are the Champions」仍叫人熱血沸騰，總能在齊聲高唱中將氣氛帶到最高潮。We Are the Champions是70年代搖滾天團Queen的代表作之一，而弗萊迪正是Queen的傳奇主唱和鋼琴手。弗萊迪第一次來到蒙投是在1978年，當時他們來到這座瑞士的「爵士之城」，錄製的就是《Jazz》這張專輯。弗萊迪一踏上蒙投的土地，立刻就愛上了這裡的山水風景，於是便在能欣賞湖景的地方買下一層公寓。1991年，弗萊迪在蒙投錄製了他的最後一張專輯《Made in Heaven》，但專輯尚未發行，弗萊迪就病逝了。為了紀念他，蒙投於是在市集廣場臨湖的地方豎立了這尊銅像，後來《Made in Heaven》在1995年正式發行時，封面用的正是蒙投這尊弗萊迪像望向日內瓦湖的背影。

蒙投爵士音樂節 Montreux Jazz Festival

©Switzerland Tourism

蒙投爵士音樂節是讓蒙投成為瑞士爵士樂之都的最大原因，肇始於1967年的爵士音樂節如今已發展成為期16天的年度盛會。當今樂壇只能叫出名字的爵士樂手，都一定曾在蒙投音樂節上表演過，且蒙投音樂節發展至今，音樂範疇已不僅只於爵士樂而已，舉凡搖滾、藍調、靈魂樂、放克、雷鬼、電音等，都會在這裡登場。想要同時觀看多位超級樂手的演出，蒙投音樂節絕對是不可多得的機會。要搶到音樂廳的好位子，最好及早上網搶票，音樂節期間，除了在兩座音樂廳內有售票的表演外，街頭許多廣場與酒吧也有搭設小舞台，讓樂迷們免費觀看新進樂手們的演出。

●每年7月的第1個週五到第3個週六間舉行

www.montreuxjazzfestival.com

蒙投賭場與搖滾國歌

和蒙投結緣的搖滾天團除了Queen之外，還有Deep Purple，他們的經典名曲Smoke on the Water是所有老搖滾們都琅琅上口的，而歌詞中的water指的正是日內瓦湖！事情發生在1971年12月4日，當時旭日東昇的Deep Purple來到蒙投錄製專輯，正好吉他鬼才Frank Zappa也在蒙投賭場表演，沒想到一位失控的樂迷突然朝天花板擊發火焰彈，燒掉了賭場的屋頂，Deep Purple見狀靈感大發，將整個過程寫成一首歌。於是蒙投得到了一座新賭場，樂史上也從此多了一首傳世名曲。

曾被關押在西庸的囚犯中最有名的，便是16世紀時支持日內瓦從薩伏伊統治下獨立的博尼瓦神父(Banivard)，他曾被鐵鍊綁在第5根柱子上長達4年之久。

如今在地牢的第3根柱子上，還可清楚看到拜倫當年到此一遊的親筆簽名，成為西庸城堡中最多遊客圍觀的部分。

西庸城堡的地基位於300公尺深的日內瓦湖底，城堡底部依山勢修建，從外觀看來，既像是和山坡合而為一，又彷彿飄浮在水面上。

城堡內部有4個庭院，在古老屋牆與石子地面圍繞下，真的有種回到中世紀的錯覺。

臥室還原成伯恩人時代的擺設，當中甚至還有供暖與供水系統，而房內的大床也讓人驚訝地意識到，原來古代歐洲人的身材其實相當矮小。

從城牆頂部的巡廊上，可以一睹城內的規劃格局，這些巡廊是打防守戰時，為了能迅速調兵遣將而建。

西庸城堡
Château de Chillon

MAP P.95 C1

如何前往

◎從洛桑、威薇、蒙投的火車站，可搭乘S3至Veytaux-Chillon站，再步行約6分鐘。

◎從威薇、蒙投可搭乘201號公車至Château de Chillon站，再步行約3分鐘

◎若從蒙投沿湖濱步道漫步，全長約3.5公里

info

📍Avenue de Chillon 21, Veytaux ☎(0)21 966-8910 🕐4~9月09:00~19:00，3月及10月09:30~18:00，11~2月10:00~17:00 (關門前1小時停止進入) 💵成人CHF 13.5，學生CHF 11.5，6~15歲CHF 7 🌐www.chillon.ch 🎧可租用中文語音導覽，每台CHF 6

西庸城堡是瑞士最重要的古堡之一，早在羅馬時代便已矗立在這裡坐看人間潮起潮落。11至13世紀時，西庸城堡擴大改建，成為今日的壯闊模樣，其後經歷了薩伏伊和伯恩人的統治，一直到1798年沃州革命後，才正式成為公有財產。

雖然西庸城堡給人一種浪漫的氛圍，景觀也好得沒話說，不過城堡最出名的地方，卻是在臨湖一側的陰暗地窖中：以往這裡是關押犯人的監獄，在不見天日的大牢裡，共有200多名囚犯曾在此度過餘生。1816年英國詩人拜倫來到西庸城堡參觀，聽聞博尼瓦神父(Banivard)在此遭受囚禁的故事，有感而發，遂寫出《西庸的囚徒》這首不朽詩篇，西庸城堡也因為這首詩的流傳而聲名遠播。

琉森美得像幅**風景畫**，來到這裡的人都走進了畫中

王牌景點 ❹

琉森這個城市有多漂亮？當你走在琉森湖畔，近前的教堂尖頂層次錯落，遊船在寧靜的湖面上拖曳出波痕，背景則襯映著殘雪未融的山峰，必然忍不住拿出相機按下快門。此時真恨不得自己是一位畫家，才能用畫筆一點一滴地蒸餾出琉森的美感。

琉森
Luzern
MAP
P.5
C2

　　早在西元8世紀時，琉森就已發展出聚落的型態，而在拿破崙戰爭時期，還成為赫爾維蒂共和國(Helvetische Republik)的首都。而現今的琉森，則利用美麗的琉森湖景為觀光注入一股新熱潮。

　　步行是旅遊琉森的最佳方式，在舊城區和羅伊斯河畔(Reuss)處處遺留著古老的建築與巴洛克式教堂、廣場，華美的卡貝爾木橋是瑞士經典的城市景色，而獅子紀念碑更是被馬克吐溫讚頌為世界上最哀傷、最感人的雕刻。此外，琉森的購物商區總是令觀光客荷包大失血，名滿天下的寶齊萊便是將總店設在這裡。

　　琉森也是遨遊瑞士中部名山的基地，從這裡出發前往皮拉圖斯山、鐵力士山和瑞吉山，都是在1天之內可以來回的行程。要同時享受湖光山色、老城風味與現代設施，琉森可說是瑞士最具備資格的城市。

琉森遊客服務中心
🔗 P.113C5
📍 Zentralstrasse 5 (火車站內3號月台附近)
📞 (0)41 227-1717
🕐 平日08:30～18:00，週六09:00～17:00，週日09:00～14:00
🌐 www.luzern.com

建議停留時間
只在琉森城區：1~2天
連同皮拉圖斯山：3~4天

造訪琉森理由

1. 瑞士最美麗的城市之一
2. 卡貝爾木橋是瑞士的代表風景
3. 前往皮拉圖斯山與鐵力士山的起點

城市資訊
市中心人口：約8.3萬
總人口：約23萬
面積：37.4平方公里
居民主要語言：德語
區域號碼：(0)41
海拔：435公尺

怎麼玩琉森才聰明？

記得領取琉森訪客卡

只要透過**旅遊局官網**預訂旅館客房，就會在入住前收到電子版的**琉森訪客卡（Visitor Card Lucerne）**，因此別忘了檢查**電子信箱**是否有新郵件。你可以把訪客卡列印下來，或是儲存在手機中，在琉森的住宿期間都可使用。憑卡可**免費搭乘**琉森市區（Zone 10）的公車與火車的二等車廂，而在多家博物館、景點、登山纜車、娛樂場所、商店等，都可享有**折扣優惠**。訪客卡另一個好用的地方，是卡片上的9位數字就是luzern.com市區**免費Wi-Fi**熱點的密碼。

下載官方的語音導覽APP

如果英語聽力能力還可以，建議上**旅遊局官網**免費下載官方的**語音導覽APP**，這個APP設計了包括舊城區、新城區、音樂之旅等多條主題路線，跟著地圖上的指標走，可以聆聽路線上每一個景點的導覽解說、背景資訊與有趣的奇聞軼事，其內容皆由當地著名的作家、藝術家撰寫。如果事先下載音檔的話，也可以在離線的狀態下使用，是個深入了解琉森這座城市的好方式。

別在觀光景點買紀念品

如果你想在琉森買**紀念品**回家，請儘量**避免在觀光景點**附近購買，尤其是獅子紀念碑這樣的熱門景點。通常再往下走，即使是相同的產品，你也能找到更便宜的價格。若是購買手錶之類的高價物品，會更有感覺。

卡貝爾木橋是歐洲最古老的廊橋，雖然曾不幸慘遭祝融，但修復後的木橋，仍是這座城市的代表圖騰。

City Train Luzern是可愛火車造型的連結觀光巴士，其路線穿越舊城區，經過耶穌奧德伽爾教堂、獅子紀念碑、耶穌會教堂、卡貝爾木橋、KKL等重要景點，全程約45分鐘。

羅伊斯河在流入琉森湖前，將這座城市分為兩半，河畔總是遊人如織，也總是安閒如畫。

📖 瑞士傭兵 Reisläufer

琉森著名景點獅子紀念碑，是為了紀念法國大革命時為保護法王而死的瑞士傭兵。在瑞士中世紀的歷史上，最有名的出口物並非農產品，而是僱傭兵，早期瑞士因農村經濟飽和，迫使年輕人必須出外謀生，加上數個世紀以來的區域衝突，舊瑞士聯邦民風驃悍，人人驍勇善戰，讓瑞士傭兵團在國際間成為搶手對象。他們手持長槍，結成緊密的步兵方陣，不怕死的鋼鐵紀律，讓他們在歐陸戰場上所向披靡，甚至在15世紀時一舉瓦解了勃艮第公國。不過17、18世紀之後，隨著火槍普及，長槍步兵不再佔有優勢，瑞士傭兵團也就逐漸沒落。今日想一睹瑞士傭兵的風采，可以到梵諦岡，教宗的近衛隊正是現在所僅存的瑞士私人傭兵團。

琉森
我們來了!

琉森周邊

如何前往琉森

搭火車去

　琉森位於瑞士中心，聯外交通相當便捷，其火車站就在羅伊斯河南岸，靠近琉森湖的地方，隔壁即是KKL，過橋便達老城區。

◎琉森火車站 **P.113D4** ⓦwww.sbb.ch

從瑞士境內城市出發

◎**從蘇黎世**：搭乘直達的IR列車，需時約40分鐘。

◎**從日內瓦**：搭乘直達的IR列車，需時約3小時。

◎**從伯恩**：搭乘直達的IR列車，需時約1小時。

如果沒有Swiss Travel Pass，還有什麼方法可以節省預算？

Swiss Travel Pass除了可以免費搭乘所有大眾交通工具外，還能參觀全國500多間博物館，若是沒有這張通行證的話，可以依據需求，在旅遊局官網或遊客中心購買下面兩種票券：

◎**琉森博物館卡Lucerne Museum Card**
這張琉森博物館卡可讓你在連續兩天之內，免費參觀市區內9間重要的博物館及美術館各一次。

❺每張CHF 39

◎**泰爾通行證 Tell-Pass**
可在效期內無限次數搭乘瑞士中部所有火車、巴士、遊船及大部份登山火車和纜車，適用範圍包含鐵力士山、皮拉圖斯山及瑞吉山的山區交通。進入博物館則享有5~8折不等的優惠票價。

價格(CHF)	4~10月	11~3月
連續2日	190	120
連續3日	220	150
連續4日	240	170
連續5日	250	180
連續10日	320	240
6~16歲	30	

ⓦwww.tellpass.ch

琉森市區交通

　琉森的老城區不大，觀光景點大多可徒步抵達，若是要到距離稍遠的地方，如交通博物館等景點，可以在火車站前搭乘市區巴士前往。

大眾運輸系統

　琉森的大眾交通工具包括公車、無軌電車、斜軌纜車等。雖然公車路線錯綜複雜，但基本上所有在市區行駛的路線幾乎都會在火車站前的總站會合。

◎琉森運輸公司VBL ⓦwww.vbl.ch

交通票券種類

　整個琉森地區都屬於Zone 10的票價範圍，持有Swiss Travel Pass或琉森訪客卡，可免費搭乘大眾運輸，但若沒有以上票卡，其票價如下：

◎**短程票 Kurzstrecke**
　適用於6站以內，效期30分鐘，每人CHF 2.5。

◎**單程票 Einzelbillett**
　效期1小時，成人CHF 4.1，16歲以下CHF 3.1。

◎**一日票 Tageskarten**
　效期自購買起至隔日凌晨05:00，成人CHF 8.2，16歲以下CHF 6.2。

琉森市區

N

A

1

B

往 **H** YH ↑

C

D

⊙ 冰河公園
Gletschergarten

⊙ 獅子紀念碑
Löwendenkmal

⊙ 布爾巴基全景館
Bourbaki Panorama Luzern

Löwen-Platz

⊙ 瑞寶時間廊
House of Chronoswiss

聖萊奧德伽爾教堂
Hofkirche St. Leodegar

Museums-Platz

往 ⊙ 交通博物
Verkehrshaus-Li

Bergstrasse

Bramberg-Strasse

2
艾倫溫登塔
Allenwindenturm

屋頂塔
Dächliturm

火藥塔
Pulverturm

Haldenstr.

席爾默塔
Schirmerturm

Musegg-Strasse

Hertensteinstrasse

Schweizerhof **H**

時間塔
Zytturm

穆賽格城牆 Museggmauer

守望塔
Wachtturm

Falken
Platz

Grendelstrasse

遊船碼頭 Pier 7

購物區

寶齊萊本店 Bucherer

盧埃島塔
Luegislandturm

Schweizerhof-Quai

MANOR 百貨

Aion

天鵝廣場
Schwanen-Platz

星辰廣場
Sternenplatz

3
曼利塔
Männliturm

Barabas Hotel
H

Weggis-Gasse

Stadtkeller

Kapellplatz

琉森湖
Vierwaldstättersee

Kapellg.

雄鹿廣場
Hirschen Platz

聖彼得教堂
Peterskapelle

Alpes

Löwen-Graben

醇酒廣場
Wein-Markt

穀物廣場
Korn-Markt

Mühlen Platz

市政廳
Rathaus

遊船碼頭
Pier 1-3

遊船碼頭
Pier 4-6

史道勞爾橋
Spreuerbrücke

Des Balances

卡貝爾大橋
Kapellbrücke

Bahnhof Platz

4

Reussbrücke

Rathaussteg

Seebrücke

羅伊斯河
Reuss

Bahnhof-Strasse

琉森拱門
Torbogen Luzern

文化會議中心
KKL

歷史博物館
Historisches
Museum Luzern

耶穌會教堂
Jesuitenkirche

H AMERON

琉森美術館
Kunstmuseum L

火車站
Bahnhof

Wirtshaus Taube

Hischengraben

Theaterstrasse

Pilatustr.

琉森大學
Universität
Luzern

Gameorama 遊戲博物館
Gameorama Spielmuseum

Hischengraben

羅森加特收藏館
Sammlung Rosengart

Radisson Blu

5

往 **H** The Hotel

⊙ 景點　✝ 教堂　🏛 博物館　ⓘ 遊客中心　🍴 餐廳　**H** 飯店　🚆 火車站　🛍 商店　⚓ 碼頭　🏛 政府機關　⊙ 學校

A

B

C

D 113

古色古香的琉森老城，每一個角落都有故事

MAP
P.113
C3、C4

琉森湖遊船
Vierwaldstättersee

info

🚏 Pier 1 (出火車站即達)或Pier 7 (在Hotel Schweizerhof對面)

📞 (0)41 367-6767

🚢 渡船全年航行，全景環遊行程為4~10月。詳細時間請上官網查詢

💰 票價依距離計算，從琉森出發的來回票：二等艙CHF 38.4起，一等艙CHF 59.6起。也有販售一日票：二等艙CHF 83 (冬季CHF 51)，一等艙CHF 129 (冬季CHF 80)，6~15歲則是二等艙CHF 12，一等艙CHF 16。而1小時全景環遊(Panorama-Yacht Saphir)為成人CHF 29，孩童CHF 12

🌐 www.lakelucerne.ch

♿ 船上有含中文在內的語音導覽耳機

　　自古以來，琉森湖的美就令所有遠來之人為她心醉神迷，搭乘遊船從琉森市中心出發，向東航行而去，兩旁除了漂亮的房舍外，還陸續出現城堡、修道院、甚至葡萄園。隨著前方的瑞吉山愈來愈近，而後方的皮拉圖斯山與石丹峰仍如影隨

形；這裡幾乎就是阿爾卑斯山脈的中心點了，很難想像這樣幽靜的美景居然離琉森這座大城市近在咫尺。

　　由於琉森位於湖的西北岸，想要一睹夕陽金光伴隨著天邊紅霞灑落在琉森湖上的美景，就一定得搭船才行，因此每年僅5到9月間行駛的日落遊船便特別搶手。此外，各式各樣搭配用餐選擇的遊船行程也相當受歡迎，可感受在湖光美景中享用豐盛大餐的悠閒愜意。

從火車站對岸Pier 7出發的Saphir，是約1小時的全景環遊行程。

從KKL前Pier 1出發的是前往沿湖各城鎮單程或來回的遊船行程。

琉森湖是瑞士第5大湖，Vierwaldstättersee照字面解釋的話，可翻成「四森林州湖」，意指被包圍在琉森、烏里、舒維茲、翁特瓦爾登(即今之上、下瓦爾登這4個擁有大片森林的州之間。

從湖面上欣賞老城區和卡貝爾木橋，又是一番不同風情。

要親近琉森湖的最佳方式，自然是登上遊船，來趟如夢似幻的湖泊航行。

卡貝爾木橋
Kapellbrücke

卡貝爾木橋建於14世紀初期，因北端有座教堂而得名，橋身長204公尺，當時被當作琉森防禦體系的一部分，同時也是歐洲現存最古老的廊橋。在木橋的廊頂內架著120多根橫樑，每根橫樑上都有一片山形木板，上面繪有價值連城的17世紀本地畫作。可惜1993年時，一艘停泊在木橋下的小船突然起火，讓木橋陷入一片火海，雖然沒有將整座橋付之一炬，卻也燒毀了部分古畫。卡貝爾木橋在劫後迅速重建完成，現今遊客所看到的畫作，色澤較老舊的便是17世紀的原作，而看起來較新的則是修補後的仿作。

橋旁的八角形水塔(Wasserturm)約34公尺高，在1300年建成時被視為城牆的延伸部分，後來曾先後作為城邦庫房、文獻室以及牢房之用。水塔在大火中並未遭受波及，如今則靜靜地守衛著卡貝爾木橋，供遊客聊發思古之幽情。

厚實穩重的巨大水塔具有畫龍點睛的效果，為這幅輕盈的畫面增添了重心所在，使這整片風景呈現出一種和諧的平衡。

木橋不但外觀優美，裡面也非常精彩。

畫作主題都是琉森歷史和城市守護聖人聖李奧寶加(St. Leodegar)與聖莫里斯(St. Maurice)的故事。

史普勞爾橋
Spreuerbrücke

史普勞爾橋建於1408年，原本也是屬於琉森防禦體系的一部分，其最出名的地方，便在於廊頂的三角橫樑木板上，這裡也有67幅繪於1626至1635年的畫作，這些畫是出自麥林格(Kaspar Meglinger)之手，題材則是黑死病流行時期最常見的主題——「死亡之舞」。

如同卡貝爾木橋一樣，這裡最有可看性的地方也是在橋內廊頂上。

在畫中，無論是貧富貴賤，還是善惡賢愚，都逃不開死神的跟隨，傳達出人生不離死、死生總無常的觀念，也反映了當時人們對於瘟疫的無奈。

舊城廣場
Altstadtplätze

MAP
P.113
A3-C3

雄鹿廣場
(Hirschen Platz)的名字
是來自於一家中世紀的
旅店。

羅伊斯河的右岸便是琉森老城區，這裡是一片地勢逐漸隆起的山坡地，也是琉森逛街的精華地段，每一排狹窄的街道上都藏有令人驚喜的小店、藝廊和餐廳。在老城中心有好幾處被古老建築物所包圍的廣場，這些建築物有的牆上漆著美麗的壁畫，有的則擁有繁複的雕飾，增添了琉森作為歷史古城的價值。

其中，穀物廣場(Kornmarkt)以有著亮麗鐘樓紅頂的市政廳而聞名，市政廳的建築考量到氣候因素，屋頂特別採用伯恩州最常見的懸垂低檐，面河的這一側拱門廊道，當年就是舉辦市集的地方，至今仍有假日市集；而二樓的廳室以前是商行的穀倉，現在則作為展覽場或音樂廳使用。

星辰廣場(Sternenplatz)上
Fritschi餐廳外的壁畫也同
樣精彩。

義大利文藝復興式風
格的市政廳，是建築師
Anton Isenmann於1602
到1606年間所建。

醇酒廣場(Weinmarkt)
是昔日琉森人宣誓加入瑞士聯邦的地方。

MAP
P.113
C3

寶齊萊本店
Bucherer

如何前往
◎ 搭乘1、6、7、8、14、19、24、73號公車至
Schwanenplatz站即達

info
🏠Schwanenplatz 5 ☎(0)41 369-7700
🕐 週一至週六09:00~18:30，週日
14:00~18:00 🌐www.bucherer.com
❗週日不提供維修服務

　　喜愛鐘錶的人對寶齊萊一定不會感到陌生，在鐘錶珠寶專賣店中，寶齊萊可算是這一行的龍頭老大，目前在瑞士已經擁有15家分店，而其最初發跡的地方就是在琉森的這棟大樓裡。舉凡勞力士、萬國、伯爵、蕭邦、愛彼、帝舵、浪琴、雷達等頂級名錶，在這裡都設有專櫃，同時也能找到寶齊萊於2008年開始的自製品牌Carl F. Bucherer。而在較高的樓層裡也有Victorinox、Sigg、Swatch、雙人牌等名牌專櫃，儼然一間專賣瑞士及歐陸精品的百貨公司。而在店裡的電扶梯旁，還隱藏了另一處景點：全世界最大的鋼珠鐘Aion。

高達4層樓的鋼珠鐘Aion，無法一眼就看盡其完整的面貌，只能一層一層地分段欣賞。

在3、4樓的電扶梯旁可以看到Aion鋼珠的運作，令人玩味無窮。

　　能夠像琉森的寶齊萊本店一樣，被來自全球各地的觀光團當成旅遊景點，搶著在店門口拍照留念的店面，在世界上應該是屈指可數的。

　　所幸這段城牆的保存狀況相當完好，政府也定期加以維修，成為琉森市區的一處景點。

夏季時，城牆上方的步道開放讓遊客行走。

在高塔的塔頂上，可以眺望老城區和琉森湖的景色，耶穌會教堂等地標建築的尖頂也都歷歷在目。

MAP
P.113
A3-C2

穆塞格城牆
Museggmauer

如何前往
◎ 搭乘1、19號公車至Löwenplatz站，沿Museggstr.西行，穿過城牆後看到右手邊有一條往上走的小徑，即達席爾默塔，可從席爾默塔登上城牆

info
🕐4~10月每日08:00~19:00 ❌11~3月
💲免費 🌐www.museggmauer.ch

　　琉森的城牆大約建於14世紀末，數百年來的滄海桑田，今日的城牆只剩下老城區北面一小段。穆塞格城牆至今仍留有9座形制殊異的塔樓，其中曼利塔(Männliturm)、時間塔(Zytturm)、席爾默塔(Schirmerturm)與守望塔(Wachtturm)在夏季時開放給遊客參觀，並能由此登上城牆步道。而在時間塔上有一座建於1535年的鐘，其鳴鐘時間要比其他鐘快上一分鐘，在以鐘錶精確著稱的瑞士來說算是相當異類，不過因為它是琉森現存最古老的鐘，使它得以享有「不準確」的特權。

文化會議中心
Kultur- und Kongresszentrum Luzern (KKL)
MAP P.113 D4

info

📍Europaplatz 1 ☎(0)41 226-7070

🌐www.kkl-luzern.ch

　　文化會議中心通常簡稱為KKL，由來自巴黎的建築大師尚·努維爾(Jean Nouvel)操刀設計，是一座結合音樂廳、國際會議廳、藝術博物館、美食餐廳和景觀酒吧的多功能文化中心，尤其是擁有1,840個座位的音樂廳，堪稱全世界設備最好的一座，每年夏天的琉森音樂節便是在這裡舉行，也成了琉森人的驕傲之一。此外，內部也有許多家吸引年輕族群的新潮餐廳，如Lucide、Seebar等。

近建築師理想中的KKL，更接從湖上看到的「建立在水面上的巨型藝術品」。

KKL巨大的屋簷突出在琉森湖畔，顯得特別搶眼。

1998年正式啟用的KKL，算是琉森的新地標。

戶外廣場上的大型噴水池時而噴出3層樓高的巨大水柱，對岸的霓虹燈光照映在琉森碼頭的港灣中，美麗的夜色自能醉人。

琉森音樂節 Lucerne Festival

琉森音樂節其實包含3個節慶：復活節的宗教音樂祭(Easter Festival)、夏天的古典交響樂音樂節(The Summer Festival)和11月的鋼琴音樂節(The Piano Festival)。一般提起琉森音樂節，指的大多是每年8、9月舉辦的古典交響樂音樂節，屆時來自世界各地的頂尖交響樂團、當代翹楚的古典樂手與名列傳奇的指揮大師都會在這裡齊聚一堂，在KKL裡展開為期2個月、多達30場的古典音樂盛會。而在琉森音樂節期間，除了交響樂外，城內各處的表演場地也會舉辦60多場其他類型的音樂表演，是琉森一年之中最重要的盛事。

🌐www.lucernefestival.ch

Lucerne Festival提供

羅森加特收藏館
Sammlung Rosengart
MAP P.113 C5

info

📍Pilatusstrasse 10 ☎(0)41 220-1660

🕐4~10月每日10:00~18:00，11~3月每日11:00~17:00 💰成人CHF 20，65歲以上CHF 18，7~16歲CHF 10 🌐www.rosengart.ch

　　羅森加特收藏館的館長安琪拉(Angela Rosengart)與她的父親齊格菲(Siegfried Rosengart)，是瑞士著名的藝術品收藏家與經銷商，他們長年與畢卡索保持著深厚的友誼，因而館中的收藏便以這位立體派大師的作品為主。除了畢卡索的作品之外，其他當代大師的收藏也很可觀，包括保羅克里、馬蒂斯、夏卡爾與法國印象派大師們的傑作等，值得花一個下午的時間慢慢欣賞。

原本城中還有另一處畢卡索博物館，但其館藏已全部移至羅森加特收藏館中，也使得這裡的畢卡索畫作藏量更加豐富。

耶穌會教堂
Jesuitenkirche
MAP P.113 B4

info

⊕ Bahnhofstrasse 11A

🕐 06:30~18:30　❗週一、四不對外開放

　　位於羅伊斯河畔，與市政廳隔河相望的耶穌會教堂，始建於1666年，是全瑞士第一座大型的巴洛克式宗教建築。教堂內部美輪美奐，潔白的牆身、粉色系的廊柱裝飾、紅色的大理石主祭壇，使教堂圍繞在一股明亮而聖潔的氣氛中。而其拱頂上色彩鮮豔的溼壁畫，描繪的是天堂之門打開的景象。

教堂在外觀上最醒目的特色，就是兩座有著洋蔥形尖頂的塔樓。

由於琉森是瑞士天主教的重鎮，耶穌會在這裡擁有很大的勢力，因此琉森的教堂比起蘇黎世、日內瓦等新教城市的教堂來得更有看頭，一切華麗元素在這裡都保存得完好如初。

Stadtkeller餐廳
MAP P.113 B3

如何前往

◎ 搭乘1、6、7、8、14、19、24、73號公車至Schwanenplatz站，步行約3分鐘

info

⊕ Sternenplatz 3　☎ (0)41 410-4733

🕐 每日11:30~24:00 (供餐至21:30)

🌐 stadtkeller.ch

🎵 瑞士傳統音樂表演為4~10月晚上19:30開始

雖然民俗節慶不是天天都能遇到，但好在還有像Stadtkeller這樣的餐廳，讓遊客得以輕鬆體驗瑞士山民文化。

　　老城區內的Stadtkeller餐廳提供傳統地方餐飲及民俗表演，夏季每天晚上，客人都可以一邊用餐，一邊欣賞瑞士民謠約德爾小調(Jodeln)的演出。Jodeln除了主唱者之外，伴奏的樂器有手風琴和低音提琴等。據聞Jodeln的緣起，是早年住在山間的人利用歌聲呼喚牛、羊群或與其他人聯絡；但也有一種說法是Jodeln原來是瑞士人向神明禱告的呼喚，經過山間牧人的傳誦哼唱，逐漸發展成瑞士獨特的民謠。

聖萊奧德伽爾教堂
Hofkirche St. Leodegar
MAP P.113 D2

如何前往

◎ 搭乘1、6、7、8、14、19、24、73號公車至Luzernerhof站，步行約2分鐘

info

⊕ St. Leodegarstrasse 6　🕐 每日07:00~19:00

　　聖萊奧德伽爾教堂是琉森的主座教堂，也是瑞士最具代表性的文藝復興風格教堂，供奉的是城市的守護聖人聖李奧寶加與聖莫里斯。教堂的外觀非常特別，兩棟塔尖與塔身幾乎等長的灰色尖塔，是典型

這兩種式樣乍看之下顯得格格不入，但愈看愈覺得這種衝突的美感是其他任何形式的改建都比擬不上的。

教堂內的瑪麗亞祭壇與靈魂祭壇是參觀時的重點。

的哥德式建築，中間卻夾著裝飾花俏的白色文藝復興式正面，原來這棟教堂的前身是建於8世紀的本篤會修道院，1633年被大火燒毀後只剩下兩根尖塔，於是又於1645年重建成文藝復興的風格。

MAP P.113 C1

獅子紀念碑
Löwendenkmal

美國著名小説家馬克吐溫曾被這座雕像深深吸引，讚頌獅子紀念碑是「世界上最哀傷、最動人心弦的一座石雕」。

如何前往

◎ 搭乘1、19號公車至Löwenplatz站，步行約3分鐘

info

🏠Denkmalstrasse 4

🕐24小時開放　💲免費

這股悲壯的氣勢，令人想起屈原《國殤》中「誠既勇兮又以武，終剛強兮不可凌」的字句。

位於冰河公園旁的獅子紀念碑是琉森的另一個象徵，這座垂死的獅子雕刻是為了紀念1792年時，在巴黎杜樂麗宮（Tuileries）為了保護法王路易十六而殉難的700多名瑞士僱傭兵，作者為丹麥名雕刻家托瓦爾森（Bertel Thorvaldsen）。石獅是在一塊天然的岩壁上鑿刻而成，身中斷矛的雄獅倒臥在碎裂的盾牌上，雖欲再戰卻已是力有未逮，生動細膩的情感全表現在獅子的臉上，令所有觀看的人無不動容。

MAP P.113 C1

冰河公園
Gletschergarten

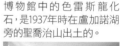

在所有的冰河遺跡中，最引人注目的便是直徑8公尺、深達9.5公尺的巨大冰壺，這些冰壺都是由冰河底部的水流轉動礫石所刨蝕而成，可以想見當時羅伊斯冰河底部所產生的漩渦威力有多驚人！

Gletschergarten Luzern提供

如何前往

◎ 搭乘1、19號公車至Löwenplatz站，步行約3分鐘

info

🏠Denkmalstrasse 4　☎(0)41 410-4340

🕐每日10:00~18:00（11~3月至17:00）

💲成人CHF 22，學生CHF 17，6~16歲CHF 12

🌐gletschergarten.ch

這裡的冰河遺跡其實是在一個非常偶然的情況下被挖掘出來的，1872年時，公園的創始人安木萊-妥勒（Joseph Wilhelm Amrein-Troller）原本只是要興建一座酒窖，卻在整地時意外發現許多冰河擦痕和冰壺遺跡，經過研究之後，證實這些都是萬年前冰河時期留下的地貌。1873年，公園正式對外開放，到了1980年又在遺跡上加建篷頂，以保護這些珍貴的遺跡不受風雨侵蝕。

除了冰河遺跡，公園裡還有冰河博物館、岩石世界（Felsenwelt）、阿爾卑公園（Alpenpark）、鏡子迷宮（Spiegellabyrinth）

博物館中的色雷斯龍化石，是1937年時在盧加諾湖旁的聖喬治山出土的。

Gletschergarten Luzern提供

2022年時，又落成了新展覽館「岩石世界」，帶遊客走入地下，藉由多媒體的聲光科技，踏上穿越時空的地質學之旅。

冰河公園旁的鏡子迷宮原是為了1896年的日內瓦博覽會而建，內部以西班牙阿爾罕布拉宮作為背景，搭配上360度稜角的鏡子，讓你隨時有撞「牆」的效果，十分有趣。

等數個部分，不但介紹了冰河的形成，以及琉森兩萬年來的地質學歷史，還展示了許多立體地理模型，其中包括普菲弗將軍（Franz Ludwig Pfyffer）於1762到1786年間製作的瑞士中部地貌模型，是世界上最古老的地貌模型作品。

布爾巴基全景館
Bourbaki Panorama Luzern

如何前往
◎搭乘1、19號公車至Löwenplatz站即達

info
📍Löwenplatz 11　☎(0)41 412-3030
🕐每日10:00~18:00（11~3月至17:00）
💰成人CHF 15，學生CHF 12，6~16歲CHF 7
🌐www.bourbakipanorama.ch

原本是周長110公尺的標準全景畫大小，後來為了建物改建，裁掉了上部的4公尺。

這幅全景畫高14公尺。

為了還原原畫規模，館方在畫面前方設置了21處立體景模型，將畫面延伸至參觀者面前，加上從背後音響中傳出遠方的隆隆炮聲、車馬雜沓聲與人們話語聲，讓人彷彿回到過去，親自見證了歷史事件。

全景畫是在電影發明之前，歐洲市民重要的視覺娛樂之一。布爾巴基全景畫完成於1881年，是當時全景畫企業主委託日內瓦畫家卡斯特(Edouard Castres)等人繪製的作品，內容描述的是1871年普法戰爭結束後，法軍指揮官布爾巴基將軍帶著8萬多名殘兵敗將穿越瑞士邊境並繳械尋求庇護的場景。在畫面中，你可以看到瑞士紅十字會對法軍進行的人道救援，由於卡斯特和另一位畫家赫德勒(Ferdinard Hodler)都曾親身參與那次救援行動，因此當時的情景全都如實呈現在這幅全景畫中，而在畫面裡也能找到他們倆的身影。

瑞寶時間廊
House of Chronoswiss

唯有現場欣賞製錶工匠巧奪天工的傳統技藝，才能真正了解手工機械錶的價值與藝術。

如何前往
◎搭乘1、19號公車至Löwenplatz站即達

info
📍Löwenstrasse 16b
☎(0)41 552-2180
🕐平日09:00~17:30　🚫週末
🌐chronoswiss.com

1982年由朗恩(G.R. Lang)創立的瑞寶錶是起源於德國的品牌，在瑞士家族埃貝斯坦(Ebstein)收購後成為琉森唯一的鐘錶製造廠。

瑞寶錶時間廊不只是品牌經典陳列室，還能親眼見識重視細節的工匠精神與獨一無二的手工錶魅力。時間廊中可透過多媒體設備了解品牌發展歷程、瑞士製錶業訊息和機械錶的製作流程；透明玻璃的錶盤製作室中，師傅使用瀕臨失傳的古老曲線雕花機在錶盤上手工雕刻細如毫髮的璣鏤紋飾(Guilloche)，一旁呈現的則是相當費時且失敗率極高的琺瑯烤釉技術，須經過7次上釉、煅燒與拋光，才能燒製出色澤剔透的錶盤。

瑞士交通博物館
Verkehrshaus der Schweiz

MAP P.112 A1

如何前往

◎ 搭乘6、8、24號公車至Verkehrshaus/Lido站即達

info

🏠 Haldenstrasse 44　☎ (0)41 375-7575

🕐 每日10:00~18:00 (冬季至17:00)

價錢(CHF)	成人	學生	6~16歲	6歲以下
博物館門票	35	25	15	免費
天文館	18	14	10	10
瑞士巧克力歷險	18	14	10	10
IMAX劇院(日間)	18	14	10	10
IMAX劇院(夜間3D)	22	18	15	15
一日通票	62	46	29	12

🌐 www.verkehrshaus.ch

♿ 博物館門票含媒體世界與漢斯艾尼藝術館
(Hans Erni Museum)

在瑞士交通博物館裡，遊客可見識到超過3千多種陸海空交通工具，包括古老的蒸汽火車頭、傳統馬車、纜車、飛機、船

瑞士交通博物館占地達4萬平方公尺，是歐洲交通工具收藏量最多的博物館。

舶，甚至太空梭等，每一件都訴說著交通史的發展故事。除了關於交通工具的展示以外，這裡也有天文館(Planetarium)與IMAX劇場，並且還有與其他企業結合的娛樂體驗，像是與瑞士蓮合作的瑞士巧克力歷險(Swiss Chocolate Adventure)，以及與紅牛合作的媒體世界(Media World)等，都讓這裡更像一座超大型的複合式主題遊樂園。

如果你是鐵道迷的話，那就更不可錯過這裡最引以為傲的火車展示場。

館內展示除了靜態陳列，更多的是互動體驗，就像間以交通作為主題的遊樂場。

在交通博物館中，最吸引孩子的是有關航空的展示。

逛完一圈汽車區，等於走過了一遍動力引擎的發展史。

瑞士巧克力歷險利用多媒體設備，帶領你從原料出發，進入充滿驚奇的巧克力世界。

在室外廣場上還有迷你的小車以及可以在水池上航行的小船，讓小朋友也能感受到親自駕駛的樂趣！

天文館以優美的音樂和令人著迷的天象儀，讓遊客一睹宇宙間的奧妙，另有把瑞士美景投射在360度大螢幕上的「瑞士全景圖」，可仔細端詳瑞士地貌。

媒體世界運用VR技術與8D音效等最新科技，讓遊客沉浸在幾可亂真的虛擬實境中。

IMAX劇院有瑞士最大的半球體螢幕，搭配3D影像，讓人看了大呼過癮。

離開琉森市區，尋找龍的傳説

如今的皮拉圖斯山雖然不再神祕，但山上的景色美麗依舊，引人無限遐想。

MAP P.112 A2

皮拉圖斯山
Mt. Pilatus

info

☎(0)41 329-1111

🌐www.pilatus.ch

　瑞士群山之中，皮拉圖斯山是最具神祕色彩的一座，在古老的歲月裡，關於龍的傳説與彼拉多的幽靈一度甚囂塵上，使得這裡曾經是琉森法律中的「禁山」。皮拉圖斯山之名即是來自將耶穌釘死的羅馬總督彼拉多(Pontius Pilate)，傳説他的遺體被人拋入這裡的湖泊，此後每年耶穌受難日，他的幽靈便會伴隨著狂風暴雨出現。1585年，一群勇敢的市民不顧禁令結伴上山，他們想盡辦法挑釁湖裡的鬼魂，然而卻啥事也沒發生，謠言於是不攻自破。

前往皮拉圖斯山的經典路線——金色環遊 Goldene Rundfahrt

絕大多數遊客前往皮拉圖斯山，走的都是金色環遊路線，因為這條路線可以變換路、海、空3種交通方式，全方位地享受這趟旅程。

金色環遊路線

❶金色環遊的起點為琉森2號碼頭，從這裡搭上開往阿爾卑納赫施塔德(Alpnachstad)的遊船，沿途可飽覽琉森湖的美麗風光。

❷到阿爾卑納赫施塔德後，換搭全世界最陡峭的齒輪鐵道來到山頂(Pilatus Kulm)。

❸而下山走的則是另一條路線，先從山頂纜車站搭乘大纜車至弗萊克穆恩特格(Fräkmüntegg)。

❺克林斯纜車站旁有Pilatus Bahnen公車站，搭乘15號公車至Busschleife站，轉乘1號公車即可回到琉森。

❹再從弗萊克穆恩特格換搭小纜車至克林斯(Krines)。

PILATUS BAHNEN AG 提供

金色環遊時間

◎遊船行駛時間約為6~10月，每天約有4班，航行時間約60~90分鐘。

◎齒輪鐵道行駛時間約為6~11月，每日08:10~17:30，35分鐘一班，行程30分鐘。

◎從山頂到弗萊克穆恩特格的纜車，每日09:00~17:30行駛(11~3月至16:30)。

◎從弗萊克穆恩特格到克林斯的纜車，每日09:00~17:45行駛(11~3月至16:45)。

❶纜車在秋冬時節會有兩週進行維修，詳細日期請查詢官網。

金色環遊票價

金色環遊全程船、車票可在官網上購買，價錢如下：(CHF)

	遊船二等艙	遊船一等艙
成人	111.6	128.6
6~16歲	56.2	64.7

若是使用Swiss Travel Pass，因為能免費搭乘遊船和公車，故只需購買阿爾卑納赫施塔德到山頂的齒輪鐵道，與到克林斯的纜車票，並且享有半價優惠，也就是每人CHF 39。

銀色環遊

銀色環遊其實與金色環遊的路線一致，只是把遊船的部分改為搭火車，若是沒有Swiss Travel Pass的話，價錢倒是便宜許多。

冬季上山

由於齒輪鐵道只營運到11月，因此若是11~5月出發，就只能搭公車到克林斯，再搭乘纜車到山頂，成人來回票價為CHF 78，兒童或持有Swiss Travel Pass為CHF 39。

皮拉圖斯山鐵道
Pilatus Bahn

這條齒輪鐵道以其最大48°的坡度聞名於世，是全世界最陡峭的登山鐵道，要克服如此的高低差距，火車車廂與月台也需要特殊設計，建議您不妨選擇第一節或是最後一節車廂搭乘，這樣才有機會見識那陡峭的鐵道真面目。

由於皮拉圖斯山標高2,132公尺，沿途景觀也會隨高度攀升而有所變化，離開阿爾卑納施塔德車站後，首先會經過一片針葉林，當火車攀爬到一定高度，還可欣賞到山下的阿爾卑納赫湖(Alpnachersee)和一旁典型的瑞士木屋；約莫過了20分鐘後，火車已行駛到海拔1千公尺高，這時你所看到的景觀便成了岩石和草原，溫度也驟降了好幾度，如果是春天或秋季前來造訪此地，那麼還可能看到一些積雪與一片霧茫茫的景觀。

PILATUS BAHNEN AG提供

皮拉圖斯山登山鐵道於1889年開始通車，至今已有超過百年歷史。

每一間車廂與其相應的月台都設計成一層層的階梯狀，如此乘客才不會有「傾斜」的感覺。

PILATUS BAHNEN AG提供

新的車廂連頂部也做成大面積觀景窗，沿途風景一點都不會錯過。

山下的齒輪鐵道車站，就位於阿爾卑納赫施塔德火車站與遊船碼頭對面。

行走在這條幽暗的岩洞裡，的確很有種龍隨時出沒的感覺。

龍道
Drachenweg

在山頂的步道中，以一條被暱稱為「龍道」的岩洞隧道最受歡迎。這條在岩壁裡鑿出的步道長約500公尺，可從洞眼中欣賞到皮拉圖斯山另一面的景色，而隧道內的岩壁上也掛著許多和龍有關的藝術作品及傳說故事。

皮拉圖斯山交通路線圖

皮拉圖斯山頂
Pilatus Kulm
2132m

弗萊克穆恩特格
Fräkmüntegg 1416m

4分鐘

N

克林塞雷格
Krienseregg
1026m

20分鐘

30分鐘

10分鐘

克林斯
Kriens
516m

11分鐘

17分鐘

琉森
Luzern
435m

阿爾卑納赫施塔德
Alpnachstad
436m

60~90分鐘

有此一說～

龍出沒注意！

關於皮拉圖斯山的龍傳說，見於官方記載的是在1421年夏天，一條巨龍飛到了這裡，有位名叫史丹弗林(Stempflin)的農民看到牠著陸便驚嚇地昏了過去，他醒來後發現一顆石頭凝結在龍的血塊中，而這塊石頭在1509年時被官方正式認定具有神奇療效。

在另一個廣為流傳的故事中，有位年輕人在秋天時不小心跌入了皮拉圖斯山上的一個深洞裡，他甦醒後發現自己跌在兩條龍的中間，但龍並沒有傷害他。等到春天來臨，一條龍飛出了洞外，而另一條龍對年輕人說：「走吧，離開的時候到了！」說完便伸出尾巴，將年輕人救了出去。

弗萊克穆恩特格
Fräkmüntegg

◎ 繩索公園 Pilatus Seilpark
⊙ 5~10月每日10:00~17:00（7、8月09:30~17:30）
⊙ 3小時票：成人CHF 28，8~16歲CHF 21。自由垂降：每人CHF 5。飛龍滑翔：成人CHF 6，16歲以下CHF 3.6
⊛ 另有針對4~8歲兒童的Pilu Seilpark，1小時票CHF 12
❗ 天候不佳則關閉
◎ 夏日雪橇滑道 Sommer-Rodelbahn
☏ (0) 41 630-3321
⊙ 4~10月每日10:00~17:30（售票至17:00）
⊙ 成人單趟CHF 9，8~16歲CHF 7，6~7歲CHF 5
🌐 www.rodelbahn.ch
❗ 2歲以下禁止，8歲以下需由成人陪同。滑道潮溼則關閉

來到皮拉圖斯山除了健行賞景，還有什麼驚奇刺激的玩意兒嗎？答案是有的。從山頂坐纜車到弗萊克穆恩特格，這裡的挑戰絕對來勁兒！夏日雪橇滑道是瑞士最長的軌道車滑道，長達1,350公尺的超長滑道，令所有喜愛極速快感的人熱血沸騰，無不躍躍欲試！

而這裡的繩索公園規模也是瑞士最大，有點像台灣露營區裡常見的體能訓練場，只是每一個攀爬項目都是離地3層樓高。繩索公園裡總共有十多種難度各異的項目，各項目之間彼此相連而又各自獨立，玩家可以依自己的喜好和膽量，隨心所欲地攀爬飛盪在樹林之間。

繩索公園中的飛龍滑翔是類似zipline的索道設施，讓人體驗猶如乘龍翱翔的快感。

考驗體能的同時，也別忘了欣賞周邊美景。

這種滑道車有點類似極限運動中的skateluge，是利用身體重心來過彎，所以不同的滑道和用來加速或減速的控速桿，因此加速度更快卻也更安全。

由於玩家身上會扣有安全索帶，因此雖然玩得驚心動魄，卻是保證安全無虞。

走出山上的車站，迎面而來的是一片寬闊的山頂平台。

晴空萬里的日子裡，可以欣賞到琉森湖與阿爾卑斯群峰的壯麗景色。

要是時間充裕，也可走個35分鐘來到托姆利斯峰(Tomlishorn)，那裡是皮拉圖斯山標高最高的地方。

皮拉圖斯山頂
Pilatus Kulm

在山頂上有5條健行步道，若想擁有360°的絕佳視野，可沿著步道登上主峰觀景台(Oberhaupt)或埃塞爾峰(Esel)，這兩條步道的路程都只需要10分鐘。夏天時，一路上都開滿了許多皮拉圖斯山特有的花種，而雄偉的鐵力士山也可以在這條路徑上清楚地看到。要特別提醒的是，山上的氣候總是變化多端，即使是在夏天造訪，也還是得穿件外套保暖。

在山頂上有兩個旅館——Hotel Pilatus-Kulm和Hotel Bellevue，不趕行程的話，建議在此用餐或住宿。旅館的餐廳裡供應熱騰騰的瑞士山地美食，足以補充登山所需的熱量。

在伯恩不用特別尋找世界遺產，因為整座城市就是世界遺產

和蘇黎世、日內瓦這些城市比起來，伯恩似乎不是那麼有名，這讓許多伯恩人感到很不服氣，因為伯恩不但從1848年起即是瑞士的首都，而且早在1983年便被聯合國教科文組織列為瑞士的第一批世界遺產。

城市資訊
市中心人口：約13.5萬
總人口：約44萬
面積：51.62平方公里
居民主要語言：德語
區域號碼：(0)31
海拔：540公尺

伯恩
Bern

MAP P.4 B2

這座於1191年由柴林根公爵(Duke of Zähringen)所建立的城市，自中世紀晚期開始，就是阿爾卑斯北部最大、也最具影響力的城市，長達6公里的舊城區，在翠綠的阿勒河(Aare)環繞下，更是古意盎然。要欣賞這片把時間凍結在16世紀的老城景色，大教堂的塔樓與玫瑰園是最理想的地方。而漫步在老城區內，你會遇到12座具有歷史價值的噴泉，每座噴泉都有其獨特典故，也將舊城區點綴得十分可愛；而昔日商家為遮蔽風雨而建的拱形騎樓，現在則成了市民與遊客散步購物的好去處。

在伯恩，也可以尋訪到一些名人足跡，譬如曾在伯恩住了7年多的愛因斯坦，便是在這裡完成了著名的相對論；而伯恩也是瑞士最負盛名的畫家保羅克里的家鄉，伯恩政府在離他基地不遠處興建了保羅克里藝術中心，成為今日克里收藏的重鎮。

伯恩遊客中心
🄰P.128A2
🄷Bahnhofplatz 10a (火車站地面樓層)
☎(0)31 328-1212
🕘09:00~18:00 (週末至17:00)
🌐www.bern.com

建議停留時間
1~2天

造訪伯恩理由

1 瑞士最早成為世界遺產的城市

2 伯恩其實就是瑞士的首都

3 尋找愛因斯坦的蹤影

3 來和熊熊相見歡

歐洲許多城市都有自由彩繪的動物雕像藝術，雖然伯恩是熊的城市，但2017年時卻選了聖伯納犬作為雕像主角。當時100多尊素白的聖伯納雕像立在城市各個角落，企業行號或個人花上3千瑞士法郎就能認養一尊，然後隨意塗妝色彩，成為伯恩街景的一大特色。

悠閒如山間小鎮般的景色，實在讓人難以想像這裡竟是一國之都。

伯恩火車站位於老城西邊，穿過站前的馬路即達老城範圍。
◎伯恩火車站
📍P.128A1 🌐www.sbb.ch
從歐洲其他城市出發
◎從米蘭：搭乘歐洲城際列車EC的直達車，需時約3小時。
◎從法蘭克福：搭乘德鐵ICE的直達車，需時約4小時；若搭乘EC，需時約5.5小時。
從瑞士境內城市出發
◎從蘇黎世：搭乘直達的IC列車，需時約1小時；若搭乘IR，需時約1.5小時。
◎從日內瓦：搭乘直達的IC或IR列車，需時約2小時。
◎從琉森：搭乘直達的IR列車，需時約1小時；若搭乘RE，需時約1.5小時。
◎從茵特拉肯：搭乘直達的IC列車，需時約50分鐘。
◎從巴塞爾：搭乘直達的IC列車，需時約1小時。

伯恩老城範圍不大，可用徒步的方式探索，大約只要花一整天的時間，即可將大部分景點看遍。如果走累的話，在舊城區裡還有電車和公車行駛，可選擇先用散步的方式遊歷城區，回程時再搭乘電車或公車。在行經老城區的所有路線中，12號公車是最常被遊客搭乘到的路線，它就行駛在伯恩最熱鬧的大道上，途經伯恩火車站、熊廣場、鐘樓、市政廳、熊公園、保羅克里藝術中心等站。
持有伯恩交通卡或Swiss Travel Pass，可免費搭乘所有大眾交通工具。若沒有以上票卡，可在站牌旁的售票機或在車上向司機購買車票，伯恩老城的票價區段為zone 100，短程票CHF 2.6，單程票CHF 4.6，一日票CHF 11.8。
◎伯恩交通公司 Bernmobil
🌐www.bernmobil.ch

怎麼玩
伯恩才聰明？

啟用伯恩交通卡

現在只要預訂伯恩的住宿旅館，就能獲得免費的**伯恩交通卡（Bern Ticket）**，持卡可無限次數搭乘zone 100/101範圍內的所有**大眾交通工具**，且整個入住期間都在效期之內。前往伯恩之前先用手機下載「**Bern Welcome**」的APP，開啟後選擇遊客身分(Visitor in Bern)，再輸入訂房號碼，待狀態變成「active」，就算生效啟用。由於伯恩交通卡為實名制，因此請記得隨身攜帶**護照**等身分證明文件。

沒有Swiss Travel Pass的話，可以買張博物館卡

持有**伯恩博物館卡（Museum Card）**，可於有效期限內免費參觀城內所有的博物館及美術館。這張卡片可在**遊客中心**或各**大博物館**購買，24小時卡為CHF 28，48小時卡為CHF 35，隨卡附贈一本包含當前所有展覽的小冊子。另外，每位持卡的成人可與最多2名16歲以下的孩童同行。

在哪裡可以欣賞老城全景？

世界遺產的老城景致，是伯恩旅遊最大的吸引力，在老城東邊的**玫瑰園**，或在老城中心登上**大教堂的高塔**，都可以望見老城一片紅瓦綠樹的古意景色。但如果嫌地勢不夠高，看得不夠完全，可以搭乘S-Bahn至Wabern bei Bern站，或9號電車至Wabern, Gurtenbahn站，再轉乘陡軌齒輪纜車上到**古騰山頂（Gurten Kulm）**，從那裡便可看到最完整的老城面貌，且陡軌齒輪纜車的車票也包含在伯恩交通卡中。

封存住古典風韻的瑞士首善之都

MAP P.128 B2

聯邦國會大樓
Bundeshaus

如何前往

◎ 搭乘10、19號公車至Bundesplatz站即達

info

🏠 Bundesplatz 3　🌐 www.parlament.ch

◎ 英語導覽行程

⏰ 國會休會期間的週六16:00，行程1小時

💲 免費

❗ 須於參觀3天前在線上預約，並在行程開始前20分鐘完成報到。進入國會時須查驗護照等身分證明文件。

　　聯邦國會大樓是瑞士聯邦政府與國會所在，新文藝復興式的宏偉立面與碧綠色的主樓圓頂是其最大特徵。這棟建築始建於1852年，直到1902年才正式完竣，建造過程中總共動用了38位藝術家來為大樓裝飾，而其主要的建築設計師為漢斯奧爾(Hans Auer)。國會休會時，這裡會有入內參觀的導覽行程，若是在開會期間造訪，也有機會從開放給公眾的旁聽席上觀看會議流程。

聯邦國會大樓面前是熙來攘往的國會廣場(Bundesplatz)，廣場上的噴泉以不斷變化的強度與節奏進行表演，尤其是入夜之後，26道高高噴起的水柱襯著打上燈光的國會大樓，總是吸引不少人佇足圍觀。

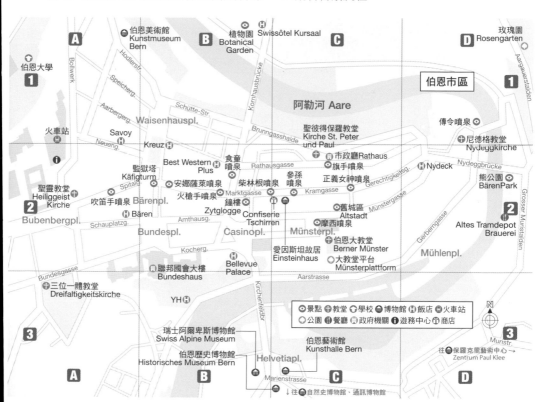

伯恩市區

Switzerland Tourism提供

老城區 Altstadt
MAP P.128 B2-D2

翠綠而蜿蜒的阿勒河在流經這裡時形成了一處U字形的大河彎，800多年前人們便在這處河彎上建城，終於發展成今日伯恩古城的樣貌。河流雖然限制了城市規模，卻也將往昔榮光封存在古老的16世紀，而1983年古城被列為世界遺產後，更是受到嚴格的改建限制，因此在伯恩市容中幾乎看不到任何一棟鋼筋水泥的現代建築，成就了伯恩風情萬種的古典美。

在伯恩老城區的街道上，最引人注目的便是形形色色的歷史噴泉，伯恩總共有250多座噴泉，其中有12座擁有造型華麗的雕塑，且大都集中在Marktgasse至Kramgasse這條大街上。譬如安娜薩萊噴泉是為了紀念捐款興建醫院的安娜薩萊，摩西噴泉和參孫噴泉的主角都是聖經人

洋蔥市集 Zwiebelmarkt
伯恩的洋蔥市集起源於1405年，當時伯恩發生了大火，將老城區燒成一片廢墟。災後附近的農民協助城裡人重建家園，為了報答這些農民，城裡人允諾讓他們得以在城中兜售自己種植的作物。久而久之，這個市集就變成了伯恩當地的節慶，當天伯恩周圍地區的農民會在城中擺下上千個攤位，除了洋蔥之外，也販售各種時令蔬菜。同時，也會有許多穿著古裝的人們，在各處表演伯恩歷史上的故事。

◐ 每年11月的第4個週一

物。和熊有關的噴泉當然也不在少數，在旗手噴泉和射手噴泉上都可以看到小熊跟班的可愛身影。

在過去還沒有自來水系統的年代裡，這些噴泉可是居民日常用水的重要依賴，至今都還保持可以生飲的純淨。

食童噴泉(Kindlifresserbrunnen)是伯恩噴泉雕像中最出名也最不知所以的一座，有人認為他是希臘神話中吞食兒子的克洛諾斯，但更有可能只是古時為了嚇唬不乖小孩的都市傳說。

象徵建城者家族的柴林根噴泉(Zähringerbrunnen)，是一隻戴著頭盔的熊。

老城大部分建築都有騎樓，在這裡可以不懼風雨地逛街購物。

最特別的是大街兩旁從前當作酒窖使用的地下室，現在都改裝成個性商店。

鐘樓
Zytglogge
MAP P.128 B2

如何前往

◎ 搭乘10、12、19、30號公車或6、7、8、9號電車至Zytglogge站即達

info

◎ 1小時英語導覽行程

◷ 4、5、9、10月週一、五、六14:15，週三、日15:15出發；6~8月每日14:15出發

⊘ 11~3月

💲 成人CHF 20，學生CHF 15，6~16歲CHF 10

❶ 集合地點在鐘樓前，建議事先在旅遊局官網或遊客中心報名

鐘樓在13世紀初建成時，曾經作為伯恩城的西城門，至於目前的規模則是完成於1771年間。每到整點前4分鐘的時候，鐘樓下都會聚集大批人潮，目不轉睛地等待著大鐘旁的報時秀演出，成了老城裡非看不可的標準行程。如果對鐘樓內部感到興趣，可以在遊客中心報名導覽行程，導遊將會詳細解說這座報時大鐘的機械結構與運作原理，而在鐘樓頂上望向老城區的街景，也別有一番趣味。

> 鐘樓是伯恩老城中的地標，以整點前的報時秀及天文鐘聞名。

文字盤上第一層的天文鐘建於15世紀，鐘面設計相當複雜，除了報時之外，還能看出季節、月份、日期、星期以及月亮圓缺。

整點前4分鐘一到，鐘塔左方的金色雄雞率先張開翅膀打破寂靜，接著國王下方的小熊隊伍展開了遊行，上面的小丑也搖起鈴鐺。等到整點時分，大鐘上的銅人敲響報時鐘聲，國王也擺動手中權杖，報時秀便到此結束。

正門口上方的雕刻，主題是「最後的審判」，在正義女神的左邊是天堂，右邊則是地獄。

死亡之舞彩繪玻璃中的死神，總是以調皮搗蛋的姿態出現。

從教堂高塔俯瞰老城，朱紅斜瓦高低錯落中透露出一種和諧的秩序，碧綠的阿勒河像條翡翠做成的腰帶，將城市緊緊纏繞。

✝ 伯恩大教堂
Berner Münster
MAP P.128 C2

如何前往

◎ 搭乘12、30號公車至Rathaus站，步行約3分鐘

info

⌂ Münsterplatz 1　☎ (0)31 312-0462

◷ 4月~10月中10:00~17:00 (週日11:30起)；10月中~3月平日12:00~16:00，週六10:00~17:00，週日11:30~16:00

💲 免費　🌐 www.bernermuenster.ch

◎ 登高塔

◷ 開放至教堂關閉前半小時

💲 成人CHF 5，7~16歲CHF 2

這座晚期哥德式的教堂自1421年開始興建，但直到1893年才告完工，總共歷時4個世紀之久，由此可見工程之浩大，也成為伯恩市具有代表性的建築之一。教堂最著名的是正門口上精細繁複、色彩明豔的雕飾，上面共雕刻了234個栩栩如生的人物；而教堂內部的彩繪玻璃也相當有名。教堂高塔是另一吸引人之處，從塔頂上俯瞰市區，你將深深為這世界遺產所著迷，迎面而來的快哉此風，也立刻將攀爬300多階的疲勞一掃而空。

> 伯恩大教堂是全瑞士最大的宗教建築，其高達100公尺的鐘塔也是瑞士之最。

愛因斯坦故居
Einsteinhaus
MAP P.128 C2

如何前往
◎ 搭乘12號公車至Zytglogge站，步行約1分鐘

info
🏠Kramgasse 49　⏰10:00~17:00
🚫12月底~1月　💵成人CHF 7，學生CHF 5，8~15歲CHF 4　🌐www.einstein-bern.ch

當愛因斯坦初來伯恩時，只是個沒沒無聞的窮講師，而他離開伯恩時卻已是名滿天下的權威人物了。而其故居內，大致維持了他當年居住時的格局。

與伯恩有關的名人當中，愛因斯坦應該算是名氣最響亮的一位，這位赫赫有名的物理學家曾在伯恩寓居了7年多的時間，當時他的職業是聯邦專利局的職員，並利用閒暇時間從事研究。愛因斯坦於1903年搬進這棟公寓時剛新婚不久，而1年後他的長子漢斯便是出生在這棟屋子裡。住在伯恩期間，愛因斯坦發表了數量驚人的學術論文，其中包括狹義相對論與著名的$E=MC^2$質能相等公式。而在1908年，他獲得伯恩大學的教職，翌年便因獲聘為蘇黎世大學理論物理學副教授而離開了伯恩。

這裡展示愛因斯坦生前各個時期的照片、相對論的學術資料、上課的錄音帶等，其中還包括他在報上分類廣告刊登的招生啟事和他的成績單，詳細而清楚地記錄著他的生平事蹟。

愛因斯坦使用過的私人物品，這裡也收藏了不少。

伯恩歷史博物館／愛因斯坦博物館
Bernisches Historisches Museum / Einstein Museum
MAP P.128 C3

如何前往
◎ 搭乘6、7、8、19號電車至Helvetiaplatz站即達

info
🏠Helvetiaplatz 5　📞(0)31 350-7711
⏰10:00~17:00　🚫週一　💵成人CHF 16，學生CHF 14，6~16歲CHF 8。若加上愛因斯坦博物館，成人多加CHF 2，孩童多加CHF 1　🌐www.bhm.ch

從鐘樓往南過了科欽菲爾德橋後，看到一棟像是童話城堡般的房子，那便是伯恩歷史博物館。

愛因斯坦博物館的各個展廳以他生命中的不同時期做為分區，展出許多實物、文獻與影像。

伯恩歷史博物館是瑞士第二大的歷史博物館，展出內容包羅萬象，從遠古的埃及文化與塞爾特人遺物，到中世紀的武器盔甲、宗教聖器，這裡都有數量龐大的收藏。博物館的二樓便是眾所矚目的愛因斯坦博物館，從他1879年在德國烏爾姆出生、蘇黎世聯邦理工大學的求學階段、伯恩的黃金歲月時期、在柏林受到納粹壓迫，一直到在美國普林斯頓大學任教與終老，這裡都有豐富展示。這當中自然也包括了1905年的奇蹟年與相對論的詳細介紹。

一走進大門，便彷彿乘著飛行器來到了阿爾卑斯上空，雄偉的山峰走勢，讓人看得入神。

除了山脈模型，這裡還有許多高山動物的標本與礦石切塊，讓遊客對阿爾卑斯山的生態體系與地質結構都有整體的認識。

穿著傳統服飾的山區住民模型，向遊客展示著高山生活的各種面向。

冬季狂歡節所穿戴的惡魔面具，也吸引好奇的人一探究竟。

瑞士阿爾卑斯博物館
MAP P.128 B3
Alpines Museum der Schweiz

如何前往
◎ 搭乘6、7、8、19號電車至Helvetiaplatz站即達

info
🏠Helvetiaplatz 4 ☎(0)31 350-0440
🕐10:00~17:00 ㊡週一
💰成人CHF 18，學生CHF 12，12~16歲CHF 6
🌐www.alpinesmuseum.ch

博物館外觀看起來並不起眼，裡面卻是別有洞天。一樓的主題是阿爾卑斯山的自然景觀，從馬特洪峰到伯連納，整個阿爾卑斯山系的立體模型都濃縮在這間展示廳裡。至於二樓，展示的則是阿爾卑斯山的人文面向。此外，這裡也以模型和照片的方式，介紹了探險家們如何征服這些危乎高哉的山巔，大量的照片與畫作，表現出這群登山者們面對高山時的視野與心境，也讓無法親臨峰頂的人們心嚮往之。

Altes Tramdepot Brauerei餐廳
MAP P.128 D2

如何前往
◎ 搭乘12號公車至Bärenpark站即達

info
🏠Grosser Muristalden 6 ☎(0)31 368-1415
🕐11:00~00:30 (供餐至23:00)
🌐altestramdepot.ch

Altes Tramdepot的啤酒完全是自家釀造，因此從吧台幫浦中噴出的啤酒，全都是新鮮甘醇的佳釀。這裡的啤酒種類很多，舉凡小麥啤酒、黑啤酒、淡啤酒等，都能暢飲得到。餐點方面以漢堡及排餐為主，也有不少是本地的傳統風味。

Altes Tramdepot啤酒的釀造地點，就在這棟建築裡！

酒牌不時還會更換，使得啤酒種類更加多樣化。

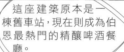

這座建築原本是一棟舊車站，現在則成為伯恩最熱門的精釀啤酒餐廳。

伯恩市集

伯恩一年到頭有許多市集，不但熱鬧有趣，而且道地十足。如果能和當地人一起上市集逛逛，相信一定會對伯恩的市民生活有更多體認。以下列出一些老城區內重要的市集：

市集種類	地點	日期
一般市集	Waisenhausplatz	每週二、六
農人市場	Bärenplatz、Bundesplatz、Münstergasse	每週二、六早上（Bärenplatz在4~10月及12月每日都有）
手工藝品	Münsterplattform	3~12月每月第1個週六
跳蚤市場	Mühleplatz	5~10月每月第3個週六
聖誕市集	Waisenhausplatz	12月將臨期的期間每日

Switzerland Tourism提供

 **MAP P.128 D2** 熊公園
BärenPark

如何前往
◎ 搭乘12號公車至Bärenpark站即達
info
🚩Grosser Muristalden 4 ⏰24小時開放
💲免費 🌐tierpark-bern.ch/en/bearpark
🐾夏季09:00~17:00，冬季11:00~15:00，現場會有志工服務
❗11月~3月中是熊的冬眠期，不容易看到熊。另外，嚴禁餵熊！

1513年，伯恩軍隊從諾瓦拉戰役中凱旋歸來，並活捉了一隻大棕熊作為戰利品，對這座以熊為名的城市而言，這具有象徵性的意義。於是伯恩人把棕熊關籠養在廣場上，這便是老城中心熊廣場(Bärenplatz)的名字由來。後來關熊的地方幾經遷移，最後在1857年移到了現在的地方，此後能近距離觀賞棕熊的熊坑(Bärengraben)就成了伯恩的招牌景點。不過熊坑畢竟空間狹小，在動保意識抬頭的21世紀顯得很不「熊道」，於是2009年又將熊坑改建，將臨近阿勒河沿岸的堤坡也劃入圍欄，並從內部與熊坑連結，大大增加了熊的活動面

 有此一說~

伯恩與熊

根據傳說，伯恩的建城者柴林根公爵貝托爾德五世(Duke Berchtold V of Zähringen)決定用他在此捕獵到的第一隻動物來為新城市命名，而這隻動物是一頭熊，從此伯恩人便以熊的圖案做成盾徽紋章，而熊也成了伯恩不可分割的象徵與廣受市民喜愛的吉祥物。然而愈來愈多研究指出，伯恩與「熊」(Bär)的詞源連結有限，它更可能是來自古塞爾特語，意為「裂開的溝壑」，這或許是與阿勒河在當地形成的地形有關。

熊坑就位於Altes Tramdepot的前方，與老城只有一河之隔。

積。從此遊客不但能在熊坑邊上賞熊，也能從熊坑後方搭乘斜軌纜車BäreBähnli來到河岸，繼續尋找熊的蹤影。

 MAP P.128 D1 玫瑰園
Rosengarten

如何前往
◎ 搭乘10號公車至Rosengarten站即達
◎ 從熊公園步行約8分鐘
info
⏰24小時開放 💲免費

名列世界遺產的伯恩老城，一直是伯恩在觀光產業上的最大號召，但有沒有一處地方可以把大教堂在內的老城全景一覽無遺呢？很幸運地，與老城只有一河之隔的玫瑰園就擁有足夠高的地勢，得以飽覽

玫瑰園是遊客欣賞老城全貌最方便的地點，不過最好是在上午前往，這樣為老城區拍照時才不會有逆光的問題。

老城景色。既然是玫瑰園，眺望老城之餘也別忘了賞花，這裡玫瑰的品種和數量都很驚人，總共種植了223種不同品種的玫瑰，共計18,000多株，相當可觀。

Confiserie Tschirren 巧克力店

MAP P.128 C2

如何前往

◎ 搭乘12號公車至Zytglogge站即達

info

⊙Kramgasse 73　☎(0)31 311-1717

🕐平日08:15~18:30，週六08:00~17:00，週日09:00~17:00　🌐www.swiss-chocolate.ch

瑞士巧克力名聞天下，伯恩也是瑞士巧克力的重鎮之一，譬如曾以三角形造型聞名的Toblerone，就是伯恩的巧克力品牌。而位於伯恩老城區精華地段的Confiserie Tschirren，是當地一家老字號的巧克力店，創立於1919年，至今已有百年歷史，在東京、倫敦等國際大都會也都設有分店。

這裡所販售的巧克力全是由自家生產製作，因此既新鮮又道地。

Confiserie Tschirren的巧克力中，尤以松露巧克力的人氣最高。

為了能與克里的作品相襯，建築本身的造型也很出色，而這正是設計出巴黎龐畢度中心的當代建築大師倫佐皮亞諾(Renzo Piano)的傑作。

Zentrum Paul Klee提供

保羅克里為他心目中的天使畫出一系列的肖像畫，這群天使並非神聖象徵，超自而是介於凡人與超類性格特徵。然有之間的各種各樣的人，自然有各式各樣的存在，因此既

保羅克里藝術中心

MAP P.128 D3

Zentrum Paul Klee

如何前往

◎ 搭乘12號公車至Zentrum Paul Klee站即達

info

⊙Monument im Fruchtland 3

☎(0)31 359-0101　🕐10:00~17:00　🚫週一

💰成人CHF 20，學生CHF 10，6~16歲CHF 7

🌐www.zpk.org　⛔藝術中心內禁止拍照

保羅克里藝術中心於2005年才建造完成，藝術中心內收藏了4千多件保羅克里的作品，其中有許多是克里家族的私藏，使得這裡成為全世界克里作品收藏量最豐富的美術館。除了作品之外，這裡也以大量照片、影像、訪談記錄等，有系統地介紹了保羅克里的生平及其藝術理念，讓大家能更深入地認識這位瑞士著名的藝術家。

保羅克里 Paul Klee (1879~1940)

保羅克里是20世紀初最重要的畫家之一，而他的故鄉就在伯恩！克里在27歲時離開伯恩到德國定居，在那裡他成為包浩斯學院的名師之一，並與好友康丁斯基發展出短暫卻又對畫壇影響深遠的「藍騎士畫派」(Blauer Reiter)。克里的畫放棄了對物體表象的追求，轉而用抽象的線條與色塊來組合畫面，有時甚至整個畫面均由幾何符號構成。這種視覺上的純美學已超脫了宗教、政治等目的，成為藝術為自己發聲的表現。

玩瑞士
就是要飽覽
名山群峰

~阿爾卑斯山最美的部分都在瑞士~

法 國　　　　德 國

蘇黎世
Zürich ◎

◎琉森
Luzern

伯恩 ◎ 　　　　　　奧地利
Bern

洛桑 ◎　　　▲鐵力士山 Titlis 見P.186
Lausanne　　▲少女峰 Jungfrau 見P.138

日內瓦
Genève
　　　　　▲馬特洪峰 Matterhorn
　　　　　見P.162

義 大 利

來 瑞士，如果不去山上走走，那就太說不過去了，畢竟阿爾卑斯山脈最壯觀、最優美的部分都在這裡！像是名列世界自然遺產的少女峰、山形最為經典的馬特洪峰、擁有瑞士首座旋轉纜車與歐洲最高吊橋的鐵力士山等，都是一生必去的奇觀名勝。

好不容易到了山頂，可別只是在觀景台上拍拍照就回去了，挑一條適合自己腳程的步道，實際用身體感受大自然的美感，才是向這片山水致敬的最佳方式。全瑞士的健行步道總長超過6萬5千公里，串連起高山、峽谷、冰河與湖泊。在阿爾卑斯山區健行更是暢快愜意，搭乘纜車及登山火車就能輕鬆抵達山頂展望台，然後以此為起點，遊走在萬年冰河或翠綠草坡之上，每一個角度都可能是難忘的絕景。不同難度的健行道滿足不同登山者的需求，對喜愛大自然的旅人而言，這裡就是健行的夢幻天堂。

瑞士高山健行的小提醒

路線規劃

安排健行路線前要先了解個人的體力、裝備和時間，若只有半天或只想輕鬆散步的人，適合從觀景台到纜車站間的短程行程，或是搭車直達山頂，再往下走個一、兩站；如果時間充裕，才適合連結兩山的路線或是環形路線；若是想在冰河上健行或是體驗高海拔山屋，則要事先安排好專業山導或直接參加行程。

選定路線後，一定要確認該路線的海拔落差、實際距離及官方預估的所需時間，並試排接駁纜車或火車的時刻，最好也了解若中途因天候、身體狀況等因素必須放棄時，是否有休息站或交通工具等事項。

季節與天氣

6~9月是瑞士高山健行的最佳季節，那時高山植物綻放繽紛色彩，小動物也開始活躍，眼前綠油油的遼闊草原襯托遠方白皚皚的萬年冰河，藍天之下每個角度都是美景。海拔較高的山區6月上旬可能仍有積雪，或正逢融雪時間，此時步道濕滑難走，要特別小心；若冬季(12~3月)前往瑞士，也有冬季健行路線，但積雪較為難行，建議使用登山杖或雪鞋輔助。

如果住宿在山區或山腳下的旅館，打開房內電視，第一台頻道24小時播放山上的天候狀況和即時影像，山下纜車站也會有即時資訊及全天氣候預測，出發當天一定要再次確認。山區的天氣變化多端，若上山後才發現氣候不佳，千萬不要勉強健行，以免發生危險。

纜車時間及健行路況

山下的纜車站或登山火車站都會有一個大看板地圖，標示當日山區各纜車路線的運行狀況，以及健行路段是否開放(綠色代表開放，紅色則是封閉)。空中纜車有時會因為天氣因素而暫停行駛，健行道路也可能因積雪未融或雪崩而封閉，上山前一定要仔細確認。

到達山上車站後，記得留意當日末班車的時間，通常在山上纜車站入口就有明顯標示。夏季即使到了晚上8、9點，天色依然明亮，健行途中千萬別以天色判斷時間，以免錯過下山的末班纜車。此外，地圖上也會標示沿途餐廳的地點，通常沿著鐵軌或纜車路線，會有比較多可供休息或上廁所的餐廳。

認識路標

瑞士的健行路線規劃完善，就算沒有完整地圖，每個岔路都有標示清楚的路標，只要學會辨認，基本上不用擔心迷路。一般健行路線的路標為黃色，代表這條步道老少咸宜；有的路標帶有白-紅-白色的箭頭，代表該路線是高山遠足小徑，難度中等，途中會經過一些陡峭、狹窄或沒有防護的路段。這種路線一般人只要有適當裝備，走起來也不成問題，沿路上也會看到腳邊石頭噴有白紅白的記號，表示你仍走在步道路線上；而紅-白-紅與藍-白-藍的路標則代表高難度路線，適合專業登山者行走，尤其是藍色路標表示會穿越雪原、冰河、碎石坡，必須攜帶攀岩繩索、冰鎬和冰爪才能前往。

路標上會說明目的地的方向及所需時間，但那個預估時間是以有健走習慣的瑞士人腳程來計算，如果你平常缺乏運動，最好再乘上1.5倍來估算會比較恰當。有時會遇到兩個不同方向的指標，卻指向相同目的地，那代表行經路線不同而已，要特別注意標示上的時間，再選擇想走的道路。

行前準備

工欲善其事，必先利其器，雖然阿爾卑斯山區的健行道路多半規劃完善，甚至有許多適合親子同遊的路線，但如果沒有穿著正確的裝備，弄得一身狼狽不說，有時還會造成危險及傷害。

鞋子

如果只打算走大眾親子路線，稍微活動一下筋

骨，舒適好走的運動鞋或慢跑鞋就已足夠；若想挑戰略具難度、或是距離稍遠的路線，建議穿著鞋底刻紋較深的健行或登山鞋，有表面防水材質當然更好。

衣服

阿爾卑斯山區有許多海拔落差達上千公尺的健行路線，山下豔陽高照、山上積雪未融，此時便適合洋蔥式的穿搭法：裡面穿著一層具排汗功能的短袖或長袖上衣，外面罩一件可防風、防雨且透氣的外套，搭配方便活動的長褲，基本上就夠了，褲子若具備防風、防雨且透氣的功能，則更為理想。如果體質比較怕冷，不妨加帶一件具保暖功能的刷毛衣或羽絨衣。輕盈不佔空間的圍巾及帽子是預防氣候變化的好幫手，建議隨身攜帶。

背包

不論哪種健行路線，方便雙手活動的雙肩背包最為實用。瑞士的登山小屋通常設備齊全，就算安排需要過夜的行程，也不需要背睡袋上山。

雨具

山上天氣變化多端，若下午才下山，有時會遇上烏雲密布，甚至瞬間風雨交加的狀況。雨傘的抗風性差且單手持傘行走不便，建議攜帶雨衣。如果外套具備防風、防雨甚至透氣等功能，就不用擔心這個問題。

防曬用品

高山空氣乾燥、紫外線強，不想回來脫一層皮的話，太陽眼鏡、防曬乳液、遮陽帽及護唇膏都是必備物品。

食物飲水

登山健行需要隨時少量補充水分，飲用水是必備。此外，雖然在熱門路線上，大約每2個小時路程就會遇到餐廳，但最好還是隨身攜帶少量乾糧和巧克力，可避免身體忽然失去熱量又臨時找不到餐廳的窘境。

個人藥品

即使是輕鬆的短程健行，為了以防萬一，基本的個人藥品還是隨身攜帶比較安心。

登山杖

登山手杖是維持平衡、支撐重量的好幫手，在陡峭的下坡路線可減緩膝蓋傷害，走在冰雪上又

登山高手請看過來

登山健行的高手們來到瑞士，如果不想錯過冰河健行、4000m等級的登山路線或是挑戰名峰，除了準備專業的登山裝備以外，更需要熟知當地狀況的山岳嚮導帶路。這些嚮導都是領有執照、隸屬於山岳嚮導協會的專業人員，可以到當地的遊客中心或山岳協會洽詢，但由於人數有限，建議出發前就先透過網路預約。

◎瑞士山岳協會(Swiss Alpine Club, SAC)

🔗www.sac-cas.ch

◎阿爾卑斯高山導遊中心Alpin Center

🔗www.zermatt.ch/alpincenter

關於高山反應

高山反應是指在2000~2500公尺以上高海拔的山區，因為氣壓低、吸入氧氣不易，而造成血液中含氧量降低，引發頭痛、暈眩、水腫、心悸、嘔吐等症狀。在瑞士搭乘纜車或登山火車，短時間就能攀升到3000公尺以上的展望台，年紀大及心血管疾病的患者需要特別注意。

為了避免高山反應，首先要避免一口氣搭車到太高的地方，不妨在轉乘處稍微休息、喝杯熱茶補充水分，讓身體適應。在高海拔處也不宜劇烈快速地移動，盡量深呼吸並放慢速度。若真的感覺身體不適，請盡速搭乘下一班車下山，高度一旦下降便可有效緩解不適症狀。非常不舒服時，可先向展望台工作人員說明狀況，借用氧氣瓶補充氧氣，以減輕症狀。

可防止滑倒，短程路線可視個人需求攜帶。

地圖

當地的遊客中心都可索取免費的簡易健行地圖(Wanderkarte)。如果是大眾或活力型路線，順著路標在規劃好的健行道上，其實不太需要地圖，如果路線難度較高，則需要詳細的等高線地圖，可先至SwitzerlandMobility網站上下載列印。

持有智慧型手機，建議事先下載免費的SwitzerlandMobility APP，內含瑞士全境所有健行路線地圖及介紹，地圖可離線使用，若有網路服務，點選地圖上的車站即可連結SBB網站，直接查詢火車或巴士接駁時刻。部分遊客中心也提供iphone租借服務，內建程式有GPS定位、健行路線導航、天氣預報以及沿途花卉圖鑑等詳細說明。

◎ SwitzerlandMobility

🔗schweizmobil.ch

常有人說，沒到過少女峰，就不算去過瑞士

由少女峰、僧侶峰(Mönch)及艾格峰(Eiger)這3座海拔4,000公尺上下的山峰所形成的三峰鼎立連綿山色，是少女峰地區最深烙人心的經典畫面。

建議停留時間
只攀登少女峰：1天
遊歷少女峰地區：3天
連同周邊地區：5天

少女峰
Jungfrau

MAP
P.4
C2

山峰資訊
制高點海拔：4,158公尺
地形突起度：695公尺
地形孤立度：8.2公里
所屬山脈：伯恩茲阿爾卑斯山脈
(Bernese Alps)
母峰：芬斯特拉峰(Finsteraarhorn)
區域位置：瑞士的伯恩州與瓦萊州
人類首次登頂：1811年8月3日

少女峰頂著聯合國教科文組織的世界自然遺產光環，一直以來都是瑞士人氣絕頂的觀光勝地。這個地區幾個重要的城鎮，包括山腳的入口城市茵特拉肯，以及位於山腰的格林德瓦、勞特布魯能、文根等，其受歡迎的程度也不輸給少女峰頂，連帶周圍許多景點，共同串連成一片範圍廣大的度假區域。

這些城鎮與景點之間多以登山火車、纜車等作為連接，尤其是能登上歐洲屋脊的少女峰鐵道與新加入行列的艾格快線，人氣最為爆棚。在這裡，只需要短短2小時不到，就可以翻山越嶺來到標高3,454公尺的少女峰車站，一窺冰雪世界的究竟，也難怪旺季時每天都能達到數千人次的搭乘量，相當驚人。

除了登頂的感動外，也不要輕易錯過這裡的健行步道，這一帶的健行步道規劃完善，其中不少是綿延於山腰之間的休閒型步道，坡度和緩，走來輕鬆愜意。

在山區健行，還可以與阿爾卑斯的大自然直接面對面接觸，包括乳牛、土撥鼠等動物，都是一路上的好伴侶。

造訪少女峰理由

① 名列世界遺產的山峰

② 歐洲海拔最高的火車站

③ 瑞士最美的山間風景

搭乘徐尼格的齒輪火車時別忘了回頭眺望，身後的布里恩茲湖與圖恩湖美得令人屏息。

瑞士名峰比一比

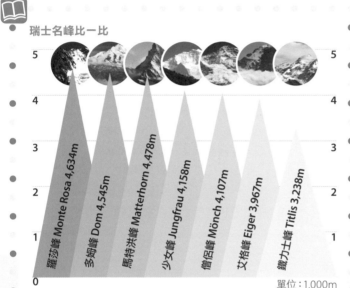

| 羅莎峰 Monte Rosa 4,634m | 多姆峰 Dom 4,545m | 馬特洪峰 Matterhorn 4,478m | 少女峰 Jungfrau 4,158m | 僧侶峰 Mönch 4,107m | 艾格峰 Eiger 3,967m | 鐵力士峰 Titlis 3,238m |

單位：1,000m

少女峰之名的由來，大多數人都會直觀地猜想，應該是與其山勢總是隱藏在冰雪雲霧之後，嬌羞一如少女的模樣。不過更有可能是因為少女峰對面的溫根納爾普(Wengernalp)，過去是屬於一間修女院的緣故。

如詩如畫的山城小鎮，也是少女峰的魅力來源之一。

**怎麼玩
少女峰才聰明？**

在台灣先買好車票，方便又划算

　　遊歷少女峰地區的方式非常多元靈活，但換句話說，在購買車票方面也有很多眉眉角角，像是票券效期、適用範圍、搭配優惠等。如果不想在官網上傷腦筋，或是到現場手忙腳亂的話，建議可以**先在台灣找旅行社買好**，**飛達旅遊**除了有販賣Swiss Travel Pass外，也有代售少女峰鐵道包含旅行通行證在內的各種票券。而且旅行社人員會給予你最適合行程需求的建議，並提醒所有需要注意的事項，這麼一來，要搞定少女峰地區的交通與行程安排，可就萬無一失了。

🔗 www.gobytrain.com.tw

從茵特拉肯搭火車上山時，務必注意車廂訊息

　　從茵特拉肯搭乘BOB到格林德瓦及勞特布魯能，雖然是兩個不同的方向，但在出發時卻其實是同一輛火車。當列車行駛到**Zweilutschinen**時，兩節車廂會分開，各自前往自己的目的地，因此上車之前務必看清楚**車廂外電子看板**顯示的車號與行駛**目的地**。

記得向旅館領取遊客卡

　　為了回饋遊客所繳納的遊客稅，只要入住茵特拉肯地區的所有旅館，就會於入住時獲得一張**茵特拉肯遊客卡(Gästekarte Interlaken)**。出示遊客卡便可免費搭乘Libero系統票價區段zone 750 (茵特拉肯周邊)的**大眾運輸工具**，包括公車及區域火車等。憑卡還可以8折優惠搭乘徐尼格齒輪鐵道及布里恩茲湖/圖恩湖遊船、85折優惠搭乘哈德庫爾姆登山纜車。使用效期至退房當日為止，入住時若旅館人員忘了給予，主動提醒即可。

上山前先確認好山頂天氣

　　一趟完美的少女峰鐵道之旅，「**氣候**」絕對是關鍵，也因此強烈建議上路前要事先確認山頂天氣，可參考**少女峰官網**上或是旅館內的**山頂即時影像**，也可詢問遊客中心。

139

少女峰
我們來了！
如何前往少女峰

少女峰的出入門戶——茵特拉肯

　　要上少女峰，首先要到茵特拉肯(Interlaken)，
必須注意的是，茵特拉肯有2個火車站，其中東站
(Interlaken Ost)才是前往少女峰山區的主要車站。

前往茵特拉肯東站

◎**從蘇黎世**：無論是搭乘直達的IC列車，還是中
途在伯恩轉乘，車程都是約2小時。

◎**從日內瓦**：中途須在伯恩轉車，總車程約3小時。

◎**從伯恩**：搭乘直達的IC列車，車程約1小時。

◎**從蒙投**：搭乘黃金列車，車程約3小時15分鐘。

從茵特拉肯東站前往少女峰

　　從茵特拉肯東站前往少女峰的鐵道皆屬於少
女峰鐵道系統，不過在介紹路線之前，你必須先
認識3種火車，這是因為上山的軌道寬度不同，
必須轉乘至少兩次車的緣故。

◎少女峰鐵道系統 Jungfraubahnen

☎(0)33 828-7233　🌐www.jungfrau.ch

上山會搭乘的鐵道

◎**伯恩高地鐵路 Berner-Oberland-Bahn (BOB)**

　　黃藍車身的BOB從茵特拉肯東站出發，經過
Zweilütschinen時分為2條路線，一條往格林德
瓦，一條往勞特布魯能，兩邊都可以轉乘WAB到
小夏戴克。

◎**溫根阿爾卑斯鐵路 Wengernalpbahn (WAB)**

　　黃綠車身的WAB從勞特布魯能或格林德瓦出
發，最終抵達小夏戴克。

◎**少女峰鐵路 Jungfraubahn (JB)**

　　紅色車身的JB從小夏戴克出發，先前往艾格冰
河，再從那裡轉車登上少女峰車站。

◎**艾格快線 Eiger Express**

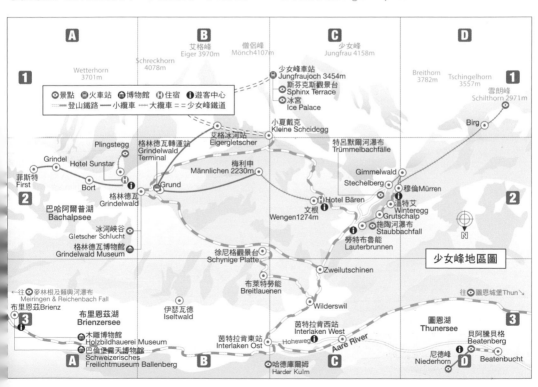

Jungfraubahnen提供

艾格快線不是鐵道，而是纜車，2020年底才正式營運，可從格林德瓦一路直達艾格冰河。

登頂路線

從茵特拉肯東站出發，有非常多路線選擇，你可以原路來回，也可以走另外一條路線下山。

◎最經典的路線──經勞特布魯能

從茵特拉肯東站搭乘BOB至勞特布魯能(車程約20分鐘)，轉乘WAB至小夏戴克(車程約40分鐘)，再轉乘JB至少女峰頂車站(中途會在艾格冰河轉車，總車程約45分鐘)。

◎容易結合周邊景點的路線──經格林德瓦

從茵特拉肯東站搭乘BOB至格林德瓦(車程約35分鐘)，轉乘WAB至小夏戴克(車程約30分鐘)，再轉乘JB至少女峰頂車站(中途會在艾格冰河轉車，總車程約45分鐘)。

◎最快也最潮的路線──經艾格快線

從茵特拉肯東站搭乘BOB至格林德瓦纜車站(Grindelwald Terminal，車程約30分鐘)，轉乘艾格快線纜車至艾格冰河(車程約20分鐘)，再轉乘JB至少女峰頂車站(車程約25分鐘)。

車票購買

少女峰地區的大部份車票及旅行通行證，除了在官網或當地車站購買外，也可透過在台灣的飛達旅遊旅行社事先購買。

📱www.gobytrain.com.tw

◎未持有Swiss Travel Pass

少女峰登山鐵道系統各站之間的車票皆可分段購買，當然也可直接購買從茵特拉肯東站往返少女峰頂車站的套票。

💲成人CHF 188.8，6~15歲CHF 20

◎持有Swiss Travel Pass

Swiss Travel Pass可免費搭乘BOB的火車，而WAB與JB的車票則是享有25%票價優惠。若是購買從茵特拉肯東站往返少女峰頂車站的套票，亦可選擇STP的優惠票價。另外要提醒的是，這會佔用掉STP一天的日期。

💲成人CHF 141.6，6~15歲CHF 20

◎少女峰旅行通行證(夏季) Jungfrau Travel Pass

如果打算在少女峰地區停留較長天數，建議購買一張少女峰旅行通行證會比較划算。夏季(5~10月)的通行證，可在3~8天的效期內無限次數搭乘山區的登山火車、空中纜車、電纜車、巴士及遊湖船(不包括穆倫至雪朗峰的空中纜車)，不過登上少女峰頂的車票並不包含在內，要登頂的話，必須再加買一張可從艾格冰河來回少女峰頂車站一次的登頂聯票(connecting ticket)。

價格(CHF)	成人	STP優惠	6~15歲
連續3天	190	145	
連續4天	215	160	
連續5天	250	190	30
連續6天	270	205	
連續7天	290	220	
連續8天	310	235	
加購登頂聯票	63元 (6~8月75元)		免費

◎少女峰旅行通行證(冬季) Hiking and Sledging Pass

冬季(12~4月)的通行證一樣可以讓遊客在山區無限次數移動，享受在各個步道上健行與滑雪橇的樂趣(雪橇可在多家山區旅館與車站租借)。冬季通行證除了不包含登頂外，也沒有布里恩茲湖與圖恩湖的遊船行程，若要登頂的話，亦需加購從艾格冰河來回少女峰頂車站一次的登頂聯票(Top Ticket)。同時由於已被視為優惠票價，因此沒有搭配其他通行券的折扣。

價格(CHF)	成人	16~19歲	6~15歲
1天	58	46	30
連續2天	114	91	58
連續3天	168	134	83
連續4天	204	163	102
連續5天	234	187	116
連續6天	259	207	130
連續7天	282	226	141
加購登頂聯票	63		

只要一條登山鐵道，就能登上歐洲的屋脊

標高3,454公尺的少女峰車站，是歐洲最高的火車站，也因此為她贏得了「歐洲屋脊」(Top of Europe)的美譽。

這是少女峰鐵道創辦人阿道夫古耶澤勒(Adolf Guyer-Zeller)的銅像，只是當少女峰鐵道1912年正式通車時，澤勒早已過世多年了。

如果你想為來到歐洲屋脊留下紀念，車站裡還附設有郵局，不妨買張當地的明信片，蓋上有歐洲屋脊印記的郵戳，在這個歐洲標高最高的郵局寄出，更是別具意義。

少女峰鐵道載運量驚人，紀念品店的生意也是好得不得了。

在這裡，你可以實際體驗身在「冰河」之中的神奇感受。

少女峰車站
Jungfraujoch

MAP P.140 C1

info

◎從茵特拉肯東站出發，不論是經由格林德瓦還是勞特布魯能，上山的首班車都是06:34發車(冬季為07:04)，末班車為16:34 (冬季為15:04)；從少女峰車站下山的末班車為18:17 (冬季為16:47)。每30分鐘一班，全年行駛。

　　位於歐洲屋脊的少女峰車站，不僅僅是一座火車站而已，它集結了瞭望台、冰宮、餐廳、商店、郵局於一身，本身就是個有趣的高山育樂中心，還可以走出車站，來趟冰上健行，體驗各式高山活動，相當多采多姿。尤其車站在少女峰、僧侶峰及艾格峰的環繞下，其壯麗山色更是吸引全球遊客不遠千里而來的主因，而可以遠眺已被聯合國教科文組織列為世界遺產的阿雷奇冰河(Aletschgletscher)，也總是令遊人興奮不已。

　　同時，車站因為位處高海拔，成為科學觀測的重要基地，包括空氣汙染監測、大氣平流層微粒射測量、臭氧層與溫室效應的研究、天文觀測等，都是這裡的重要工作。

冰宮
Eispalast
◎開放到16:15
⑤免費　❶由於地面較滑，行走在冰宮隧道之內可得要小心腳步

位於少女峰車站內的冰宮，是一處在冰河下方30公尺開鑿的冰封天地，要建造這樣的冰宮可謂是人力與財力的結晶。除了開鑿冰洞本身的難度之外，也由於冰河每年都會向下滑動，因此每隔數年就要將冰宮重新打造一次，才能維持冰宮內部的景觀。仔細觀察冰宮牆面，會看到一層層由不同年份的冰雪堆積所擠壓出來的痕跡，可以想見冰河成形所耗費的時間之久。

冰宮裡還有各種動物的冰雕作品。

阿爾卑斯山震撼體驗館
Alpine Sensation
◉每日列車行駛期間開放 ⑤免費

在冰宮與斯芬克斯觀景台之間，有條長250公尺的體驗隧道，這是為了慶祝少女峰鐵路通車100週年而興建的阿爾卑斯震撼體驗館，讓人們一次認識少女峰地區的古往今來。這裡主要以牆上的壁畫、投影影片及實物模型，搭配震撼人心的聲光特效，帶領遊客走過一幕幕少女峰鐵路的開拓歷史，絕對是一趟難忘的時空之旅。

站在中心點，立刻就能感受少女峰曼妙的美景在四周圍鋪展開來。

在一號展示廳內有顆巨大的水晶球，彷彿是縮小版的美麗瑞士。

少女峰全景體驗
Jungfrau panorama
◉每日列車行駛期間開放 ⑤免費

少女峰山頂的天氣難以預料，有時好不容易上了山頭，少女峰卻躲在雲層後面不肯露面，這時只好進來這處全景體驗館，藉由360度的環繞式全景影片，抒解對少女峰夢幻景色的想望。其實這無關乎天氣，只要來到少女峰車站，無論何時都可以在這裡感受化身為飛鳥的快意，在少女峰的雄奇景色圍繞下，遊客彷彿肆意翱翔在山頭上空，穿梭在雲層之間，感受就算在晴天裡也只有搭乘直昇機才見得到的飛翔視角。

時空隧道則以圖畫的方式，描繪少女峰地區早期的歷史與旅遊業的發展階段。

從牆上的照片、投影與實物展示中，遊客可以理解當年開鑿隧道興建鐵路的艱辛過程，令人不得不打從心底向當年的工人們致敬。

二號展示廳矗立著有「瑞士鐵道之父」之稱的阿道夫古耶澤勒的大型雕像，伴隨著聲勢驚人的聲光效果，展示他堅毅不拔的開拓精神。

世上最知名的登山鐵道

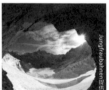

走一趟少女峰，你才會親身感受人類如何將科技和智慧發揮到極致，並在盡量降低對生態的影響下，征服這片大山。

全長12公里的少女峰鐵道，為了能克服陡峭山勢，因而設計成齒輪鐵軌（Cog railway）的形式。途中有10公里是穿越高山岩層，前後總共費時16年開鑿、耗資1億5千萬瑞士法郎才完成，可以想見其工程的浩大與困難。

全程45分鐘的鐵道旅程，只有小夏戴克到艾格冰河站是行駛於曠野間，其後便完全進入岩壁之中。火車經過隧道中的艾格北壁站（Eigerwand）以及冰海站（Eismeer）時，還會短暫停留5分鐘，讓遊客可以下車在觀景台眺望包括格林德瓦山谷與冰河等景觀。

斯芬克斯觀景台
Sphinx Aussichtsplattform
◐每日列車行駛期間開放 ⑤免費

來到少女峰車站後，只要搭上高速電梯，25秒內就能瞬間攀升108公尺，來到標高3,571公尺的斯芬克斯觀景台，這裡就是少女峰上所有人工設施的制高點。走出寒氣逼人的室外，來到一座擁有360度視野的觀景平台，艾格峰、僧侶峰、少女峰三座地標由左至右依序排列，歐洲最長的阿雷奇冰河(Aletschgletscher)也近在眼前。就是這片景色，成為歐洲阿爾卑斯山區第一座被列入名單的世界遺產，極目所見都在世界遺產的保護範圍內，天氣晴朗的時候，最遠甚至可以眺望到法國和義大利呢！

斯芬克斯這個建築體設立於1931年，原本是一座氣象台，可容納13位研究員，到了1950年加設球型屋頂，成為一座天文台。

望向山坳處，即可看到長達22公里的阿雷奇冰河遙向山下延伸，直到隱沒在眾山峰之間。

觀景台上的說明牌可用來對比前方景色的名字。

站在斯芬克斯後方陽台上，山峰就是離你這麼靠近。

在火車站附近，還有另一處名為「冰河高原」的戶外展望台，儘管海拔高度不及斯芬克斯觀景台，仍有著可看到冰河的視野，抬頭仰望，還能看到斯芬克斯的球型屋頂。

搭乘直昇機從空中欣賞這片景色也是熱門行程，只是價錢相當昂貴就是了。

走出戶外，踏上雪地，那種視覺上的震撼真是難以言喻。

這片廣大的冰雪樂園可以租借到各種雪上玩樂設備，足夠好好玩上一整天時間。

不諳滑雪之道也沒關係，坐上雪橇(Schlitten)和滑雪胎(Schneeröhre)不需要什麼技巧，只要保持重心，剩下的交給地心引力就好。

扣上滑索(Tyrolienne)飛越在山峰之間，看著雪地上自己的影子飛動，也是不可思議的愉悅。

這種雪地上的滑板車(Snowscoot)頗適合想要滑雪的初學者。

冰雪樂園
Snow Fun Park
◐5月~10月中每日10:00~16:30
⑤滑索或雪橇：成人CHF 20，6~15歲CHF 15。滑雪：成人CHF 35，6~15歲CHF 25

面對這片冰雪美景，當然不能只是純欣賞而已，最好是能參與其中，在雪場中好好玩樂一番，才算是不辜負大自然的美意。在這裡可以租到各種滑雪裝備，就算是不會滑雪的人，也有適合的玩樂器材，一樣可以享受到冰雪上的種種刺激。

瑞士蓮巧克力天堂
Lindt Swiss Chocolate Heaven
⏰每日10:00~16:00 💰免費

山頂上感到寒冷嗎？那就吃顆巧克力補充點熱量吧！這間位於少女峰上的瑞士蓮專賣店，是全歐洲海拔最高的巧克力店，帶領遊客認識瑞士蓮巧克力的歷史緣起。話說1879年時，瑞士蓮的創始人魯道夫林特(Rudolf Lindt)為了改良巧克力失敗而陷入沮喪，因而忘了關掉他自製的精煉攪拌機，結果過了一個週末當他再次回到工廠時，意外地發現原本易碎的可可混合物全都化成了細膩融化的天堂美味。這間店的展示主要就是在重溫這個奇蹟時刻，當然，還有要賣你更多巧克力。

Jungfraubahnen提供

在這面互動牆上展示了瑞士蓮巧克力從烘焙可可豆開始的每一步製作過程。

店內還有6個互動展示區，讓人們可以充分沉浸在甜美的巧克力世界中。

Jungfraubahnen提供

Jungfraubahnen提供

琳瑯滿目的商品除了所有瑞士蓮巧克力的經典款外，還有一系列此店獨家販售的巧克力，讓你帶回專屬於少女峰的甜蜜回憶。

冰河健行
Glacier Hiking

對愛山的旅人來說，少女峰車站不是終點，而是擁抱山的起點。從車站出發的大眾路線中，最受歡迎的是少女峰-艾格峰路線(Jungfrau Eiger Walk)，大約只有45分鐘路程，目的地是欣賞形狀如刀刃的艾格北壁(Eiger North Wall)。另一條僧侶峰小屋路線(Mönchsjoch Hut)來回約2.5小時，由於高海拔空氣稀薄且雪地難行，對平常少運動的人而言稍有難度。

從觀景台俯瞰在冰河上健行的人們，渺小如同螞蟻，更讓人體認到冰原的浩瀚。

車站出發的幾條經典健行路線，不但能體驗行走在萬年冰河之上的感覺，也隨著行進路線角度不同，一邊欣賞山形變換之美。

Jungfraubahnen提供

小夏戴克是仰望少女峰、僧侶峰及艾格峰三山連壁的最佳地點。

艾格北壁(Die Eiger-Nordwand)因為山難頻傳，而有「死亡絕壁」之稱，站在幾乎垂直的險峻小山壁前，只感覺自己的渺小。

從小夏戴克看著登山火車往少女峰前進，紅色的車身畫過夏日的綠地和更遠處的雪景，也是絕美的經典畫面。

曾經的話題韓劇《愛的迫降》裡，男女主角不約而同抵達小夏戴克，只是緣分尚未開始，兩人還只是陌生人。當時背景畫面中優美的車站和房舍，令人眼睛一亮。

👁 MAP P.140 B1 | **小夏戴克**
Kleine Scheidegg

如何前往

◎ 由茵特拉肯東站搭乘BOB的火車出發，無論是東邊經格林德瓦，還是西邊經勞特布魯能，皆可轉乘WAB的登山火車抵達，總車程約1小時出頭

　　在前往少女峰車站的途中，除非你是搭乘艾格快線上山，否則無論是經由格林德瓦或是勞特布魯能，都必須在小夏戴克轉乘火車。不過可別把這裡當作單純的轉車站，若有時間在此停留，一定要到車站外面走走，因為原本在山下看到遙遠的少女峰、僧侶峰和艾格峰三峰，現在都近在咫尺，而小鎮的田園風光也教人心醉著迷。

這裡不是只有少女峰而已，周邊景點也同樣令人迷戀

MAP
P.140
B3-C3

茵特拉肯
Interlaken

info

◎ 茵特拉肯遊客中心

⬆ P.146A2 🏠 Marktgasse 1, Interlaken

☎ (0)33 826-5300 ⏰ 平日08:00~18:00 (9~4月
中午12:00~13:30休息)，週末10:00~16:00
(11~4月至14:00) 🚫 週日(7、8月除外)

🌐 www.interlaken.ch

　　茵特拉肯是通往少女峰的主要對外門
戶，許多遊客會選擇以此當作遊歷周遭
地區的過夜據點，因此之故，這裡便逐
漸發展成瑞士著名的度假城市。茵特拉
肯有東站和西站兩個火車站，兩站之間
相距1.7公里，而連接兩站的何維克大道
(Höheweg)也就成了鎮上最熱鬧的購
物大街，琳瑯滿目的名牌鐘錶珠寶、紀
念品店與餐館，總是被來自四面八方的
遊客點綴得十分熱鬧，就連商店的營業
時間也比一般城鎮來得長。

　　除了商業化的繁榮景象，茵特拉肯也
有其悠閒的一面，你可以到Marktgasse
的假日市集體驗瑞士人的市場經驗，或
是哪兒都不去，靜靜地坐在何維克大道
中段的赫馬特公園(Hoehe Matte)，眺
望在夕陽下染上粉霧色的少女峰，如此
沉浸在明信片般的風景中。

茵特拉肯

A

B 往哈德摩爾姆
Harder Kulm

1 Schuh餐廳暨巧克力店
Grand Café Restaurant
Schuh & Chocolatier

茵特拉肯哈德登山火車
Interlaken-Harder Bahn

茵特拉肯東站
Interlaken Ost

阿勒河 Aare River

歐洲屋脊紀念品旗艦店
Top of Europe Flagship Store

賭場Casino

奇士霍夫
Kirchhofer

維多利亞少女峰大酒店
Victoria-Jungfrau Grand Hotel & Spa

2 赫馬特公園
Hoehe Matte

◎景點 ◆商店 🚂火車站
Ⓗ飯店 公園 ☕咖啡廳

2

往茵特拉肯西站
Interlaken West

往威廉泰爾戶外劇場 Tell-Freilichtspiele Interlaken

A

B

伯恩高地區域暢遊券
Regional Pass Berner Oberland

若要深入遊玩這塊區域，可購買由BLS私鐵所
發行的暢遊券，使用區域涵蓋整個伯恩高地，可
無限次數搭乘包含少女峰地區的絕大多數登山
鐵道、空中纜車、兩湖區的鐵路、公車、遊湖船
等，以及伯恩和琉森的火車。不過從艾格冰河到
少女峰車站，以及從穆倫到雪朗峰仍需另外購
票，但憑卡可享半價優惠。

🌐 www.berneseoberlandpass.ch

價錢 (CHF)	二等艙		頭等艙		孩童
	全票	STP 優惠	全票	STP 優惠	
3日	230	150	276	180	30
4日	270	175	324	210	
6日	340	220	408	265	
8日	380	250	456	296	
10日	420	275	504	328	

「茵特拉肯」德文的
意思是「兩湖之間」，它就位處於布里恩茲
湖和圖恩湖的中間，是一座具有獨特地理環
境的城市。

沿著阿勒河(Aare)散步，可以
欣賞舊市區的傳統房舍，和
建於15世紀的市政廳。

火車每天載著欲登少女峰
的遊客前來，讓小鎮一年四
季都熱鬧不已。

威廉泰爾戶外劇場
Tell-Freilichtspiele Interlaken

- P.146A2
- 從茵特拉肯東站搭乘104號公車,或西站搭乘104、105號公車,至Hotel Sonne站,步行約4分鐘
- Tellweg 5, Matten bei Interlaken
- (0)33 822-3722
- 每年7月中至9月初,週四、六的20:00及部分週日的14:30開演,全長2個多小時 ⑤根據座位等次,分為CHF 48、CHF 68、CHF 98,6~15歲兒童半價
- www.tellspiele.ch
- 2024年後也有加映《羅賓漢》的劇碼

有什麼劇場可以只上演一部戲,而且演出百年卻依然年年吸引無數觀眾?每年夏季夜晚,在茵特拉肯南邊演出的席勒劇作《威廉泰爾》就有這份獨特魅力,自1912年開始,已吸引超過數百萬來自世界各地的遊客到此觀看。

威廉泰爾戶外劇場的舞台是沿著森林山壁實景搭建,木造房舍都是實體大小,也會有真實的馬匹和牛群出場。劇場從日落演到月升,還會有演員不時從你身後走出來,是令人印象深刻的表演方式。只是全劇以德文演出,最好先大致了解故事,比較容易融入劇情。

超過180名穿著古裝的演員雖然都是當地居民,卻有不輸專業的戲劇水準。

Interlaken Tourism提供

👉 有此一說～

威廉泰爾傳說 Wilhelm Tell

威廉泰爾是瑞士最有名的傳說英雄,象徵瑞士人為爭取自由與建國而戰的精神。14世紀初瑞士尚未建國,受到哈布斯堡家族的暴政統治,新任總督葛斯勒(Gessler)將自己的帽子高掛在村莊廣場上,並規定居民經過時要向帽子行禮。威廉泰爾故意視而不見,葛斯勒為了懲罰他,要他用箭射下放在兒子頭上的紅蘋果,威廉泰爾一箭射中蘋果後,葛斯勒卻發現他藏有另一支箭,便詢問其用途,威廉泰爾回答:「若不慎射中兒子,第二支箭就用來射你」。怒火中燒的葛斯勒於是將他逮捕,威廉泰爾卻在前往地牢的路上趁機逃脫。後來許多人加入威廉泰爾反抗暴政的行列,並在一次衝突中殺死了葛斯勒。

👁 MAP P.140 A3-D3 布里恩茲湖與 圖恩湖
Brienzersee & Thunersee

info

- (0)58 327-4811 ◐詳細時刻表請上官網查詢 ⑤雙湖遊一日票:一等艙CHF 106,二等艙CHF 72 🌐www.bls-schiff.ch ◐使用Swiss Travel Pass可免費搭乘一般航程

◎ 布里恩茲湖遊船

- 碼頭位於Lanzenen 1 (茵特拉肯東站後方)
- 4月初~10月底航行,每日約4~6個船班,單程1小時13分鐘。詳細時刻請查詢官網
- 從茵特拉肯到布里恩茲單程:一等艙CHF 53,二等艙CHF 32,6~15歲半價。一日票:一等艙CHF 90,二等艙CHF 60

◎ 圖恩湖遊船

- 碼頭位於Kanalpromenade 1 (茵特拉肯西站旁) ◐全年航行,每日約1~7個船班,單程2小時10分鐘 ⑤從茵特拉肯到圖恩單程:一等艙CHF 74,二等艙CHF 45,6~15歲半價

圖恩湖的沿岸景緻幽靜,小巧可愛的村莊散落在湖畔的茵綠草地上,若不是教堂尖塔上的鐘聲劃破寧靜,真讓人以為走入畫中。而布里恩茲湖則號稱是全瑞士最潔淨的湖泊,湖岸被茂密的森林、險峻的山崖及無數飛湍瀑流所環繞。搭乘遊船迎向湖面清風,以清澈的湖水為前景,映襯著遠方少女峰的皚皚白雪,這景緻足以讓人忘卻煩憂,多年後仍念念不忘。

湖水在陽光下閃耀溫潤的翡翠綠,如此心曠神怡的景色,就算在船上什麼事也沒做都值回票價。

為什麼要登上哈德庫爾姆？這片景色便說明了一切：右邊是圖恩湖，左邊是布里恩茲湖，兩湖中間是茵特拉肯與阿勒河，而正前方的遠處即是艾格峰、僧侶峰和少女峰。這樣的大合照，也只有在哈德庫爾姆才拍得到。

哈德庫爾姆
Harder Kulm

MAP P.140 B3

如何前往

◎ 從茵特拉肯東站步行約7分鐘至阿勒河對岸的哈德庫爾姆登山纜車站，車程10分鐘即達山頂

info

● 首班上行纜車09:10發車，末班下行纜車旺季約21:40發車，淡季約17:10發車，30分鐘一班。詳細時刻請查詢官網

● 11月底~4月初

● 成人來回：旺季CHF 40，淡季CHF 26，6~15歲及持有Swiss Travel Pass者半價

● www.jungfrau.ch/en-gb/harder-kulm

　　海拔1,322公尺的哈德庫爾姆，是茵特拉肯的後山，這裡是距離茵特拉肯最近、交通也最方便的賞景勝地。其實山頂上的腹地並不大，主要建築物除了纜車站外，就只有一棟有著戲劇化尖頂的景觀餐廳。不過山不在大，有景則名，餐廳前有座突出於高崖上的觀景平台，名為雙湖橋(Zwei-Seen-Steg)，若想要把茵特拉肯及其周邊地區像立體模型般，在眼前攤開一目瞭然，除了這裡之外，還真想不出其他地方來。不僅如此，天氣晴朗時，就連遠方的少女峰山區都歷歷可見，於是不難明白，為何旺季時人們總願意排上1小時的隊，也要擠上那車程只有10分鐘的登山纜車。

雙湖橋是一座懸空於高處的觀景平台，自2011年10月完工之後，就成為哈德庫爾姆最經典的打卡熱點。

雙湖橋上擺放了一隻瑞士乳牛的雕塑，藉由牠寸步不離的目光，來說明這片景色的百看不厭。

從這裡看到的三峰相連景觀，角度也非常完美。

山頂有條2.8公里的環形健行步道，沿途野花遍地，更增添了風景的可愛。

阿爾卑斯長號 Alphorn

阿爾卑斯長號是瑞士最具有代表性的傳統樂器，其令人印象深刻之處往往不在音色之美妙，而在於其誇張的外形尺寸。阿爾卑斯長號多由松木或雲杉製作，長度動輒3、4公尺，比吹奏者還要高大個幾倍。在中世紀的文獻中即已出現阿爾卑斯長號的記載，不過它最初並非作為演奏樂器，而是山區間的信號樂器，用來呼喚牛、羊群，或聚落之間傳遞消息，有時也代替教堂鐘聲的作用。到了近世，阿爾卑斯長號已完全成了演奏樂器，曾在多首曲子中入樂，而這種樂器除了吹口與喇叭口外，沒有其他氣孔，也沒有任何機關與簧片，曲調全靠送氣長短與強弱，因此沒好好練過肺活量，是吹不出半點聲音的。

Grand Café Restaurant Schuh

P.146A2 從茵特拉肯西站步行約7分鐘 Höheweg 56 (0)33 888-8050 10:00~23:00 (週日至20:00) schuh-interlaken.ch

Schuh創立於1818年，店名「鞋子」的由來，是因為19世紀末的經營者曾推出皮鞋造型的手工巧克力，不但模樣吸引人，而且可可脂的含量很高，放入口中又綿又細、甜而不膩，很受推崇，於是成了店裡的招牌與店名。到了1955年，這裡也開始經營餐廳，以瑞士傳統料理為主，可吃到各種瑞士代表性的食物。

 Top of Europe Flagship Store

P.146A2 從茵特拉肯西站步行約7分鐘 Höheweg35 (0)33 828-7101 夏季09:00~22:00，冬季10:00~20:00 www.jungfrau.ch

隸屬於少女峰鐵道的禮品店，集結瑞士代表性的土特產與紀念品，讓遊客可以一站買足所有伴手禮。商家也運用瑞士豐富的天然資源推出自有品牌，例如以阿爾卑斯各種高山植物、阿雷奇的冰河水製成的精華液、面霜、眼霜、面膜等高級保養品，在店裡也有專屬的展示空間。

Harder Kulm Panorama Restaurant

P.140B3 從哈德庫爾姆山頂纜車站步行約3分鐘 (0)33 828-7311 09:00~21:00 (6~9月至21:30，11月至17:00) 12月~4月中 www.restaurantharderkulm.ch

這間就在雙湖橋旁的全景餐廳，料理以瑞士傳統烹調為主，從早餐就開始營業，既可吃到藍帶豬排、燉牛肉、羊排、起士火鍋等正式大餐，也可吃到簡便的輕食和選擇眾多的飲料。不論吃什麼，只要搭配眼前的無敵美景，感覺都分外對味。

 Kirchhofer

P.146A2 搭乘103號公車至Kursaal站即達 Höheweg 73 (0)33 828-8880 夏季08:30~20:30，冬季09:30~18:30 www.kirchhofer.com

奇士霍夫是瑞士知名的家族企業，以展售高檔鐘錶為主，舉凡所有響噹噹的品牌，包括萬國、伯爵、蕭邦、愛彼、帝舵、寶璣、雷達等，都可以在這裡找到。鐘錶之外，店裡也販售眾多知名品牌的包包、皮件、保養品、化妝品、工藝品、紀念品等，規模著實驚人。

徐尼格觀景台
Schynige Platte

如何前往

◎ 從茵特拉肯東站搭乘BOB火車至Wilderswil站(車程5分鐘)，再轉乘齒輪火車至Schynige Platte站(車程52分鐘)即達

info

⏰ 每日07:04~16:34每30分鐘發車(下行末班車為17:53) ⊗10月底~6月中

💵成人來回車票CHF 64，6~15歲半價。使用Swiss Travel Pass免費

🌐www.jungfrau.ch/en-gb/schynige-platte

♻可預約專人導覽行程，每人CHF 80起

徐尼格齒輪火車不只是前往山頂，它本身就是個移動的觀景台。

隨著海拔高度緩緩上升，布里恩茲湖與圖恩湖的輪廓也愈來愈清晰。

　　徐尼格觀景台的海拔高度約1,967公尺，在四周更為高聳的群山環抱下，不但視野絕佳，而且區域內水氣充沛，造就出豐富的動植物生態。

　　要登上徐尼格觀景台必須先到茵特拉肯隔壁的村落威爾德斯維爾(Wilderswil)，從那裡搭乘復古造型的齒輪火車上山。這輛火車的前進速度相當緩慢，出發不久之後就能看到布里恩茲湖與圖恩湖出現在窗外視野中，隨著山路彎曲而忽左忽右，景色美得讓人眼睛忙著兩邊游移。等快抵達目的地時，窗外驀然出現艾格峰、僧侶峰和

火車沿途植被不斷改變，從較低海拔的森林逐漸轉變成矮樹叢及草坡，稱得上阿爾卑斯山的生態縮影之旅。

從徐尼格望見的少女峰諸峰，一樣美得像幅畫，而山上甚至幫你把畫框都準備好了。

Jungfraubahnen提供

少女峰並肩的身影，此時終於了解車行的速度為何要放得這麼慢，因為這趟火車之旅沿途就像欣賞一場風景影片，這樣的速度其實恰到好處。

全景健行
Panorama Wanderung

都已經來到山上了，請不要只是蜻蜓點水地看一下就急著下山，讓自己沉浸在大自然的美感經驗中，最好的方式就是在山上走一圈。這裡有多條健行步道，大多難度不高，短者25分鐘，長者2個半小時就能走完，況且沿途風景美得讓人根本不知何謂疲憊。如果自認體力夠好，甚至還能走上5個小時路程，直接健行到菲斯特喔！

順著環繞一圈的全景步道，可以登上2,069公尺的歐柏峰(Oberberghorn)，從不同的角度再一次俯瞰茵特拉肯、圖恩湖和布里恩茲湖。

山上的健行路線大多難度不高，適當的登山鞋即可功德圓滿。

高山植物園
Botanischer Alpengarten Schynige Platte

🚶從山頂火車站步行約1分鐘　🕐7月~10月底每日08:00~18:00　💰包含在火車票中　🌐alpengarten.ch

在徐尼格觀景台上，有超過8千平方公尺的面積被開闢成高山植物園，在夏季裡，這裡開有將近800種野花，換句話説，超過阿爾卑斯山脈2/3以上的花卉品種都能在這裡看到，是認識歐洲高山花卉的最佳戶外教室。

植物園裡的路並不算陡，輕輕鬆鬆就能遍賞阿爾卑斯山區各種花花草草，教人流連忘返。

這裡的花草都以盡量減少人工干預、最接近自然的方式栽培生長。

每株花草都立有説明的指示牌，還會教導你如何來欣賞它。

這間植物園設立於1928年，是阿爾卑斯山區歷史最悠久的高山植物園。

阿爾卑斯山野花 Alpenflora

如果你是「花癡」，記得夏天一定要來瑞士走一趟，各個山區天然生長的野花盡情奔放，讓人讚嘆瑞士真的是全世界最美麗的國家之一！
阿爾卑斯群山有3種最具代表性的野花：

◎ 雪絨花(Edelweiss)就是俗稱的小白花，又名高山火絨草、高山薄雪草等，因為《真善美》裡一曲《Edelweiss》而世界聞名。這種屬於菊科的植物，葉子和花瓣外面覆著一層細密的絨毛，好像穿了一件大衣，讓它們耐寒、耐旱又能抵擋紫外線。

◎ 龍膽(Enzian)屬於龍膽科植物，廣泛分布於溫帶地區的高山地帶，在北半球的龍膽屬，花通常為藍色，但也有黃色、白色、紅色等。在阿爾卑斯山區就能看到春花龍膽等多種長相不太一樣的品種。

◎ 阿爾卑斯玫瑰(Alpenrose)是直譯，正確名稱應該是「高山玫瑰杜鵑」，屬於杜鵑花科的植物，因為阿爾卑斯山高處不勝寒，所以它不但比我們平地看到的杜鵑花朵小得多，也比台灣高山的野生杜鵑還要更小。

除了這3大名花外，還有瑪格麗特、吊鐘花、高山銀蓮花(Anemone)、阿爾卑斯薊(Eryngium alpinum)等，其中不少和台灣的高山植物非常相像，同中見異，饒富趣味。

這個海拔1,542公尺的小車站，一旁也有很棒的賞景點。

布萊特勞能非常適合從事飛行傘、滑翔翼等活動，車上常可見到帶著專業設備的玩家。準備到這一站下車大展身手。

車站旁有一家小旅社，旅社中的咖啡店販賣著手工糕餅、起士和多種冷熱飲。

布萊特勞能
Breitlauenen

🚂搭乘徐尼格齒輪火車時會經過，從Wilderswil車程約18分鐘，從Schynige Platte車程約33分鐘

如果時間充裕的話，搭乘齒輪火車下山時，不妨在中途的布萊特勞能駐足休息一下。這裡的風景也很不錯，而車站附近就有家小咖啡館，可以坐在鐵道旁享受香濃的瑞士小點，同時欣賞不時綻開的飛行傘緩緩飄下山谷，真是愜意極了。

格林德瓦
Grindelwald

車站前的Dorfstrasse為村莊的主要街道，走到底只要20分鐘，兩側都是旅館、餐廳及商店，生活機能方便。

如何前往

◎ 從茵特拉肯東站搭乘BOB火車至格林德瓦站，車程約35分鐘

info

◎ 格林德瓦遊客中心

🏠 Dorfstrasse 110, Grindelwald

📞 (0)33 854-1212 ◐ 08:30~12:00 (週六09:00起)、13:30~17:00 休 週日

🌐 grindelwald.swiss

格林德瓦不但有艾格快線直達艾格冰河，也有分別通往菲斯特與梅利申等地的纜車路線，交通四通八達。

座落在艾格峰山谷裡的格林德瓦，名字用原文直譯的話，就是「岩石滑坡森林」。這座前往少女峰途中會經過的純樸小鎮，點綴在一片無盡綠野當中，總是令遊人不停回首張望，自古以來就是名流們的度假勝地。

其實許多人遊玩少女峰山區，會把格林德瓦當作住宿據點，一是因為這裡距離少女峰比茵特拉肯更近，二來若是開車上山，這裡是汽車所能行駛道路的終點。另一方面，除了前往少女峰的途中會經過這裡外，要往西到梅利申、往北到菲斯特、或往東到普芬斯蒂格(Pfingstegg)的纜車，也都是在格林德瓦搭乘，若想每天探索一個地方，住在格林德瓦的確是更為方便的選擇。也因此小小一座山城，就擠滿了數十家旅館，熱鬧程度比起茵特拉肯有過之而無不及。

另外要提醒的是，艾格快線與前往梅利申的纜車站，並不在格林德瓦的主火車站附近，而是在火車站西邊1.5公里處，在那裡有另一座名為Grindelwald Terminal的火車站；至於前往菲斯特的纜車站，則是在主火車站東邊700公尺，步行大約需要10分鐘。

這間博物館封存了過去的歲月，對今人研究從前的物資經濟極有幫助。

這些樸實無華的器具，反映出早年農家的生活樣貌，有很珍貴的歷史價值。

館內也有纜車初建時期的歷史資料、模型及當時使用的滑雪椅、滑雪鞋等。

格林德瓦博物館
Museum Grindelwald

🚌 搭乘121、122、123號公車至Kirche站即達 🏠 Dorfstrasse 204, Grindelwald 📞 (0)33 853-4302 ◐ 6月~10月15:00~18:00 休 週一、六 💲 成人CHF 7，兒童CHF 2 🌐 www.grindelwald-museum.ch

想要瞭解阿爾卑斯山道地的鄉村文化與歷史，那麼這間博物館一定可以滿足你。格林德瓦博物館的經營者是一位親切的當地老先生，他憑著對於古物的熱愛，自己蒐羅了各種有年代的傳統阿爾卑斯農具、家具等用品，還可以看到以前男士穿著西裝、女士穿著裙裝的登山滑雪裝備。

冰河峽谷
Gletscherschlucht

- 從鎮中心搭乘122號公車至Gletscherschlucht站即達
- Gletscherschlucht 1, Grindelwald
- (0)33 224-0707 ● 09:30~18:00（週五至22:00）
- 11月中~4月底 ● 成人CHF 19，6~15歲CHF 10
- outdoor.ch ● 門票含水晶博物館
- 關門前1小時停止進入

光是站在峽谷的入口處，便能感到一陣涼透心脾的冷風從深處吹來，瞬間有降溫10度的清涼感，如果是在炎熱的夏季前來此地，那真是舒服極了。冰河峽谷形成於2億5千萬年前，只是冰河的下部今日早就不存在了，只剩由下格林德瓦冰河融水而成的呂奇訥河(Lütschine)上游，至今仍在峽谷中奔流切蝕著。走在岩壁下的木棧道上，抬頭仰望兩岸高達300公尺的險峻峭壁，腳下是如萬馬奔騰的冰河雪水，讓人不禁感慨大自然的強大力量。而在步道入口處還有間水晶博物館，展示伯恩高地的各種礦石。

Outdoor Switzerland AG提供

今人在峽谷下方的岩壁間開鑿出長約1公里的棧道，讓人們得以深入峽谷，近距離讚嘆大自然的鬼斧神工。

Outdoor Switzerland AG提供

除了木棧道外，峽谷內也架設了總面積達170平方公尺的步行網，供人輕鬆跨越峽谷，觀察岩層上的節理痕跡。

Outdoor Switzerland AG提供

週五晚上的延長開放時間，谷內會打上燈光，製造奇幻的峽谷氛圍。

艾格快線由於採用先進的三索技術，可以在最小干預大自然的情況下達成運輸目的，因此全程長達近6.5公里的途中，只需要建造7座支撐塔，即使在高山的強風中仍然非常穩定，再度提升的纜車製造技術著實令人佩服。

Jungfraubahnen提供

艾格快線纜車系統共有44個密閉式車廂，每個車廂可乘坐26人，因此每個小時就能完成2,200人次的載運量。

Jungfraubahnen提供

Jungfraubahnen提供

格林德瓦轉運站(Grindelwald Terminal)除了交通功能外，也是一個新的購物中心，集結巧克力、鐘錶、運動用品、滑雪裝備等瑞士最具代表性的商品和國際頂級品牌，讓等車的前奏曲也變得多采多姿。

艾格快線
Eiger Express

- 從格林德瓦火車站搭乘火車至Grindelwald Terminal站，車程只需3分鐘。若是從火車站信步前往，路程約20分鐘
- Grindelwald Terminal
- 夏季約07:15~18:15（下行末班約18:50），冬季約08:00~16:15（下行末班約17:20），詳細時刻請查詢官網
- www.jungfrau.ch/en-gb/eiger-express

往日前往少女峰如果取道格林德瓦，需轉乘火車至小夏戴克後，再轉搭登山火車到少女峰，中間還會在艾格冰河站停留換車；而最新的艾格快線則是搭乘寬敞又舒適的三索空中纜車，在20分鐘內掠過小夏戴克直接抵達艾格冰河站，再轉乘一小段登山火車即可，比昔日節省至少30分鐘時間，就可以更快抵達目的地。因此自從2020年底通車以來，就成了少女峰地區最具有話題性的交通方式。

峰(Schreckhorn)、艾格峰、小夏戴克及少女峰。尤其下午時分,金黃色的陽光灑在山稜線上,景象更是美不勝收。

賞景完畢,該是動起來的時候了,菲斯特地區有多條令人躍躍欲試的健行路線,總長度相加起來足足有40公里,當中包括可以行走在半空中的懸崖步道。不想走路的話,坐上山路滑行車照樣可以穿山越嶺,非常過癮。此外,還有像是菲斯特飛渡椅與菲斯特滑翔機等刺激體驗,一整天都玩不夠。

這裡有非常多條健行步道路線,選一條適合自己體能的出發吧!

步道上經過的巴赫萊德瀑布(Bachlägerwasserfall)雖然說不上壯觀,但在山景環繞下也是十分優美。

健行途中,也別忘了欣賞沿路上遇見的高山花兒。

巴哈阿爾普高山湖
Bachalpsee

🚶 從菲斯特纜車站出發,依照路標指引的方向,單程大約50分鐘

位於海拔2,271公尺的巴哈阿爾普湖,是由兩個相鄰的高山湖泊組成。從菲斯特纜車站開始健行,去程是平緩的上坡,回程更是輕鬆的下坡,而走在寬敞的碎石子路上,沿途欣賞兩旁盛開的高山植物,又有高達4,078公尺的史瑞克峰隨侍在側,運氣好的話還能遇到可愛的土撥鼠冒出頭來曬太陽。

坐在湖邊欣賞寧靜的湖水與聳峙遠方的史瑞克峰,時間彷彿靜止了一般。

這段健行路線可以說毫無難度可言,而且路徑單純、途路標明確,完全不會迷路,連孩子都能輕鬆行走。

🔍 MAP P.140 A2 菲斯特 First

如何前往

◎ 在格林德瓦鎮上搭乘121、122、123號公車至Firstbahn站,即達纜車站

info

⏰ 夏季約08:00~17:30 (下行末班約18:00),冬季約08:30~16:30 (下行末班約17:00),詳細時刻請查詢官網 (休)11月初~12月中維修

💰 成人單程CHF 32,來回CHF 64;6~15歲單程CHF 16,來回CHF 20。使用Swiss Travel Pass半價優惠

🌐 www.jungfrau.ch/en-gb/grindelwaldfirst

菲斯特是距離格林德瓦最近的人氣景點,搭乘纜車上山只需要短短25分鐘,就能從標高1,034公尺的村莊爬升至2,168公尺的台地。來到菲斯特,首先當然還是要照例欣賞諸峰相連的美景,在這裡的觀景平台上,從東到西可看到韋特峰(Wetterhorn)、上格林德瓦冰河、史瑞克

若剛好遇到平靜無波的時刻,終年白頭的史瑞克峰倒映在藍寶石般的湖面上,畫面令人屏息。

湖邊設有公廁設施,所以沿路上可以放心補充水分。

154

自從世界開始流行這種天空步道後，少女峰地區也不落人後，畢竟擁有如此極致的景色，當然要用最美的角度向世人展示。

棧道沿著懸崖邊上搭建，頗有一種蜀道難的驚險感。

整條步道由高空觀景台、懸崖棧道與吊橋所組成，從頭到尾盡在天空，給人一種漫步的感覺。

天梭菲斯特懸崖步道
First Cliff Walk by Tissot

雖然從餐廳的露天座位上就可以欣賞菲斯特群山環抱的氣象，但是走到天梭菲斯特懸崖步道盡頭，不但更能感受懾人的山勢，還可看到腳下深不見底的山谷，叫人目眩神馳。懸崖步道沿著山壁外側搭建，以環狀路線逐漸深入山谷，其中有45公尺是底下並無支撐、呈現懸在空中的狀態，低頭還可見到翠綠的森林、草原和一道奔流的瀑布，而裸露的岩石縫隙則成為盤旋在空中的黃嘴山鴉們偶爾的棲息地；抬頭則可遠望史瑞克峰、艾格峰、小夏戴克、少女峰一字排開，景象讓人心曠神怡。

菲斯特飛渡椅
First Flyer

🕙10:00-16:30 💲成人CHF 31，6~15歲CHF 24
🎡可根據想玩的設施數量購買套票
❗需年滿10歲，體重在35~125公斤之間

除了自然風光外，菲斯特設計了很多獨特、好玩的遊樂設施，有點刺激又不會太刺激。飛渡椅是單人座的滑索吊椅，沿著800公尺長的索道，以最高84公里的時速衝向Schreckfeld纜車站，前後落差足有210公尺。由於刺激之外，迎面還有無敵美景，因此非常受到歡迎，想玩經常得排上好一陣子的隊。

想體驗像武俠高手般凌空飛渡，現在是個大好機會。

菲斯特滑翔機
First Glider

🕙10:00-16:30 💲成人CHF 31，6~15歲CHF 24
🎡可根據想玩的設施數量購買套票 ❗需年滿10歲，身高在130公分以上，體重在125公斤以下

菲斯特滑翔機設計成神鷹造型，可讓4個人一同飛翔。一開始是先以72公里的時速從Schreckfeld往後拉回菲斯特，接著才是用時速83公里沿著800公尺長的索道一路飛向Schreckfeld。於是遊客化身為猛禽，展翅在壯闊的阿爾卑斯山景間翱翔，滿足了人們對於飛行的渴望。

與飛渡椅不同的地方在於，這是以頭前腳後的姿勢一路俯衝。

山路滑行車
Mountain Cart

🕙夏季10:00~17:00 💲成人CHF 21，6~15歲CHF 17
🎡可根據想玩的設施數量購買套票
❗身高需在135公分以上

「雪橇實在太好玩了，不能只有冬天享受！」山路滑行車的發明者如是說。這輛夏日版的雪橇具有重心低、輪距寬的特點，加上使用液壓煞車，可隨心所欲控制速度，就連沒有駕照的孩童都能輕鬆駕馭。山路滑行車的路線是從海拔1,956公尺的Schreckfeld，一路滑向1,600公尺的Bort，這是段長約3公里的下坡道，由於對向不會有來車，所以相當安全，不過偶爾也會出現顛簸的碎石路就是了。

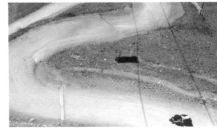

任何喜歡從高處滑向低處類型運動與遊戲的人，一定都會對這個上癮！

從格林德瓦乘著纜車緩緩上升，耳邊忽然傳來陣陣牛鈴，忽高忽低忽左忽右迴盪在山谷間，沒有特定節奏卻出奇和諧，原來是牛群被放牧到此低頭吃草，無意間演奏出的美妙樂音。

Männlichen提供

梅利申
Männlichen

MAP P.140 B2

如何前往

◎ 從格林德瓦轉運站(Grindelwald Terminal)搭乘纜車，20分鐘便可抵達；若是從文根搭乘纜車，則只需6分鐘

info

●從格林瓦德上行：夏季約08:15~17:00 (下行末班約17:30)，冬季約08:45~16:00 (下行末班約16:30)。從文根上行：夏季約08:10~17:10 (下行末班約17:30)，冬季約08:15~16:15 (下行末班約16:30)。詳細時刻請查詢官網

●從格林德瓦單程CHF 32，來回CHF 64；從文根單程CHF 26，來回CHF 52；從文根進、格林德瓦出的環遊行程CHF 58，反之亦然。6~15歲及使用Swiss Travel Pass者半價

●www.maennlichen.ch

●從格林德瓦方向與從文根方向到梅利申的纜車屬於不同系統，在梅利申，兩座纜車站相距約250公尺

巍峨壯闊的山巔環繞四周，少女峰地區的名峰盡收眼底，梅利申就因為這獨一無二的360度全景風光，成為少女峰人氣最高的賞景地。在纜車站附近的展望台上繞一圈，東邊是格林德瓦、菲斯特和史瑞克峰，南邊有少女峰、僧侶峰及艾格

峰，西邊可看到雪朗峰、文根(Wengen)及勞特布魯能谷地，北側則是標高2,343公尺的梅利申山頂。

從纜車站出發，有多條健行路線，最輕鬆也是最熱門的，就是走到梅利申山頂觀景台的「Royal Walk」，腳程快的話，攻頂來回只需要40分鐘。也有人會順著下坡走到Holenstein纜車站，甚至一路走回格林德瓦。而從梅利申走到小夏戴克去搭乘少女峰鐵道的人，更是不在少數。

如果不打算健行，建議可安排小環遊的行程，也就是從格林德瓦搭乘纜車上山，再從另一邊往文根的方向下山，接著搭乘登山火車從文根至勞特布魯能，這樣行程比較有變化，也能看到更多不同風景。

Männlichen提供

從文根出發的纜車，密閉式車廂的頂上還有座稱為「Royal Ride」的開放式露台，購買車票時加付CHF 5車資，就可以站上車頂享受不被阻隔的風景。

從梅利申纜車站出發前往梅利申山頂(Männlichen Summit)的Royal Walk步道，難度雖是輕量級，卻有重量級的景色。

Männlichen提供

梅利申到小夏戴克輕鬆行

從梅利申到小夏戴克這段步道，是少女峰地區最受歡迎的健行步道，單程約需1小時20分鐘。這條路線全程均為寬敞的和緩下坡，而艾格峰、僧侶峰與少女峰相連的雄偉景觀也在一旁隨步伐邁進；夏季時，野花點綴整片茵綠草坡，農家放牧的牛群三三兩兩在山邊低頭吃草。雖然行走在超過二千公尺的高山上，但由於幾乎沒有高低落差，就算是完全沒有健行經驗的人，也能輕鬆完成。

和格林德瓦一樣，勞特布魯能作為上少女峰的中繼站，火車站前的人潮也是絡繹不絕。

從前歌德來到這裡遊歷時，看到施陶河瀑布飄逸脫俗的景致，一時詩興大發，留下了《水精靈之歌》這首詩篇，也讓後世遊人對這條瀑布有了更多想像。

和格林德瓦的熱鬧相比起來，勞特布魯能似乎又多了點與世無爭的味道。

近處的山城小鎮、遠處的高崖瀑布，再加上往少女峰前進的登山火車，共同構成勞特布魯能的經典畫面。

當地農家的門前，是這麼樣的淳樸可愛。

勞特布魯能
Lauterbrunnen
MAP P.140 C2

如何前往

◎ 從茵特拉肯東站搭乘BOB火車，車程約20分鐘

info

◎ 勞特布魯能遊客中心

⌂ Stutzli 460, Lauterbrunnen

☎ (0)33 856-8568

🕐 08:30~12:00、13:15~17:00　❌ 週一、二

🌐 lauterbrunnen.swiss

　勞特布魯能是個位於冰河U型谷地中的小鎮，兩側都是垂直高聳的岩壁。這座小鎮的名字用德文直接翻譯的話，意思是「很大聲的流水」，如果不知道緣故，只要來這裡看一眼，立刻就能明白了。這一帶總共有72道瀑布奔流直下，而很大聲的流水所表達的意涵，就是這裡是一座「瀑布之鎮」。

　鎮上最有名的即是施陶河瀑布(Staubbachfall)，這道瀑布落差高達297公尺，但因為水量不大，所以落到半途就如同煙塵飄散，而「Staub」這個字在德文中指的正是「塵埃」之意。施陶河瀑布在夏季雪融的午後會比較明顯，而冬天時因山上冰雪未融，所以不容易看到。

特呂默爾河瀑布
Trümmelbachfälle

🚌 從勞特布魯能鎮上搭乘141號郵政公車，至Trümmelbachfälle站即達　☎ (0)33 855-3232

🕐 每日09:00~17:00 (7、8月為08:30~18:00)

❌ 11月初~4月初　💰 成人CHF 14，6~15歲CHF 6

🌐 www.truemmelbachfaelle.ch

　這是歐洲唯一一座藏在山體內部的冰河瀑布，由來自艾格峰、僧侶峰、少女峰上多達10餘條冰河的融水匯流而成，這些水流從險峻的高山奔騰而下，強大的衝擊力不斷侵蝕著岩石縫隙，久而久之便在山體上形成多處洞穴，甚至穿透岩層、流瀉到山體裡面，最大水量甚至可達每秒2萬公升，實屬難得一見的奇景。1877年時，探險家發現了最底部的瀑布，從此這裡便成了遊人來少女峰必訪的勝地之一。

　瀑布所在的峽谷深達600公尺，整條瀑布分為10段，最高和最低的瀑布有高達140公尺的落差，建議可利用深入岩石的纜車電梯直達最高層，再順著岩石間開鑿出的步道慢慢走下深谷。

在漆黑的山洞裡，傳來雷鳴也似震耳欲聾的瀑布聲，從岩縫中流洩進來的陽光灑落在激流攪動的水面上，令人不由得讚嘆大自然的鬼斧神工。

Switzerland Tourism提供

穆倫
MAP P.140 C2
Mürren

如何前往

◎ 從勞特布魯能火車站對面搭乘空中纜車至Grütschalp，再轉乘登山鐵道至穆倫火車站(Mürren BLM)

◎ 或是從勞特布魯能火車站外搭乘郵政公車至Stechelberg，再轉乘雪朗峰空中纜車，經Gimmelwald抵達穆倫纜車站

info

◎ 穆倫遊客中心

⊙Höhematte, Mürren ☎(0)33 856-8686

⏱每日09:00~12:00、13:00~17:15

🌐muerren.swiss

　　穆倫是個坐落在勞特布魯能U型谷地岩壁上的村莊，與對面山壁上的文根遙遙相望，也是通往雪朗峰的主要門戶。由於位在斷崖絕壁之上，村莊沒有聯外道路，外來車子無法入內，村民進出全靠登山火車或空中纜車，造就了這個與世隔絕、沒有空氣汙染的靜謐桃花源。

在穆倫的村莊內，阿爾卑斯山區的傳統木屋依山而建，2條平行的主要道路連接東北側的登山鐵道站和西南側的空中纜車站。

冬天時的穆倫受到歐洲登山滑雪旅客熱愛。

遠方少女峰、僧侶峰及艾格峰在眼前展開，似乎觸手可及，要不是鳥兒悅耳的歌唱和旅人的歡笑聲，幾乎以為時間靜止了。

來到山頂，遼闊壯觀的少女峰天際線和阿爾卑斯山200多座山峰圍繞著四周展開，就連遠方的鐵力士山與白朗峰都依稀可見。

山頂唯一的建築，集纜車站、觀景台、旋轉餐廳、紀念品店、博物館等角色於一身。

雪朗峰
MAP P.140 D1
Schilthorn

如何前往

◎ 從穆倫搭乘雪朗峰纜車，經Birg至雪朗峰站(Schilthorn)，全程約17分鐘

info

☎(0)33 826-0007 ⏱從穆倫上行為07:40~16:40，每30分鐘一班；從雪朗峰下行的末班車為17:55 ❄春、秋兩季各有1~2個星期設備維修，詳細時間請查詢官網

💰成人來回CHF 85.6，6~15歲及持有Swiss Travel Pass者半價 🌐www.schilthorn.ch

❗無法使用少女峰旅行通行證

　　在史恩納萊第一次宣布不再接演詹姆士龐德後，電影公司找來澳洲演員喬治拉贊貝(George Lazenby)接演新一任的007，並於1969年出品該系列的第六部電影《女王密使》，而其主要場景就是在雪朗峰拍攝。當時劇組為了在山頂拍一場槍戰戲，跟當地政府周旋許久，最後協議出資興建一座觀景台和旋轉餐廳，並承諾在電影殺青後捐出。

　　雖然《女王密使》的口碑不如預期，喬治拉贊貝也沒有大紅，但雪朗峰卻從此聲名大噪，來自世界各地的旅人們爭相來到標高2,970公尺的山頂，就為了親眼一睹那曾在電影中出現的360度壯闊視野。

延伸行程

玩罷少女峰，先別急著走，再到附近逛逛吧

MAP P.140 A3

布里恩茲
Brienz

如何前往

◎ 從茵特拉肯東站搭乘區域火車或景觀列車，車程約20分鐘

◎ 夏季時，可從茵特拉肯東站後方的碼頭搭乘BLS渡輪，船程1小時13分鐘

info

◎ 布里恩茲遊客中心

🏠Hauptstrasse 143, Brienz

☎(0)33 952-8080

🕐平日08:00~12:00、14:00~18:00 (11~3月至17:00，6~8月中午不休息)，週末09:00~12:00、13:00~18:00 (週日及10月的週六至17:00)

🚫11~3月的週末

🌐www.brienzersee.ch

　布里恩茲是瑞士重要的林業重鎮，其木雕工藝的傳統相當悠久，至今大部分居民仍以木雕為生，也使布里恩茲「木雕之鄉」的美名不脛而走。同時，這裡的小提琴製作工藝學校也非常有名。

巴倫堡露天博物館
Ballenberg, Freilichtmuseum der Schweiz

🚌從布里恩茲火車站前搭乘151號郵政公車至Ballenberg West, Museum站即達西入口，至Ballenberg Ost, Museum站即達東入口 🏠Museumsstrasse 100, Hofstetten bei Brienz ☎(0)33 952-1030 🕐每日10:00~17:00 🚫10月底~4月中 💰一日票：成人CHF 32，學生CHF 29，6~15歲CHF 16。使用Swiss Travel Pass免費 🌐ballenberg.ch

露天博物館佔地廣達66公頃，收集上百座14~19世紀間瑞士不同區域的代表性建築。你可以走進每棟屋舍，看看這些木造建築的臥室和廚房，想像從前人們的生活情景，而根據區域的不同，這裡也提供具地區特色的傳統餐點。此外，博物館還會遵循時令舉辦各式各樣的活動，諸如慶典、舞蹈、秋日市集等。

巴倫堡露天博物館開啟了一道時光之門，讓你有機會在古時的瑞士生活一整天。

走進這裡就像開啟哆啦A夢的任意門，幾分鐘前還在18世紀的瑞士中部農村，讚嘆那幾乎垂到地面、鋪滿稻草的斜屋頂，下一刻已到達爬滿葡萄藤的鵝黃屋舍，打開19世紀日內瓦湖畔的酒莊大門。再順著斜坡往下，義語區獨有的小小石砌農舍出現在轉角，而煙燻臘腸的香味正從窗口飄散開來。

木雕博物館成立於1835年，為執當地傳統木雕手工藝牛耳的Jobin企業所有。

各式各樣手工精緻的音樂盒，也是博物館的收藏主題。

由整棵梧桐樹幹雕刻的一群聖伯納犬，連繩子都是由同一棵木材雕刻出來的，做工之細膩教人大開眼界。

在博物館的各個角落，都有令人意想不到的木雕作品。

木雕博物館
Holzbildhauerei Museum

🚌從布里恩茲火車站步行約6分鐘 🏠Hauptstrasse 111, Brienz ☎(0)33 952-1317 🕐5月初~10月底13:30~17:00 (6~9月10:30起) 🚫週一、二 💰成人CHF 8，16歲以下免費 🌐museum-holzbildhauerei.ch

博物館內收藏有世界上數量最豐富的瑞士木雕藝術品，展出作品約500多件，其中包括一百多年前費時5年所完成的精美櫥櫃。此外在其木雕工作室內，假日時還可觀賞到現場木雕表演，這些雕刻師可都是在當地雕刻學校受過四年正統訓練，經過他們的巧手，原本硬梆梆的木頭全被賦予了生命與個性。

其實就算沒有福爾摩斯加持，這樣的景色仍值得一看的。

賴興河瀑布
Reichenbach Fall

MAP P.140 A3

如何前往

◎ 從茵特拉肯東站搭乘區域火車至麥林根(Meiringen)，在火車站前轉乘174號郵政公車至Willigen, Klinik Reichenbach站，即達賴興河瀑布登山纜車站(Reichenbachfall-Bahn)，再搭乘登山纜車上山即達。總路程約1小時

info

☎(0)33 982-2626

⬤ 纜車營運時間為5月初~10月初每日09:00~17:30 (最後上行為17:15)

💲纜車來回票：成人CHF 12，6~15歲CHF 8

🌐www.grimselwelt.ch/bahnen/reichenbachfall-bahn

❀有販賣與福爾摩斯博物館的聯票

賴興河瀑布位於布里恩茲東方不遠處的麥林根近郊，瀑布110公尺的落差雖然算不上壯觀，但景色仍是相當優美。不過真正讓這道瀑布成為人氣景點的原因，還是要拜名偵探福爾摩斯所賜。1893年出版的《福爾摩斯》系列最終章《最後的案件》中，柯南道爾讓福爾摩斯與他的死對頭莫瑞亞提教授雙雙跌入瀑布的深淵裡，而這個場景就設定在賴興河瀑布。從那以後，瀑布瞬間暴紅起來，每年都有許多福爾摩斯迷從世界各地專程前來朝聖。雖然是虛構的人物和故事，卻讓賴興河瀑布多了幾分傳奇色彩。

尼德峰
Niederhorn

MAP P.140 D3

如何前往

◎ 從茵特拉肯西站搭乘101號郵政公車至Beatenberg, Station站，再搭乘空中纜車登上山頂，總車程約1小時

◎ 從茵特拉肯西站搭乘圖恩湖遊船或21號公車至Beatenbucht碼頭，轉乘陡軌火車至Beatenberg站，再搭乘空中纜車登上山頂

info

☎(0)33 841-0841

⬤ 陡軌纜車：夏季約08:04~19:04，冬季約08:08~18:08，每20分鐘一班。空中纜車：夏季約08:20~17:40，冬季約08:40~16:30，每10分鐘一班。詳細時刻請查詢官網

💲從Beatenberg站到尼格峰，來回CHF 42；從Beatenbucht站到尼格峰，來回CHF 56。16歲以下半價，持茵特拉肯遊客卡享8~85折優惠

🌐www.niederhorn.ch

貝阿騰貝格(Beatenberg)是少女峰地區最綿長的村莊，沿著幾乎水平的山麓，房舍、農莊和隨意走動的牛羊，零星散落在道路兩旁的斜坡草地上。從貝阿騰貝格搭乘空中纜車，15分鐘就可抵達尼德峰觀景台，在那裡，4千公尺以上的高山在眼前一字排開，可同時看到三山兩湖的全景(艾格峰、僧侶峰、少女峰、圖恩湖、布里恩茲湖)。

陽光灑下一層金粉，波光粼粼的圖恩湖搭配連綿不絕的山稜線，雪白山頭慢慢渲染上瑰麗的粉紅色，美景當前怎麼走也不覺得累。

看到今日城堡宏偉的模樣，很難想像這裡一開始只是座小碉堡。

這條樓梯，就彷彿是穿越歷史的通道。

無論從圖恩的哪個角落望去，都不會錯過那宛如童話的白色高塔。

在城堡內部，展示有古代的鎧甲和武器。

17世紀時，主樓屋頂下曾設置了一間牢房，1886年伯恩州政府更是在城牆上設立監獄，因此今日仍保留了一些囚禁人犯的器具。

爬上閣樓，可透過窗眼眺望圖恩老城區及阿爾卑斯群山風光，尤其是東邊的教堂尖塔與閃耀綠寶石光芒的圖恩湖，更是有如童話世界般夢幻。

城堡所在的圖恩，本身也是座美麗的城市。

從騎士廳往下走則是歷史博物館，展示伯恩地區及伯恩高地近400年來的生活及歷史，包含家具、農耕用具、瓷器及玩具收藏等。

圖恩古堡
Schloss Thun

MAP P.140 D3

如何前往

◎ 從茵特拉肯西站搭乘IC列車直達圖恩火車站，車程約30分鐘。

◎ 從茵特拉肯西站碼頭搭乘圖恩湖渡船至圖恩碼頭，船程約2小時。

◎ 從圖恩火車站或圖恩碼頭，步行約11分鐘可達圖恩古堡。

info

⌂ Schlossberg 1, Thun ☎ (0)33 223-2001

🕐 4~10月每日10:00~17:00，11~3月13:00~16:00 🚫 11~1月的週一至週六

💲 成人CHF 10，長者與學生CHF 8，6~15歲CHF 3 🌐 www.schlossthun.ch

♿ 可使用Swiss Travel Pass

　　打從中世紀早期，這裡的山丘上即建有一座防禦碉堡，12世紀時柴林根公爵貝托爾德五世將小碉堡擴建，才算初步有了城堡的規模。不過當時柴林根公爵並不住在圖恩，因此這座城堡內只有一座挑高寬敞的騎士大廳(Rittersaal)，主要是用來向領地與周邊的貿易路線展示權力。而後城堡陸續經歷了基堡家族與伯恩人的統治，一步步擴張規模，成為領主居住的城堡，才確立了今日的樣貌。現在遊客來到城堡，仍可看到當年的騎士大廳，這可是歐洲保存得最好的中世紀大廳；其他地方則展示有古時的刀槍弓弩等武器，數門火砲也仍堅毅地戍守在城牆上，只是物換星移，徒供遊客懷想過往。

你可能認不得少女峰的輪廓，但馬特洪峰絕對不會被認錯

標高4,478公尺的馬特洪峰雖然不是瑞士第一高峰，但是具有高辨識度的三角錐形狀卻成了瑞士的象徵符號。

冬天的馬特洪更是冰雪愛好者的天堂，多不勝數的雪地活動等著遊客報名參加。

MAP P.4 B3

馬特洪峰
Matterhorn

建議停留時間
遊歷馬特洪峰地區：2~3天
連同周邊地區：6天

　　若要為每個國家選出最具特色的地標，美國自然是自由女神，法國則是艾菲爾鐵塔，至於瑞士就非馬特洪峰莫屬。馬特洪峰奇特的金字塔造型，是許多人對瑞士山峰的第一想像，而擁有眺望馬特洪峰絕佳視野的策馬特，自然也成為瓦萊州(Valais)最具人氣的阿爾卑斯山城。

　　馬特洪峰打從19世紀初開始，就是登山客們憧憬的挑戰聖地，一群群登山好手前仆後繼地前來攻頂，然而馬特洪峰的險峻山崖，卻讓不少生命葬送在這深壑絕壁之間，直到1865年的7月14日，才終於由英國登山家艾德華溫帕(Edward Whymper)所率領的7人團隊，由北東稜登頂成功，雖然下山時其中4人不幸摔落山谷罹難，但也從此開啟馬特洪峰享譽世界的名聲。

　　隨著葛納葛特登山鐵道的開通，馬特洪峰不再遙不可及，只要跳上火車，33分鐘後即可近距離欣賞這座終年積雪的三角形山峰，更加成就了策馬特百年不褪的人氣光環。

山峰資訊
制高點海拔：4,478公尺
地形突起度：1,042公尺
地形孤立度：13.8公里
所屬山脈：本寧阿爾卑斯山脈(Pennine Alps)
母峰：魏斯峰(Weisshorn)
區域位置：瑞士的瓦萊州與義大利的奧斯塔谷大區
人類首次登頂：1865年7月14日

造訪馬特洪峰理由

① 瑞士辨識度最高的名峰

② 景色豐富絕美的健行路線

③ 在洛加伯特泡個舒服的溫泉

馬特洪峰周邊是少數可以在夏天滑雪的地方，因此在策馬特的大街上經常可以看到背心T恤與滑雪裝備的奇妙搭配。

許多人並不甘願只是遠遠地欣賞這巍峨的三角形，但又沒有能力靠著雙腳爬上去，於是只好砸下重本，坐上直昇機，用最奢侈的方式好好把這座山峰給看個夠。

Michael Portmann提供

Pascal Gertschen提供

在此地健行時，常會遇到農家放牧的牲畜，除了乳牛之外，最常看到的就是這種瓦萊州特有的黑鼻綿羊。

DID YOU KnoW

聖伯納犬脖子上的小酒桶到底用來裝什麼？

聖伯納犬(St. Bernard)又名阿爾卑斯山獒犬，因為被瑞義邊界的聖伯納修道院飼養而得名。修道院最初飼養這種大型犬是作為拉車、看門之用，後來發現牠們個性溫馴、嗅覺靈敏，經常能協助修道士們在附近的聖伯納隘口找出被雪崩困住的旅者，因而至少在18世紀時就已被訓練成專業的搜救犬，至今已拯救過數以千條人命，其中有隻名為Barry的狗，更是獨自創下搜救41人的紀錄。今日聖伯納犬的形象常是脖子上繫了個小酒桶，但那大多是給觀光客拍照用的裝飾品，平常狗狗並沒有那樣的裝備。關於其由來，最常聽到的說法是裡面裝的是烈酒，給剛救出的遇難者取暖用的，不過人在失溫狀態下突然喝到烈酒反而會有生命危險，因此這種說法並不成立。最有可能的緣起是來自英國畫家蘭西爾(Edwin Landseer)在1820年的一幅畫作，裡面有隻聖伯納搜救犬脖子上就繫了小酒桶，由於形象實在太鮮明可愛，於是這種裝扮就流行了起來。

怎麼玩
馬特洪峰才聰明？

在台灣先買好車票，方便又划算

和少女峰地區一樣，Swiss Travel Pass並不能用來搭乘馬特洪峰地區的登山路線，必須另外購票，而這些通行票券其實也可以事先在台灣就買好，包括策馬特通行證與策馬特雙峰通行證等。建議出發前先找飛達旅遊的承辦服務人員，他們會告訴你當年度的詳細資訊，並幫你把所有的票券搞定，這樣到了當地就可以省事許多，輕鬆又方便。

🌐www.gobytrain.com.tw

開車自駕遊的人請注意

這一帶有許多城鎮實施車輛禁行規定，包括策馬特與薩斯菲都是。如果是開車自駕要前往策馬特的話，必須將車子停在離策馬特約5公里遠的特施(Täsch)，在特施火車站旁有座擁有2,100個停車位的室內停車場Matterhorn Terminal Parking，停車費每日CHF 16。停好車後再搭乘Zermatt Shuttle接駁火車前往策馬特，火車05:55~21:55為每20分鐘一班，之後到凌晨01:00為每小時一班，車程12分鐘。若需要搬運行李，在停車場也可免費租用推車，不過有CHF 5的押金。

策馬特高山嚮導中心

想從事高山活動，又想有專業的嚮導帶路，建議可以去找策馬特高山嚮導中心(Zermatters)，在那裡能夠報名各種高山健行、滑雪、冰河健行、峽谷探險等行程活動，甚至連哈士奇雪橇、租用粗輪胖車等都可以安排。另外這裡也提供高山活動的相關資訊。

📍P.172A2 🏠Bahnhofstrasse 58, Zermatt ☎(0)27 966-2466 🕐每日08:00~12:00、15:00~18:00 🌐www.zermatters.ch

馬特洪峰我們來了！
如何前往馬特洪峰地區

馬特洪峰地區的出入門戶——策馬特

無論從何處搭乘火車前往策馬特，都必須在菲斯普(Visp)轉乘馬特洪哥達私鐵列車(Matterhorn Gotthard Bahn)。在抵達策馬特之前，使用Swiss Travel Pass都是免費搭乘的。此外，策馬特也是冰河列車(Glacier Express)的終點站。

◎馬特洪哥達列車

🌐www.matterhorngotthardbahn.ch

前往策馬特火車站

◎**從蘇黎世**：經菲斯普轉乘，總車程約3小時10分鐘。
◎**從日內瓦**：經菲斯普轉乘，總車程約3.5小時。
◎**從伯恩**：經菲斯普轉乘，總車程約2小時10分鐘。
◎**從聖摩里茲(St. Moritz)**：搭乘冰河列車，車程約8小時20分鐘。

前往馬特洪峰周邊三大觀光路線
路線1：如何前往馬特洪峰冰河天堂

從策馬特火車站到馬特洪峰冰河天堂的纜車站，步行約20分鐘。也可乘坐鎮上E-Bus的紅線或綠線至Matterhorn Glacier Paradise站，即達纜車站附近。先從Zermatt纜車站搭一段空中纜車至Furi纜車站後，換乘另一條空中纜車至Trockener Steg站(冬天時沒有從Furi直接到Trockener Steg的纜車，需先經過Zermatt Schwarzsee站，才能抵達Trockener Steg)，最後再從Trockener Steg站換搭最後一段空中纜車至Klein Matterhorn站即達。需時約32分鐘(冬天時約44分鐘)。

🚡纜車上行時間：夏季約06:30~16:15 (下行末班約16:30)，冬季約08:30~15:30 (下行末班15:45)，詳細時刻請查詢官網。

💲從Zermatt到Klein Matterhorn的來回票：夏季CHF 120，冬季CHF 95，春秋兩季CHF 109。9~15歲及持有Swiss Travel Pass者半價

🌐www.matterhornparadise.ch

🎫下午13:30之後上山，有8折的下午票優惠

路線2：如何前往葛納葛特
◎葛納葛特登山鐵道GGB

從策馬特火車站的斜對面，便是葛納葛特鐵道的火車站，從那裡搭乘齒輪火車直上葛納葛特山頂，車程只需33分鐘。

☎(0)848 642-442

🚂火車上行約07:00~19:24 (冬季約08:24起)，每20~24分鐘一班。下行末班約為20:07。詳細時刻請查詢官網。

💲從Zermatt到Gornergrat的來回票：夏季CHF 132，冬季CHF 88，春秋兩季CHF 92。6~15歲及持有Swiss Travel Pass者半價

🌐www.gornergrat.ch

◎利菲爾堡快線 Riffelberg Express

若是走雙峰路線，可在Furi纜車站搭乘全程10分鐘的利菲爾堡快線纜車至利菲爾堡，再從菲爾堡纜車站隔壁的火車站換乘葛納葛特登山鐵道上山，車程也是10分鐘。

🚡利菲爾堡快線上行時間：夏季約08:00~16:30 (下行末班約16:45)，冬季約08:40~15:45 (下行末班約16:00)，詳細時刻請查詢官網。

💲利菲爾堡快線單程：夏季CHF 26.5，冬季CHF 21。從Riffelberg到Gornergrat單程：夏季CHF 33，冬季CHF 25，春秋兩季CHF 26。走這條路線也可購買雙峰通行證

🌐www.matterhornparadise.ch

路線3：如何前往羅特洪峰

從策馬特火車站步行約7分鐘，便可來到Zermatt (Matterhorn Talstat.)陡軌纜車站，也可乘坐鎮上E-Bus的紅線或綠線至Getwingbrücke站，即達纜車站附近。

先搭乘一段地底纜車至蘇納格(Sunnegga)，再轉乘8人座的空中纜車至布勞黑德(Blauherd)，最後換乘大型纜車至羅特洪峰，全程約34分

馬特洪峰區

| | 羅莎峰 Monte Rosa 4634m | 利斯卡姆峰 Liskamm 4527m | 波魯克斯峰 Pollux 4092m | 卡斯特峰 Castor 4228m | 布萊峰 Breithorn 4164m | 馬特洪峰冰河天堂 Matterhorn glacier paradise (Klein Matterhorn)3883m | 馬特洪峰 Matterhorn 4478m |

Grenz 冰河
Gorner 冰河
Findel 冰河
Unt. Theodul 冰河
Testa Grigia
Furggsattel 3365m
Hornlihutte SAC 3260m
Oberer Theodulgletscher
Hohtalli 3286m
葛納葛特 Gornergrat 3089m
利菲爾湖 Riffelsee
羅登波登 Rotenboden 2815m
Trockener Steg 2939m
Oberrothorn 3415m
羅特洪峰 Rothorn paradise 3103m
Stellisee 2537m
利菲爾堡 Riffelberg 2582m
Furgg
黑湖 Schwarzsee 2583m
布勞黑德 Blauherd
Riffelboden
利菲爾阿爾普 Riffelalp 2211m
Zmutt 1936m
Stafel 2199m
蘇納格 Sunnegga paradise 2288m
Findelbach
利菲爾堡快線 Furi 1867m
策馬特 Zermatt

←往Visp火車站

◉景點 🚉火車站 🚡纜車站 ❶遊客中心 ══登山鐵路 ──小纜車 ┈┈大纜車 ═══地底索道纜車

鐘。

◔上行時間：夏季約08:00~16:40 (下行末班約16:50)，冬季約08:30~15:40 (下行末班約15:50)，詳細時刻請查詢官網。

💰從Zermatt到Rothorn的來回票：夏季CHF 81.5，冬季CHF 64.5，春秋兩季CHF 74。9~15歲及持有Swiss Travel Pass者半價

🌐www.matterhornparadise.ch

⏰下午13:30之後上山，有8折的下午票優惠

組合套票

策馬特山區交通由Zermatt Bergbahnen AG營運，除了點對點車票外，也發行許多不同類型的通行證，可根據季節、預計天數來做選擇。雖然通行證也可在當地購買，但最保險的做法，還是在出發之前透過飛達旅遊就在台灣先買好。

◎飛達旅遊

🌐www.gobytrain.com.tw

策馬特通行證

這是飛達旅遊針對台灣遊客的偏好所包裝出的通行證，可無限次數通行於馬特洪峰冰河天堂(含冰宮門票)、黑湖、羅特洪峰、葛納葛特鐵道沿線、利菲爾堡快線、策馬特近郊火車以及策馬特市區公車。通行證需先在纜車站兌換，有了這張通行證，就能隨心所欲暢遊3大主力路線或安排健行行程。

價格：(CHF)	成人		STP優惠		9~15歲	
	夏季	冬季	夏季	冬季	夏季	冬季
1日	216	167	162	125	108	84
連續2日	241	186	181	139	121	93
連續3日	272	210	204	157	136	105
連續4日	303	233	227	175	152	117

雙峰通行證 Peak2Peak

這張通行證可在一天之內把兩條最重要的路線玩完：先搭乘纜車前往馬特洪峰冰河天堂，之後換乘利菲爾堡快線前往利菲爾堡，然後再搭齒軌火車抵達葛納葛特，最後經由葛納葛特登山鐵道返回策馬特。通行證需先在馬特洪峰冰河天堂纜車站兌換。

💰夏季CHF 202，冬季CHF 146，春秋兩季CHF 178。9~15歲及持有Swiss Travel Pass者半價

從不同的距離，感受**馬特洪峰**相同的壯觀

誰說夏季滑雪一定要飛到南半球？終年積雪的馬特洪峰冰河天堂即使在盛夏也有長達20公里的滑雪道，一整年都能在銀色的浪漫世界中欣賞馬特洪峰，也讓此處成為歐洲最著名的夏季滑雪勝地。

Zermatt Bergbahnen AG提供

MAP P.165 B1 　**馬特洪峰冰河天堂**
Matterhorn Glacier Paradise

馬特洪峰冰河天堂坐落於小馬特洪峰(Klein Matterhorn)的山頭，不但是距離馬特洪峰最近的觀景台，也擁有全歐洲最高的高空纜車站。策馬特地區在大多數的日子裡都相當晴朗乾燥，尤其是上午水氣尚未上升時，空氣特別乾淨清晰，能見度高的時候，還能看到歐洲第一高峰白朗峰及地中海呢！山頂纜車站是獲得瑞士Minergie-P最高環評標準的環保綠建築，內部除了餐廳、紀念品店、地底冰宮外，還附設提供住宿的登山小屋。如果你自認體力夠好，也可以參加冰河健行行程，在專業登山嚮導帶領下，只要2個半小時的腳程就能體驗跨越冰河、征服4千公尺以上高山布萊特峰(Breithorn)的成就感。

從Trockener Steg到Klein Matterhorn的這段纜車，也有機會搭到底部透明的水晶車廂(Crystal Ride)，看著纜車的影子飛越潔白冰河上空，感覺非常超現實。不過水晶車廂在冬天時，只供10人以上團體預訂。

登上觀景台，插立在山頂的十字架幾乎就在觸手可及的距離內。

馬特洪峰冰河天堂這個名字，對滑雪客來說每一個字都是貨真價實的。

雪白的大地景色，猶如達利畫作中的超現實場景。

眾多高山之中最不會被漏掉的，當然還是馬特洪峰。

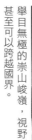
舉目無極的崇山峻嶺，視野所及甚至可以跨越國界。

觀景台
Aussichtsplattform
🕐 夏季約08:00~16:00；冬季約09:15~15:15

不需要任何登山技巧、無須經歷驚險的過程，只要坐著纜車到達小馬特洪峰，就能輕易獲得會當凌絕頂的美景。在這個標高3,883公尺、全歐洲最高的觀景台上，可以360°的視野盡覽法國、義大利和瑞士共38座4千公尺以上的高山：北邊是艾格峰、僧侶峰和少女峰，東邊是布萊特峰(Breithorn)崎嶇的北壁，西面是馬特洪峰與歐洲最高峰白朗峰，其間還穿插著14條冰河。超越國境的高山美景，保證教人終生難忘。

電影放映廳
Cinema Lounge
🎫 門票已包含在纜車票中

在纜車站下方的布萊特峰隧道中，有一間全歐洲海拔最高的電影放映廳，以悠閒的節奏持續放映與馬特洪峰地區相關的影片，內容分別以高山世界、當地動植物、纜車建設過程等為主題，娓娓道來馬特洪山區的點點滴滴。

放映廳的座位為舒適柔軟的個人蛋殼椅，搭配神祕的情緒燈光，讓人忘了自己身處的海拔高度。

影片分成好幾部，每部總長只有數分鐘，內容相當精采，建議時間充足的話不要錯過。

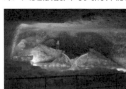

走在從冰河中開鑿出的隧道裡，很像奇幻小說中的場景。

冰宮
Gletscher-Palast
⏰ 夏季約08:15~16:00，冬季約09:25~15:15
🎫 門票已包含在纜車票中

在馬特洪峰冰河天堂地下約15公尺處，有一個號稱全世界海拔最高的冰洞，這裡全年皆能維持自然恆溫-2~0℃，於是纜車公司便將這處冰洞開鑿成一座冰之宮殿，當中除了可以沿著冰河裂隙旁的步道漫步，甚至還有一座冰滑梯。冰雕藝術家們也在這裡發揮才藝，雕刻出許多唯妙唯肖的冰雕作品，再打上柔和的燈光與輕慢的背景音樂，四處散發出奇異的神祕氛圍。

這裡有不少冰雕作品是以動物與本地傳說作為主題。

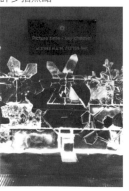

宮內也特別為遊客設置了許多拍照點。

抵達湖畔，除了作為背景的馬特洪峰外，平靜無波的湖面也映照出湖邊的小教堂和連綿雪山的倒影。

黑湖纜車站是周邊許多健行路線的起點。

黑湖
Schwarzsee
📍 P.165C1 🚡 從Furi或Trockener Steg搭乘纜車至Zermatt Schwarzsee站即達

黑湖距離馬特洪峰比山頂的冰河天堂又更靠近了一些，一走出纜車站，就能感覺到馬特洪峰幾乎唾手可得，並且提供了另一個欣賞這座雄偉山峰的角度。若還想繼續擁抱這座瑞士象徵標誌的更多面向，也可沿著步道健行，一路上會經過以製作乳製品聞名的小村落Stafelalp及Zmutt，約4個小時便可回到策馬特。

纜車站外的黑湖飯店(Hotel Schwarzsee)，是預備隔日攻上馬特洪峰的登山客們，養精蓄銳的溫暖住處。

葛納葛特登山鐵道
Gornergrat Bahn (GGB)

雖然要實際登上馬特洪峰山頂,仍然是體力與登山技巧的考驗,但若僅只是追求其壯麗山形的視覺感官,只要跳上葛納葛特登山鐵道的火車,輕輕鬆鬆就能實現這個願望。乘坐火車時,不妨選擇面向馬特洪峰的右手邊座位,當火車慢慢爬坡至有瀑布流瀉的Findelbach站路段時,回首便可看到策馬特的村莊全景。接著火車開始穿越森林和隧道,過了Riffelalp站後,景色忽然開闊起來,再往上經過利菲爾堡站(Riffelberg)與羅登波登站(Rotenboden),便到達終點的葛納葛特車站了。

搭上火車,沿途可由不同的角度欣賞馬特洪峰的山形之美。

隨著葛納葛特登山鐵道在1898年開通後,馬特洪峰從此變得平易近人了許多。

葛納葛特登山鐵道是瑞士境內第一條電氣化的齒輪鐵道,同時也是全歐洲海拔最高的露天齒軌火車。

步出葛納葛特火車站,不禁被眼前壯闊的景觀所震懾。

葛納冰河(Gornergletscher)是規模僅次於阿雷奇冰河的瑞士第二大冰河,此時看起來近在咫尺。

在纜車站的附近,有棟連著天文台的山頂飯店3100 Kulmhotel Gornergrat,從飯店後方的斜坡上去,還有一處標高達3,131公尺的觀景台,視野更加遼闊。

葛納葛特站
Gornergrat
P.165A1

葛納葛特的山頂擁有360度的全景視野,其四周被更高的群山所包圍,包括29座高度超過4千公尺的高山。除了形象鮮明、不會被錯認的馬特洪峰外,還有得到海拔高達4,634公尺的歐洲第二高峰——羅莎峰(Monte Rosa)。

阿爾卑斯羱羊是本地相當常見的野生動物。

虛擬實境飛越馬特洪
Zooom the Matterhorn

🚡從葛納葛特站前方搭乘電梯即可抵達；亦可步行約5分鐘 ⏰夏季約09:30~16:15，冬季約11:15~15:00 💰門票包含在葛納葛特登山鐵道的車票中，但若是使用策馬特通行證或雙峰通行證等套票，則還是得另外買票：成人CHF 12，16歲以下CHF 6 (夏天時6歲以下、冬天時9歲以下免費) 🌐www.gornergrat.ch/en/pages/zooom-the-matterhorn ⚠無法使用Swiss Travel Pass

來到葛納葛特即使天氣再好，與馬特洪峰等群山都還是保持著一段距離，只能遠遠欣賞這片高山景觀，更遑論天候不佳時徒為緣慳一面而扼腕。好在2021年開始，葛納葛特山頂上出現了一個全新的設施：Zooom the Matterhorn，這是運用先進的多媒體科技，透過三種不同方式，讓每個人都可以無視於天氣變化，用非常近的距離擁抱馬特洪峰山區。

Zooom the Matterhorn位於纜車站後方，就在山頂飯店的對面。

第二種體驗方式：走進沉浸式的3D劇場，在投影與模型的虛擬環境下，馬特洪峰一年四季的不同場景環繞著四周展開，這也是單一趟葛納葛特之旅所無法企及的境界，唯有高科技才辦得到。

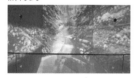

第一種體驗方式：先利用高倍率的潛望鏡觀察真正的馬特洪峰，點擊畫面中的錨點，還會出現相關資訊。

第三種體驗方式：戴上VR虛擬實境設備，坐在如鞍轡般的浮動座椅上，現在你將駕著飛行傘，在綿延的山脈裡自在翱翔。你可以選擇操作輕鬆的全景飛行，更可以來趟刺激的運動飛行，各種現實世界裡難以親近的馬特洪峰視角，現在都再無阻隔。

在某種意義上，這樣也算是爬上馬特洪峰了。

若不是微風吹起了湖面上的波紋，真讓人誤以為自己走進了畫中。

葛納葛特鐵道周邊健行
Hiking around Gornergrat

葛納葛特鐵道周邊有不少健行路線，難度不高且標示清楚，可依照個人腳力來做選擇。由於是沿著鐵路周邊健行，不會有迷路的問題，且時常可以看到火車行經馬特洪峰山腳的經典畫面。

🚶 **路線選擇1：葛納葛特→利菲爾堡**

建議初次到訪的旅客由葛納葛特終點站往山下健行前往利菲爾堡，這條路線需時約1.5到2小時左右，沿路都是空曠的岩石坡。走在山路上，馬特洪峰隨時陪伴在左前方，沿途還會經過利菲爾湖，高山植物在湖岸邊迎風搖曳，令人心曠神怡。運氣好的話，放牧的黑鼻羊或野生土撥鼠都會是你特別的旅伴喔！

接近終點處的小禮拜堂，尖頂造型十分可愛，夏天時，這座小禮拜堂更陪伴不少新人在群山見證下完成浪漫婚禮。終點處有利菲爾堡餐廳旅館和自助餐廳，點上最道地的策馬特餐點，溫熱下肚，為這趟旅途畫下最完美的句點。

❗11月到4月間，葛納葛特車站至羅登波登的路段需穿著雪鞋行走；5到7月初有時會因殘雪未融而封閉步道。

🚶 **路線選擇2：羅登波登→利菲爾堡**

如果是從羅登波登站開始健行前往利菲爾堡，路程約1小時，是較為輕鬆且節省時間的路線。

🚶 **路線選擇3：葛納葛特→策馬特**

從葛納葛特終點站一路下坡走回策馬特，全長11.5公里，高度落差達1,400公尺，需要相當的體力，不過4個小時內應該就可以完成。

利菲爾湖
Riffelsee

📍P.165B1 🚡搭乘葛納葛特鐵道至羅登波登站(Rotenboden)下車，步行約5分鐘可達

利菲爾湖是冬季冰雪融化而形成的水塘，因為礦物質溶解在水中，所以湖面略呈暗色。平靜無風的時候，湖泊似一面明鏡，藍天、白雲和馬特洪峰清晰地倒映在湖面上，與開滿湖畔的白色阿爾卑斯棉草(Scheuchzers Wollgras)等季節花卉交織成如夢似幻的美景。

即使眼前一整片連綿山峰，要找出馬特洪峰仍是比找出威利要容易許多。

MAP P.165 A1

羅特洪峰
Rotehorn

雖然從羅特洪峰觀景台看到的馬特洪峰比較遠也比較小，但這裡卻擁有最寬闊的展望視野，可一眼望盡策馬特地區38座4千公尺以上的高山。而即使山峰如此連綿不絕，仍不難一眼就認出馬特洪峰的身影，因為她的獨特輪廓在此時更加顯得突出。

在山頂上有間專賣比薩的餐廳，餐廳旁是條非常有趣的主題步道，名為「蒐集山峰」，沿著步道旁的每個說明牌都對應了眼前的高山，有的是介紹第一個攻頂成功的人、有的是詩文小品、也有登山嚮導的見解，不妨繞著山頭走一圈，看看你能蒐集到幾座高山的故事。

在羅特洪峰上也有相當廣大的滑雪場地。

來到山頂，別只是盯著馬特洪峰看，其他山頭也很雄偉壯觀。

不論是搭乘纜車還是登山健行，馬特洪峰的身影永遠不離不棄。

羅特洪峰頂纜車站對面的Rothorn Ristorante是家義大利比薩餐廳，也是策馬特地區唯一擁有直昇機停機坪的高山餐廳。

170

因為湖岸邊設有柵欄，因此用這種方式渡過萊伊湖到對岸的步道起點，還是比較快的。

萊伊湖在夏季時，成了人氣鼎沸的親子樂園。

蘇納格是許多條健行步道的起點。

從纜車站如果不想用走的到萊伊湖邊，也可搭乘免費的斜軌電梯。Leisee-Shuttle。

蘇納格
Sunnegga
🔶 P.165A2

🚈 從策馬特的Zermatt(Matterhorn Talstat.)陡軌纜車站搭乘地下纜車，約5分鐘可達

🕐 從策馬特，夏季約08:00~18:00，冬季約08:30~16:20，每10~20分鐘一班。詳細時刻請查詢官網

💰 從策馬特，夏季單程CHF 20，來回CHF 28.5；冬季單程CHF 15.5，來回CHF 22.5；春秋兩季單程CHF 18，來回CHF 26。9~15歲及持有Swiss Travel Pass者半價

只要5分鐘時間，地底索道式的纜車就能帶你登上標高2,288公尺的蘇納格。蘇納格在德文中的意思是「陽光普照的角落」，出了纜車站後，往左下方便可見到清澈的萊伊湖(Leisee)，在晴朗無風的早晨，馬特洪峰的倒影靜靜落在湛藍色的湖面上，靜謐的美景將令你永誌難忘。

從蘇納格搭乘空中纜車，7分鐘後便可抵達布勞黑德(Blauherd)，在蘇納格到布勞黑德之間有許多條有趣的健行路線，包括阿爾卑斯賞花路線(Blumenweg)、全景觀路線(Panoramaweg)等，路程大約都在1至3小時之

內；但是名聲響亮的五湖健行步道路途稍微遠些，視個別體力大概需要4至6個小時可圓滿完成。

此外，布勞黑德纜車站也是土撥鼠小徑(Murmelweg)的起點，大約1.5小時的路程可以下坡走回蘇納格。在這條步道健行除了欣賞馬特洪峰的雄偉，也別忘了低頭找找可愛的小土撥鼠！一路上還有許多木雕和解說牌，能深入認識土撥鼠的生活習性，而步道終點便是蘇納格纜車站附近的土撥鼠觀察站。

五湖健行步道5-Seenweg

這條可一連造訪5座高山湖泊的健行路線，沿途馬特洪峰以不同的角度靜靜地倒映在或湛藍、或翠綠的湖面上，每座湖都有不同的特殊風景，非常受到攝影愛好者的青睞。

從布勞黑德纜車站出發，遵行路標指示向下步行約20分鐘，便到達第一座的施德利湖(Stellisee)，鶴立雞群的馬特洪峰倒映在水面上，令人不由得發出讚嘆，就算湖的面積不小，也忍不住繞湖一圈，嘗試捕捉馬特洪峰最美的身影。

繼續向前，找到第二座的格蘭吉湖(Grindjisee)，湖的四周綠樹繁茂，成了馬特洪峰的最佳配角；第三座的古倫湖(Grünsee)湖面呈狹長型，馬特洪峰保持著一定距離在遠方招手；第四座的慕斯吉湖(Moosjisee)更顯靜謐，相形之下終點站的萊伊湖未免太熱鬧了些。

五湖健行步道全長約7.6公里，是一條基本上都是下坡的輕鬆路線，只有最後一段從慕斯吉湖到萊伊湖這段是上坡，也是五湖健行中較費力的一段。步道雖然一路上都有路標指示，然而叉路既多且有時路況不佳，同一支路標上可能也有多個方向標示，建議跟著湖的名稱走比較不會錯。這條路徑的旅客不算多，且許多路段有難走的石坡，建議早上出發，並預留多一點時間。

周邊城鎮

馬特洪峰腳下人來人往的**熱鬧山城**

Leander Wenger提供

策馬特

往 🅗 策馬特國賓飯店
Hotel Ambassador Zermatt

A

B

策馬特

策馬特火車站
Matterhorn
Gotthard Bahn

葛納葛特鐵道火車站
Gornergrat Bahn

蘇納格陡軌纜車站
Sunnegga Express

Schweizerhof

1

蘇納格陡軌纜車

1

Bahnhofstrasse

Getwingstr

🅗 Simi

Seilerwiesenweg

Obere Mattstr

Brantschenhusstr

班霍夫大街

Admiral 🅗

Walliserkanne 🅗

Hofmattstr

Restaurant
La Barrique

葛納葛特鐵道

蘇納格陡峰
Rothorn
Sunnegga

Mont Cervin Palace 🅗

🅗 Perren

🅘 阿爾卑斯高山
導遊中心
Alpin Center

新特夫夫老屋區
Hiterdorf

Hinterdorfstr

2

Englischer Viertel

Grand Hotel
Zermatterhof 🅗

Steinmattstr

Hotel Capricorn 🅗

2

🅗 Monte
Rosa

🏛 馬特洪峰博物館
Matterhorn Museum

Kirchstr

Old Zermatt
🍴 老策馬特餐廳

聖摩里西斯
教區教堂
Pfarrkirche St.
Mauritius

馬特洪峰日出
觀景點

Astoria 🅗

Riedstr

Restaurant Schäferstube

Oberdorfstr

🔲景點 ✝教堂 🍴餐廳 🅗飯店
🏛博物館 🅘遊客中心 🚉火車站

Bachstr

Matter Vispa

Schluhmattstr

Luchenstr

3

3

往 🔲 馬特洪峰冰河天堂
Matterhorn glacier paradise纜車站
（約100公尺）

A

↓往 🅗 葛納葛特山頂飯店
Kulmhotel Gornergrat

B

🅗 YH

👁 MAP P.165 B2 **策馬特** Zermatt

如何前往

◎ 策馬特遊客中心

🧭 P.172A1

🏠 Bahnhofplatz 5 (火車站旁)

☎ (0)27 966-8100

🕐 每日08:00~20:00　🌐 www. zermatt.ch

為了保持山城裡的清新空氣，同時減少對環境的傷害，策馬特鎮上禁行任何排碳性的車輛，大眾運輸及計程車都是採用電瓶車，觀光鬧區甚至常以馬車代步。

　　策馬特名字的意思是「在草地上」，這裡自古以來即是一個自給自足的小山城。1820年時，第一批挑戰策馬特周邊山峰的英國登山客來到這裡，並以此處作為登山據點，到了1865年艾德華溫帕成功登上馬特洪峰頂，更讓策馬特聲名鵲起。

　　策馬特周邊多為晴朗乾燥的天氣，空氣純淨且能見度高，很適合戶外活動。夏季時，這裡是健行者的天堂，沿著蜿蜒在山間的小徑，可以從不同角度觀賞馬特洪峰及周邊37座4千公尺高峰的巍峨姿態；冬季則是雪上活動的樂園，超過300公里的滑雪道吸引來自全球的滑雪愛好者。因此之故，策馬特無論何時，遊客的人數總是比本地人口還要多。

這座鎮上不管什麼角落，都有馬特洪峰作為背景。

由於禁止車輛進入，除了觀光客和裝備齊全的登山客外，往來穿梭的電動車和響著噹噹鈴聲的馬車是班霍夫大街上最常見的景象。

夏日早上9點和傍晚5點左右，山坡上的牧羊人家會帶領山羊群往返村莊下的牧草地，當牧童趕著羊群大搖大擺穿越大街，叮叮噹噹的悅耳鈴聲響徹村莊，常引來大批遊客圍觀。

馬特洪峰美景唾手可得

踏上瑞士之前，你也許沒聽過馬特洪峰，卻一定看過她！她那具有高辨識度的三角錐狀山形，幾乎是瑞士的象徵符號，而行銷全球的三角巧克力Toblerone，其造型靈感便是來自馬特洪峰。

從策馬特的鎮上就能看到挺拔的馬特洪峰，最佳觀景點是在跨越小溪的教堂橋(Kirchbrücke)上，沿著聖摩里西斯教區教堂旁的Kirchstrass往東走即可抵達。這座小橋分為上下兩層，建議在上層取景，拍出來的效果最好。小溪兩岸是仿傳統的木造旅館，視線順著河道向上延伸，在湛藍的晴空下，馬特洪峰仿若孤傲巨人般昂然獨立。尤其是日出時刻，村莊隱約可見，陽光在山頭刷上一層粉霧，再一層燦爛玫瑰金，如同一場光影魔法秀。天氣穩定的時候，千萬別貪睡錯過！

班霍夫大街
Bahnhofstrasse
📍P.172A1-A3 🚊火車站外即是

班霍夫大街由策馬特火車站向南延伸至天主教堂，短短500公尺的小街道上，林立著各式運動用品店、紀念品店、餐廳、旅館等，令人目不暇給；尤其是款式多元的登山用品，包括衣、帽、登山鞋、滑雪用具、背包等應有盡有，雖然價格上不見得比台灣便宜，但各商店會不定期推出折扣，喜歡戶外活動的朋友不妨到這裡挖挖寶，或許會有不錯的收穫。

身為阿爾卑斯地區數一數二的人氣山城，逛街購物自然也是少不了的觀光活動。

這座教堂是策馬特的信仰中心，每逢週日，當地居民與外來遊客都會齊聚於此，一起做彌撒。

中央天花板上的壁畫《諾亞方舟》，是佛羅倫斯藝術家Paolo Parente於1980年繪製的作品。

緊鄰教堂後方，有一座小巧的紀念墓園，用一方方的石碑和各種造型的雕塑，追悼歷年來挑戰馬特洪峰卻不幸遇難的殉山者。此外，也有許多過去知名的登山健將長眠於此。

教堂因為這座華麗的祭壇，而被列入瑞士地區重要文化財產名錄。

聖摩里西斯教區教堂
Pfarrkirche St. Mauritius
📍P.172A2
🚌搭乘紅線或綠線公車至Kirchbrücke站，步行約3分鐘
📍Kirchpl.

位於班霍夫大街尾端的這座天主教堂，建於1913年，至今仍是策馬特鎮上重要的活動中心，許多音樂會都會選擇在教堂前的廣場舉行。而這裡也是每年八月第2個週末舉辦民俗慶典(Folklore Festival)時的表演場所，屆時來自瑞士各地的遊行隊伍都會穿著民俗服裝經過這裡。

博物館的入口以玻璃帷幕組成馬特洪峰獨特的造型，順著階梯走入地下展覽室，就像化身考古學家，走進高山牧民生活的木屋，探索登山裝備的演進過程，揭開策馬特和馬特洪峰的老故事。

這些老屋使用黑色的落葉松為建材，是瓦萊州當地特殊的高床式建築，過去是用來囤放物品與畜養牲畜的房舍。

新特朵夫老屋區
Hinterdorf
📍P.172A2
🚶由班霍夫大街向東轉入Hinterdorfstrasse即達

一排排古老陳舊的木造房舍，大約建於17至18世紀間，從其外觀就可以清楚辨認這些可愛屋舍的舊日用途：用來堆放穀物的倉庫下方以木樁架高，中間墊上稱為Mazot的扁圓盤狀石塊，這麼一來就能防止老鼠入侵偷吃；而一樓以石塊堆成的房舍，由於屋體小且冬天積雪深，因而具有冷藏的功能，可用來堆放容易腐敗的食物；至於開有小窗戶的屋舍是畜養牲畜之地，馬匹與山羊則是當地居民昔日最常飼養的動物。

以木樁架高後，中間插入一片圓盤形石塊，這樣老鼠就無法順著樁子爬上去，不得不佩服古人的智慧。

馬特洪峰博物館
Matterhorn
Museum
📍P.172A2 🚶搭乘紅線或綠線公車至Kirchbrücke站，步行約3分鐘
📍Kirchplatz (位於聖摩里西斯教區教堂旁)
☎(0)27 967-4100
🕐15:00~18:00 (7~9月14:00起) 🚫11月底~12月底的週一至週四 💰成人CHF 12，64歲以上CHF 10，學生CHF 8，10~15歲CHF 7 🌐www.zermatt.ch/museum

馬特洪峰博物館以實景模型的方式展示，分為自然地質、牧民生活、觀光及登山活動等主題。在沒有高山鐵路和纜車的年代，當地居民在艱困的環境中發展出與自然對抗的生活智慧，例如防備老鼠的穀倉、因應狹小空間的抽屜式床鋪等。透過模型可以看到早年登山家們挑戰馬特洪峰的各種路徑，也不要錯過展示櫃中一條斷掉的繩索，那是1865年艾德華溫帕登山隊的裝備，當時他們在下山途中因登山繩斷裂而導致4名隊員不幸罹難，這半截繩索就是倖存者帶回的遺物。

博物館中還原從前農家民居中的擺設，讓遊客了解策馬特在成為觀光勝地之前的樣貌。

遊歷此地的名人簽名和照片。呈現在參觀者眼前，牆上還有Grand Hotel內部櫃台及大廳也帶動策馬特旅館發展的The

馬特洪峰的日出與日落

想親身體驗明信片中的馬特洪峰日出美景嗎？不妨早起參加鐵道公司與葛納葛特山頂飯店合作的利菲爾湖與葛納葛特日出套裝行程。行程於夏季週日的清晨出發，除了能在利菲爾湖迎接第一道曙光以外，摸黑上山的獎賞還包含飯店自助式早餐、生態導覽健行等。由於名額有限，需至少於前日的16:00前至官網或車站預訂。若是在冬季造訪，則可報名葛納葛特星空晚餐行程，同樣需提前預訂。

☎(0)848 642-442
🕐日出行程：7月~9月中每週日出發，時間依日出時間調整，約在04:50~06:15之間。日落行程：1~3月間的傍晚18:24出發
💰日出行程：成人CHF 135，6~15歲CHF 34，持Swiss Travel Pass者CHF 85。日落行程：成人CHF 130，9~15歲CHF 54
🌐www.gornergrat.ch/en/stories/sunrise-on-gornergrat

吃飽喝足，才有上山的體力

Restaurant Schäferstube

⛰P.172A3 🚌搭乘紅線或綠線公車至Kirchbrücke站，步行約1分鐘 🏠Riedstrasse 2 ☎(0)27 966-7600 ⏰每日18:00~22:00 🌐www.julen.ch

這家在當地頗具知名的瓦萊州傳統餐廳，以柴火燒烤精心烹調的牛排、羊排、特色羊肉料理、烤起士，還有道地的起士火鍋、炸肉火鍋等，每道菜都可以吃到對當地歷史的依戀。

Restaurant La Barrique

⛰P.172B2 🚌搭乘紅線或綠線公車至Getwingbrücke站，步行約1分鐘 🏠Vispastrasse 10 ☎(0)27 966-5200 ⏰16:00~23:00 (18:00~22:00供應熱食) 🚫週日 🌐www.hotel-perren.ch

La Barrique是一間附設於Hotel Perren裡的餐酒館，以擅長運用當地盛產的食材，烹調出具有法國風味的菜色而聞名。其室內氣氛優雅溫馨，室外則是廣闊的庭園，用餐環境各具風味。豐富的酒單也是它受歡迎的原因之一，無論是產自瓦萊州本地、或是來自法國的葡萄酒，都是經過精挑細選，搭配美食相得益彰。

Walliserkanne

⛰P.172A1 🚌從火車站步行約4分鐘 🏠Bahnhofstrasse 32 ☎(0)27 966-4610 ⏰每日10:00~23:00 🌐www.walliserkanne.ch

建於1889年的建築本身即是一幢瓦萊州典型的樓房，由於地點絕佳，經常是座無虛席。餐點以火鍋類最受歡迎，除了起士火鍋外，更有魚、肉類的火鍋，以及瑞士瓦萊州的地方菜和義大利料理等。由於瓦萊州所產的葡萄酒稱冠瑞士，這裡也備有豐富的酒單，不妨一試。

Riffelhaus 1853

⛰P.165B1 🚌搭乘葛納葛特鐵道至Riffelberg站，就在火車站旁 🏠Riffelberg 2500m ☎(0)27 966-6500 ⏰每日12:00~14:30 (晚餐為房客專用) 🌐www.riffelhaus.ch

利菲爾堡旅館內的小餐廳每到用餐時刻，都會聚集不少健行客前來用餐。這裡提供道地的策馬特料理，一定要嘗嘗隨餐的Roggenbrot麵包，據當地人說，這種麵包可以保存半年，讓他們渡過寒冬，因此成了在地主食。不過由於質地較硬，建議沾些湯汁一起入口，相當美味有嚼勁。另外，也推薦阿爾卑斯香料湯與瓦萊盤，都是道地美味。

都已經到瓦萊州了，就順便去這些地方走走吧~

薩斯菲周遭被18座高度超過4千公尺的群峰圍繞，這中間還包括瑞士第一高峰羅莎峰少許。

薩斯菲
Saas Fee

MAP P.4 C3

如何前往

◎ 從策馬特搭乘區域火車至Stalden-Saas站，轉乘511號郵政公車至Saas-Fee, Busterminal站即達，總車程約2小時。

◎ 其他城市出發則是會在Visp火車站轉乘511號公車。從蘇黎世車程約3小時，從日內瓦約3.5小時，從伯恩約2小時。

info

◎ 薩斯菲遊客中心

🏠Obere Dorfstrasse 2 ☎(0)27 958-1858

🕐08:30~12:00、14:00~18:00 (冬季週六中午不休息) 🈳春秋兩季的週末 🌐www.saas-fee.ch

❗薩斯菲市區禁止車輛進入，若開車前來，須將車子停在村莊外的停車場，在停車場入口可撥打免費電話，請旅館派電瓶車來接駁

　　有「阿爾卑斯珍珠」之稱的薩斯菲，坐落在瑞士阿爾卑斯群峰下的河谷中，是個典型的冰河小鎮。寧靜祥和是薩斯菲給人的第一印象，這座非常小的市鎮，漫步一圈用不了半個小時，鎮中心主要是旅館和餐廳的聚集地，還有一區保留著17、18世紀瑞士傳統的房舍。每當黃昏溫度慢慢降低之際，家家戶戶的煙囪緩緩冒出白煙，夕陽灑落在白雪皚皚的山頭上，景色猶如一幅風景名畫。

由於有外來車輛不能行駛到鎮上的規定，使得薩斯菲成為一處與世隔絕的人間仙境。

Saastal Tourismus AG提供

這裡除了終年可滑雪外，還有長達30公里的健行步道和5.5公里的雪橇越野場(Schlitteln)讓遊客體驗，而冬間的雪橇夜間的雪橇活動更是刺激！

記得收取薩斯谷卡

向薩斯菲及鄰近村莊的旅館訂房，便會在電子信箱中收到免費的薩斯谷卡(SaastalCard)，可以儲存在手機中，也可以列印下來使用。憑卡可於入住期間免費搭乘區域內的郵政公車(但不包含進、出薩斯菲的車次)、免費搭乘8條纜車路線(但不包含Felskinn至阿拉靈山的地下鐵Metro-Alpin)，此外參加各類導覽行程及參觀村內博物館也都有折扣優惠。不過要注意的是，拿薩斯谷卡搭乘纜車時，入住日與退房日只能選擇其中一天使用。

克茲波登
Kreuzboden

📍P.176A2　🚌從薩斯菲搭乘511號郵政公車至Saas-Grund, Bergbahnen站，下車後步行2分鐘至Saas-Grund (Hohsaas Talst.)纜車站，轉乘纜車上山即達，總路程約半小時

🚠纜車行駛時間：夏季約07:30~16:45，冬季約09:00~16:00。詳細時刻請查詢官網

🚫10月底~12月底、4月初~6月初

💲可使用薩斯谷卡搭乘纜車。若無薩斯谷卡，來回票成人為CHF 39，6~15歲CHF 19.5

位於海拔2,405公尺處的克茲波登，冬季是滑雪勝地，從克茲波登下滑11公里到薩斯格倫德(Saas-Grund)的雪橇道，是薩斯山谷最長的雪橇道，頗受親子遊的家庭喜愛。而冰雪融化後的克茲波登，有小橋、流水、湖泊、小型動物園，成為可以戲水、健行、騎越野車等戶外活動的天然遊樂園。

從克茲波登可以清楚望見薩斯菲被包圍在群山之中，景色非常優美。

雪水融化形成的克茲波登湖，水質澄淨且透心涼。

這裡還有3種難度的越野車道，是當地兒童最佳的越野車訓練場。

纜車站出口處也有餐廳，提供豐富的飲食選擇。

望，可看到山腳下的薩斯菲小鎮，以及蜿蜒在群峰之間的薩斯谷地。

從米特阿拉靈的觀景台眺

從米特阿拉靈走到阿拉靈峰腳下，距離並不會很遠，走起來只是在山頂上積雪很深，走起來十分刺激！

米特阿拉靈觀景台上有個360度的旋轉餐廳，你可以在此享受群山環繞下的冰河體驗，或是在平台上喝一杯熱咖啡取暖一番。

阿拉靈山也是瑞士著名的滑雪勝地之一，這裡擁有145公里的滑雪坡地，而且即使在夏天也能滑雪！

阿拉靈山
Allalinhorn

📍P.176B1　🚌從薩斯菲的阿爾卑快線(Alpin Express)纜車站搭乘空中纜車到Felskinn，再換乘阿爾卑地下斜軌鐵道(Metro Alpin)至Mittelallalin站即達

🚠Alpin Express：夏季約07:00~16:00，冬季約08:30~16:15。Metro Alpin：夏季約07:15~15:30，冬季約08:45~16:00。詳細時刻請查詢官網　🚫4月底~7月中

💲若在夏天時造訪，且持有薩斯谷卡，可加購成Metro Plus Ticket，便能無限次數搭乘Metro Alpin，成人為CHF 45，6~15歲為CHF 38。若無薩斯谷卡或在其他季節造訪，從薩斯菲到米特阿拉靈來回為CHF 75，6~15歲及STP持有者半價

阿拉靈峰海拔高4,027公尺，是許多遊客造訪薩斯菲最主要的原因，因為它頂著搭乘世界最高的地下鐵前往世界最高的旋轉餐廳，和參觀世界上最大的冰洞之名。所以囉，就算車票再怎麼貴，也要狠下心來買，才不會枉費千里迢迢來到薩斯菲一遊。

出了車站之後，來到的其實是標高3,456公尺的米特阿拉靈山(Mittelallalin)，觀景台、冰洞和旋轉餐廳都是位於這裡。米特阿拉靈與阿拉靈峰之間是一大片滑雪場，如果你想嘗試一下這種刺激的極速快感，山上也有出租器材的地方；又或者你不諳雪性卻又不願意白白浪費難得的機會，那麼不妨在薩斯菲報名滑雪課程，包準你從此迷上這項讓無數歐美人士為之瘋狂的冬季運動。

出發前，工作人員會幫你穿戴好全套裝備。

許多絕色美景，不花一點體力是無法看到的。

在浩瀚的冰河之上行走，彷彿要走到世界盡頭。

冰河融水形成的小湖泊，因為水中帶有石粉，阻擋了藍、綠光譜的吸收，而呈現出不可思議的碧藍顏色。

行程最後當然是要回到纜車站的餐廳去補充點能量。

冰河健行體驗
Gletscher Erlebnis

◎ Saas-Fee Guides
🚡 P.176B2 ◎要前往Längfluh纜車站，先從薩斯菲小鎮南邊的Saas Fee Chalbermatten纜車站搭乘小型空中纜車至Spielboden站，再換乘大型空中纜車至Längfluh站即達。可使用薩斯谷卡搭乘
📍報名地點在Obere Dorfstrasse 53，出發地點在Längfluh纜車站 ☎(0)27 957-4464
⏰6月初~9月底，時間隨需求安排，行程約5~6小時
💲單人報名CHF 680，雙人報名每人CHF 360，5人以上報名每人CHF 190 🌐www.saasfeeguides.com
❗由於各個季節山區的積雪狀況有所不同，所以嚮導帶領的路線也可能不太一樣

薩斯菲周遭群峰環繞，當地人最引以為傲的阿拉靈山更是高達4,027公尺，因此山上有許多終年不化的萬年冰河，非常適合從事冰河健行體驗。

由Saas-Fee Guides嚮導公司規劃的冰河健行行程，帶領遊客以最安全的方式完成這個夢想，即使沒有任何經驗也不用擔心。穿上適合在雪地上行走的雪鞋、攀岩安全帶，帶著登山杖、冰爪，在專業登山嚮導引導下，任何人都能輕而易舉地一親萬年冰河的芳澤。薩斯菲嚮導最常帶旅客探索的路線，是從標高2,870公尺的朗弗魯（Längfluh）纜車站出發，一路穿越冰河、冰塔，慢慢抵達冰河高原的制高點。行程看似簡單，但活動量其實相當大，而沿途冰天雪地的景象，保證讓你帶回難忘的回憶。

冰河健行需知

◎ 由於冰河底下可能有未知的冰洞、裂縫，也有一些潛在的危險，所以務必在熟知當地雪況及路況的嚮導帶領下，才能確保安全。

◎ 必要裝備：
保暖防風的外套、手套、毛線帽、太陽眼鏡、防曬用品、及踝雪鞋、攀岩安全帶、登山杖、冰爪；其中及踝雪鞋、攀岩安全帶、登山杖和冰爪等皆可就地租用，無須刻意添購。

餵食土撥鼠之旅
Murmeltiere füttern

◎ Stafelwald
🚌 從薩斯菲公車總站往鬧區方向走，至教堂後順著後面的山坡持續上行，直到看見一整片綠色草地，土撥鼠便在草地上出沒。從公車總站步行約25分鐘可達

◎ Spielboden
🗺 176B2
🚌 從薩斯菲小鎮南邊的Saas Fee Chalbermatten纜車站搭乘空中纜車至Spielboden站，纜車站旁便有許多土撥鼠出沒
🕐 纜車為6～10月每日09:00～16:15行駛
💰 纜車可使用薩斯谷卡搭乘，若無薩斯谷卡，來回車票為CHF 48，6～15歲半價

瑞士山區很多地方都可看到土撥鼠，但是牠們生性害羞，聽覺又很靈敏，一察覺周遭有危險因素，就會飛快躲進洞穴裡，因此人們很難與牠們親近。但是薩斯菲附近山區的土撥鼠卻例外，牠們居然不怕人！牠們經過6到8個月的冬眠之後，大約5月會開始出洞覓食，人們便在此時拿著花生或胡蘿蔔前來拜訪，而牠們也會毫不客氣地在你面前大吃特吃，模樣可愛極了！

薩斯菲土撥鼠最常大方出沒的地方有兩個：一是距離鎮上不遠處名為Stafelwald的小山坡，另一個則是在Spielboden纜車站一帶。在這兩處山坡上，土撥鼠露面的機率相當高，看著牠們大快朵頤的畫面，非常療癒。

愛我，請不要傷害我
土撥鼠敏感又脆弱，所以餵食牠們時請注意一些小細節，以免驚擾到牠們，甚至破壞到牠們生活的環境：

◎ 勿任意餵食人類的食物，花生和胡蘿蔔才是牠們的最愛。

◎ 注意腳下，不要站在土撥鼠的洞穴上，以免嚇到牠們，也避免自己扭傷腳踝。

◎ 壓低嗓門，土撥鼠的聽覺非常靈敏，大聲說話可能會嚇跑牠們。

◎ 如果一隻土撥鼠靠近你，你可以觸摸牠們的背部，重要的是不要做任何突然的動作，也千萬不要抱土撥鼠！

◎ 不要向土撥鼠的洞穴扔任何東西，也不要把頭伸進去！垃圾請記得帶走，以免干擾牠們的日常環境。

◎ 拍照時請勿使用閃光燈。

Spielboden德文是「遊戲之地」的意思，纜車站附近的山坡上有許多土撥鼠藏匿的洞穴。

旅客服務中心有販賣餵食土撥鼠的花生包，每包CHF 6。

每天早上土撥鼠紛紛出洞覓食，所以早上前往，一定會遇到出來吃早餐的土撥鼠；下午牠們吃飽喝足，露臉的數量通常會減少，所以早上是最好的餵食時間。

這種土撥鼠正式名稱是阿爾卑斯旱獺，成年後的體長可達6、70公分。

洛加伯特
Leukerbad
MAP P.4 B3

這個藏身在瓦萊州山中的小村落，周圍有著陡峭壯觀、如屏風般的巨大岩壁的地貌，形成此般特殊的地貌。

如何前往

◎ 從策馬特搭乘火車至Visp站，轉乘區域火車至Leuk，再換乘471號公車至Leukerbad, Busterminal即達，總車程約2.5小時。

◎ 從蘇黎世或伯恩，也是經由Visp轉車至Leuk再搭乘471號公車，從蘇黎世車程約3小時，從伯恩車程約2小時。若從日內瓦出發，則是在Sierre/Siders轉車至Leuk，再搭乘471號公車，總車程約3小時。

◎ 如果沒有特殊狀況，471號公車的發車時間會剛好配合火車到站時間，所以可以順利轉乘，不需擔心

info

◎ 洛加伯特遊客中心

📍P.181A2 🏠Rathausstrasse 8 (與公車總站在同一棟大樓內) ☎(0)27 472-7171

🕐08:30~12:00、13:30~17:30 (週日至17:00)

🌐www.leukerbad.ch

　　早在古羅馬時代，人們就發現此地的溫泉具有療效，於是不遠千里而來，經過千年來的發展，洛加伯特已成為歐洲著名的溫泉水療重鎮，吸引各國名流貴冑、文人雅士前來度假與社交，像是歌德、大仲馬、馬克吐溫等人，都曾在此遊歷。

這裡的溫泉富含礦物質，具有醫療保健的功效，加上宜人的氣候與景色優美的戶外溫泉池，自古以來就是阿爾卑斯山脈地區數一數二的溫泉鎮。

MyLeukerbadAG提供

泉水可說是這個山間小鎮的命脈，市區街道上也常常遇見有溫泉水流出的小噴泉池。

舊市區的村莊廣場(Dorfplatz)是小鎮的中心，廣場上可以看到標示著聖羅倫特(St. Lorent)泉源位置的石牌。

公車總站是外地人來到洛加伯特的起點，遊客中心也是在這棟建築內。

　　直到今日，洛加伯特居民的生活依舊與溫泉息息相關，這裡全區有超過65處湧泉，每日約有3千9百萬公升、水溫高達51℃的溫泉水自地底冒出。村內有3間公眾溫泉，分別為洛加伯特水療中心、瓦萊高山溫泉中心與51°溫泉(Therme 51°)，其他還有數十間只供房客使用的旅館溫泉池。使用後的大量泉水還可回收利用，其發電的水力足以供應全村所有用電，而埋在街道地下的溫泉管還能在冬季時防止路面結冰。

　　此外，村莊周邊的吉米隘口和托倫山纜車是冬季的滑雪勝地，夏季時也有多條風光明媚的健行路線。白天上山走向自然，夜裡泡在泉水中舒緩身心，這就是洛加伯特深受歐美旅客喜愛的原因。

洛加伯特迎賓卡
Leukerbad Guest Card

凡是在洛加伯特訂房住宿的旅客，都會獲得一張洛加伯特迎賓卡，可免費進出Sportarena雪地公園；免費使用洛加伯特體育場的網球、壁球、羽毛球、迷你高爾夫、乒乓球、撞球、溜冰和健身房(不包括租賃設備)等設施；免費使用Regina Terme酒店的沙灘網球場(6~10月)；免費參加迎賓卡所提及的音樂會、娛樂晚會和短途遊程。

此外，搭乘托倫纜車和前往蓋米隘口可享9折優惠；洛加伯特水療中心、瓦萊高山溫泉中心和51°溫泉等公共溫泉浴場入場費，亦可享9折優惠。

🌐leukerbad.ch/en/guestcard

洛加伯特水療中心
Leukerbad Therme

⊙P.181B3 ⊙Rathausstrasse 32 ☎(0)27 472-2020
⊙每日08:00~20:00 (兒童與桑拿浴為10:00~19:00)
⊙3小時券：成人CHF 28，6~15歲CHF 17。1日券：成人CHF 35，
6~15歲CHF 21 ⊙www.leukerbad.ch/therme

洛加伯特水療中心是阿爾卑斯山區最大的溫泉水療中心，由政府經營，內有10種主題水療池，包括能飽覽山景的戶外泉池、各種水療按摩的活力泉池、標準配備的室內泳池、氣氛清幽的洞窟泉池等，水溫從28℃到44℃不等，另外還有滑水道、沙灘排球場、桑拿浴、寶寶泳池等設施，滿足所有人對泡湯的想望。

泡在雪白高山環繞的戶外溫泉池裡，身體享受的是溫泉的滋潤，眼睛享受的是景色的壯觀，雙重享受實在舒暢。

水溫36℃的活力溫泉池中，有瀑布水柱、按摩池、漩渦池等水療設施，在高壓水柱穩定持續地拍打按摩下，有效舒緩緊繃的肌肉。

每天晚上戶外的露天泉池會成為Aqua Mystica的場地，屆時泉池會打上五彩燈光，並響起音樂與現場表演，池邊還有自助式的點心與飲品，融合成奇妙的夜晚。不過Aqua Mystica需要另外購票，每人CHF 55。

這裡有瑞士第一個溫泉滑水道，還有兒童戲水池，受到許多家庭旅客青睞，無論何時都充滿熱鬧的歡笑聲。

Grotto是一處天然洞窟，當中的溫泉水未經過濾，水溫高達44℃，並配備蒸汽產生器，有助於出汗排毒並清潔呼吸道。

每週日08:30起，水療中心還能預約泡湯與早午餐的主題搭配。

洛加伯特

〔地圖〕
Thermalhotels & Walliser Alpentherme
Dorfplatz
Promenade 一往托倫峰Torrenthorn
Tuftsstrasse
Les Sources des Alpes
舊市區
Kirchstrasse
瓦萊高山溫泉中心⊙
Walliser Alpentherme & Spa Leukerbad
Dorfstrasse
Alpina H
Stierstrasse
Kurparkstrasse
達拉旅館Hotel dala
Untere Maressenstrasse
Lichtenstrasse
Therme 51°
Sportherstrasse
Willy Spuhlerstrasse
Rathausstrasse
往蓋米隘口纜車站
Kantonstrasse
公車總站 Busterminal
郵局
洛加伯特水療中心 Leukerbad Therme

⊙景點 ⊙郵局 H飯店
⊙公車站 ⊙遊客中心

不可不知的水療文化

想到「泡溫泉」，腦海中浮現的也許是日本旅遊時裸身泡湯的畫面，但歐洲的溫泉都是加上冷山泉水調和至適當溫度、可長時間浸泡的溫泉水療池。進入水療中心需要穿著泳裝、拖鞋且自備毛巾，泳帽沒有硬性規定。為方便旅客，洛加伯特附近旅館都同意房客將房間內的浴巾攜出，但別忘了要帶回旅館喔！水療中心都附設更衣室和寄物間，可在此簡單淋浴換裝，如果住宿的旅館就在旁邊，也可以包著旅館浴袍就直接走進水療中心。水療池旁都會擺設躺椅，若鋪上毛巾代表有人使用，不要隨意移動別人的物品是基本禮貌喔！

在瓦萊高山溫泉中心的戶外溫泉池裡，同樣能享受在高山美景包圍下泡湯的樂趣。

瓦萊高山溫泉中心
Walliser Alpentherme & Spa Leukerbad

- P.181B1　Dorfplatz 1　(0)27 472-1805
- 每日09:00~20:00（瓦萊桑拿村15:00起）
- 3小時券：成人CHF 33，8~15歲CHF 26.5；含桑拿的3小時券：成人CHF45，兒童CHF 36；羅馬愛爾蘭浴：CHF 79
- leukerbad.ch/en/alpentherme
- 羅馬愛爾蘭浴為週五、六10:00~18:00（須預約，限成人）
- 限8歲以上入場

瓦萊高山溫泉中心相當靠近洛加伯特在村莊廣場上的歷史泉源，和洛加伯特水療中心一樣，這裡的戶外泉池也有巨巖峭壁和白雪皚皚的山頭美景可以欣賞，其水溫約為36℃，當中也有一圈按摩浴池，讓人可以舒舒服服地趴在池邊享受大自然的景色，旅行的勞累頓時一掃而空。

不過與洛加伯特水療中心不同的是，瓦萊高山溫泉中心並不走家庭親子的歡樂路線，整體風格比較像是在向古羅馬的洗浴傳統致敬。而這裡最出名的也就是羅馬愛爾

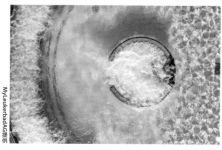

MyLeukerbadAG提供

戶外泉池的中心近年加裝了一個漩渦按摩池，泡起湯來更加享受。

蘭浴，透過熱風、蒸氣、溫泉、皂刷按摩等11個古老的步驟，達到淨化全身的效果。另外，這裡也仿造瑞士山村的概念，建了一處佔地3百多平方公尺的桑拿村(Walliser Saunadorf)，可以在一間間山屋造型的桑拿室中，徹底放鬆自我。

瓦萊高山溫泉中心的前身為開業於1993年的林登阿爾卑斯水療中心，在洛加伯特也算是溫泉池中的老字號。

室內溫泉池的天花板畫上藍天白雲與展翅飛翔的老鷹，因此不但沒有室內的拘束感，反而給人一種開闊的感覺。

羅馬愛爾蘭浴 Römisch Irische Bad

Leukerbad Tourism提供

羅馬愛爾蘭浴是一種結合兩種歐洲傳統沐浴文化的水療方式，療程約120分鐘，透過11個步驟讓全身經過溫暖、冷卻及淨化的過程，包含淋浴、烤箱、礦物泥去角質、精油皂刷按摩、蒸氣浴、各種水溫的水療及最後的休息，每個步驟都有固定的時間，有如進行了一場淨化身心的裸體儀式。需要注意的是，瓦萊高山溫泉中心採男女混浴的方式進行，有沒有勇氣嘗試，端看個人尺度囉！

蓋米隘口
Gemmi Pass

🚪P.181A3 🚌從公車總站步行約11分鐘至村莊西北邊的纜車站，或是搭乘481號公車至Gemmi Bahnen站，即達纜車站外，再搭乘纜車上山即達
☎(0)27 470-1839 🚡蓋米纜車：夏季約08:00~18:00，冬季約09:00~17:00，每10~30分鐘一班，詳細時刻請查詢官網。蓋米隘口到道本湖的纜車為09:15~16:30行駛
🚫4月中~5月底，11月初~12月底
💰蓋米纜車來回：成人CHF 38，6~15歲CHF 19。道本湖纜車：單程CHF 7，來回CHF 10
🌐www.gemmi.ch 🎫持洛加伯特迎賓卡打9折

海拔標高2,350公尺的蓋米隘口，是古時往來伯恩高地與瓦萊之間重要的行商通道，歷史最早可追溯至西元5世紀。過去人們得經過千辛萬苦才能通過這條隘口，而現在從洛加伯特只要搭乘纜車，不用十分鐘便能輕鬆來到山上。夏天在這裡可健行賞景，冬天則能從事各種雪上活動，而在隘口附近還有個美麗的高山湖泊——道本湖(Daubensee)，是極受人們喜愛的風景。

纜車站旁旅館的懸空觀景台，僅由兩根鋼索拉繫，腳下就是萬丈深谷，那種膽顫心驚的感覺，還真是相當刺激。

過了蓋米隘口後，再往下走一點便來到標高2,205公尺的道本湖，如果不想走路的話，也可以乘坐小纜車前往。

搭乘蓋米纜車順著崎嶇的山壁攀升，只要6分鐘，伯恩高地和瓦萊州阿爾卑斯山脈景觀就呈現在眼前。

道本湖的周圍有多條健行步道，夏天時是個健行的好去處。走在步道上面，可以欣賞到隆河谷的景觀，十分漂亮。

觀景台就建立在巨大岩石峭壁的上方，正好與村莊北邊的蓋米隘口遙遙相望。

從村莊南側搭乘托倫纜車，約5分鐘即可抵達山上的林德呼特纜車站。

這裡在冬天時是滑雪愛好者挑戰技術的好地方，幾乎都是中高難度以上的滑雪坡道。

夏天時，可以從林德呼特纜車站走到山腰處的Torrentalp纜車站，全程約1.5小時。前段路程平緩，視野開闊，可眺望洛加伯特與河谷山，後段會穿越林地及一個可愛的小村落。到達Torrentalp後，再從這兒搭纜車回到林德呼特。

托倫纜車
Torrent Bahnen

🚪P.181B1 🚌從公車總站步行約15分鐘至村莊東南邊的纜車站，或是搭乘481號公車至Torrent Bahnen站，再步行約3分鐘即達纜車站 ☎(0)27 472-8110
🕐每日08:30~16:30(冬季至16:10)，每20分鐘一班
🚫10月底~12月中，4月初~6月底
💰單程票：成人CHF 27，6~15歲CHF 16。一日票：成人CHF 42，兒童CHF 25 🌐www.leukerbad.ch/en/torrent
🎫持洛加伯特迎賓卡打9折

洛加伯特村莊南邊是標高2,997公尺的托倫峰(Torrenthorn)及2,350公尺的林德呼特山(Rinderhütte)，林德呼特纜車站前即是觀景台的所在，由於此地大多時候空氣乾燥晴朗，常可看到老鷹利用上升氣流盤旋在天空中，而隨著老鷹遨翔藍天的弧度，遊客也能盡覽瓦萊州4千多公尺的山峰群，天氣好的時候，還能看到遠方終年積雪的羅莎峰和馬特洪峰。

從林德呼特觀景台往上至接近托倫山峰的整片山區，是範圍相當廣大的斜坡地，自然而然冬天也就成了滑雪的好地方，而從觀景台一路向下至Flaschen的路段更是驚險，由於坡度太陡，看不見前方，有種隨時要衝向懸崖的刺激感。

阿雷奇冰河區
Aletsch Arena

阿雷奇冰河，總長達20公里，面積將近80平方公里，從少女峰南側一直延伸到上隆河谷地，堪稱上帝在阿爾卑斯山最經典的傑作。

在巨大的冰河面前，任何事物似乎都變得渺小了起來。

如何前往

◎ 阿雷奇冰河區的入口城鎮為菲許，從策馬特搭乘直達的RE列車，車程約2小時10分鐘；若是在Visp轉車，車程約2小時20分鐘。

◎ 從其他城鎮到菲許需在Brig轉車，從伯恩約1小時50分鐘，從日內瓦約3小時10分鐘。

info

◎ **菲許遊客中心**

⊙Fieschertalstrasse 1, Fiesch ☎(0)27 928-5858 ◷平日08:30~12:00、13:30~17:30，週六09:00~16:00 ⦸週日 ⊛www.aletscharena.ch

　登上少女峰的觀景台，除了天際線上連綿無盡的山峰令人神往以外，低頭俯瞰，還有一道碩大無朋的冰河穿過群山之間，往遠處無限延伸，這就是全阿爾卑斯山脈規模最大的冰河──阿雷奇冰河(Aletschgletscher)。而這條冰河也在2001年時，和少女峰地區一起被聯合國教科文組織列為世界自然遺產。

　阿雷奇冰河如此遼闊，當然不是只有一兩處可以與它親近，除了少女峰觀景台外，在瓦萊州這一側的里德阿爾卑(Riederalp)、貝特默阿爾卑(Bettmeralp)和菲雪阿爾卑(Fiescheralp)三個村莊的高處，都有觀看冰河的觀景點。其中又以菲雪阿爾卑上方的艾基斯峰高度最高、視野最廣，觀景角度最佳，而且從菲許搭乘纜車大約只要20分鐘就能輕易抵達，非常適合行程緊湊、又很想親眼一睹阿雷奇冰河的遊客。

阿雷奇冰河小檔案

冰河類型：山谷冰河
總長度：20公里(2023年)
平均寬度：1.8公里
表面積：78.5平方公里(2023年)
總冰量：110億公噸(2023年)
厚度：940公尺
最高海拔：4,160公尺
最低海拔：1,650公尺
流入終點：馬薩河(Massa)

阿雷奇探索票 Aletsch Explorer
阿雷奇冰河區推出為期1~21天的阿雷奇探索票，效期內可無限次搭乘區域內所有纜車，以及從布里格(Brig)到菲許和佛甘根(Fürgangen)之間的火車。
⑤一日券CHF 55、二日券CHF 75、三日券CHF 95。6~19歲及Swiss Travel Pass持有者半價
⊕www.aletscharena.ch/en/planning-booking/offers-experiences/offer/aletsch-explorer

阿雷奇冰河區

少女峰 Jungfrau
少女峰站 Jungfraujoch
↑往僧侶峰

伯恩州Bern
瓦萊州Valais

阿雷奇峰 Aletschhorn
阿雷奇冰河 Aletschgletscher

艾基斯峰 Eggishorn
艾基斯峰纜車站 Eggishorn
菲許 Fiesch
貝特默爾峰 Bettmerhorn
菲雪阿爾卑 Fiescheralp
↙往策馬特及▲馬特洪峰 Zermatt & Matterhorn
貝特默阿爾卑 Bettmeralp
里德阿爾卑 Riederalp
↓往薩斯菲 Saas Fee

從纜車站望向東北邊，隱約可以看到一座十字架，那裡正是艾基斯峰的最高點。

從纜車站到艾基斯峰頂距離不遠，坡度也尚稱和緩，不到30分鐘腳程即可攻頂，非常值得走一遭。只是這一路都是草木不生的裸岩、碎石坡，務必穿著防滑的登山鞋，寧可放慢速度也不要忽略安全。

搭乘纜車到艾基斯峰頂看阿雷奇冰河，經常是觀光客到菲許的唯一理由，不過光是這個目的，就已經值得來這裡一趟了。

菲許這座城鎮沉浸在寧靜祥和的氣氛中，儘管並不熱鬧，卻讓人感到舒服。

山頂纜車站附近的觀景台旁，有間名為Horli-Hitta的餐廳，供應起士盤、瑞士薯餅等在地料理。

艾基斯峰
Eggishorn

🔵P.185B2 🚠菲許纜車站與火車站在同一棟建築內，先搭乘一段空中纜車前往菲雪阿爾卑，再轉乘另一段空中纜車抵達艾基斯峰纜車站，總車程約20分鐘
🕐(0)27 928-4141 ⏰夏季上行08:43~16:43 (下行末班16:55)、冬季上行09:18~15:18 (下行末班15:50)
🚫4月初~6月初、10月底~12月中
💰菲許到艾基斯峰來回票價CHF 49，6~15歲及Swiss Travel Pass持有者半價

艾基斯峰海拔標高2,927公尺，才剛走出纜車站，浩瀚的冰河就在眼前豁然展開，天氣好的話，順著北方冰河盡頭還能隱約看到少女峰、僧侶峰、艾格峰等雄偉山峰；而往東南方看是戈姆斯河谷(Goms Valley)，朝西南方則為馬特洪峰。冰河原本向著正南方順流而下，到了這裡驀然轉彎向西，形成一道極美的弧線。雖然全球暖化讓阿爾卑斯山上的冰河不斷消融，但阿雷奇冰河後退的速度卻遠低於其他冰河，這也是因為阿雷奇冰河的總冰量特別大的緣故。

菲許
Fiesch

🔵P.185B2

菲許是座人口不滿千人的小村落，如果不是為了前往阿雷奇冰河，應該很多觀光客都沒能發現它的存在。通常在觀光業蓬勃發展的城鎮，出了火車站往往就是鎮上最熱鬧的地方，旅館、餐廳、商店一家挨著一家；但是菲許的火車站外卻非常寧靜，看不到什麼餐廳、店家，也遇不到幾位行人，絲毫聞不到觀光的商業氣息，呈現出質樸的瑞士山村面貌。不過話雖如此，這裡到了冬季可是非常受歡迎的滑雪度假村，還曾被瑞士人評選為「最適合家庭同遊的滑雪勝地」呢！

時間不夠玩少女峰？來鐵力士山一樣可以過癮

雖然鐵力士山的高度在瑞士諸峰中排不進前2百，但從觀景台望向白雪覆蓋的鐵力士山頭，依然能感受到那壓倒一切的氣勢。

Engelberg-Titlis Tourismus AG提供

山峰資訊
制高點海拔：3,238公尺
地形突起度：978公尺
地形孤立度：6.9公里
所屬山脈：烏里阿爾卑斯山脈(Uri Alps)
母峰：達馬施托克山(Dammastock)
區域位置：瑞士的上瓦爾登州與伯恩州
人類首次登頂：1739年

MAP P.5 C2

鐵力士山
Titlis

「在我的腳下，是萬丈的深淵；在我的頭上，是纜線的低吟。沒有螺旋槳的呼嘯，也沒有機器的鳴響，你卻能翱翔在深藍色的天空中，就像是隨風飛舞一樣……」這是1927年時，一位遊客造訪鐵力士山所留下的感想；將近一個世紀過去，人們來到鐵力士山還是有著相同的感受。白雪覆蓋的巍峨山峰，隨著天空而透出一抹淡淡的藍；無邊無際的疊嶺層巒，讓人們的思緒也如蒼鷹般乘風而起。

海拔標高3,238公尺的鐵力士山，幾乎位於瑞士地理正中央的位置，在動輒4千公尺以上的阿爾卑斯諸峰中並不算太高，早在18世紀上半葉就已有登頂成功的文獻記錄。和少女峰相比起來，鐵力士山的名氣沒有那麼大，遊玩路線也單純許多，但山上景色同樣壯觀，山峰北邊是雪白的鐵力士冰河(Titlisgletscher)，南邊峭壁下方是文登冰河(Wendengletscher)，東邊則能眺望菲納佩利冰河（Firnalpeligletscher)，加上層疊雪峰，帶給人的震撼絕不亞於少女峰。而山上也有冰洞、高空吊橋、冰雪樂園等娛樂，因此缺少時間或想節省預算的遊客，常會選擇鐵力士山作為少女峰的替代方案。

造訪鐵力士山理由

1. 世界首創360度**旋轉纜車**
2. 8種不會滑雪者的**雪地玩樂**
3. 歐洲最高的**天空吊橋**

要享受這一切美景，幾乎不費吹灰之力，因為從山腳下的英格堡搭乘纜車到鐵力士山頂，前後只要23分鐘，這也使得每天上山的遊客總是絡繹不絕。

建議停留時間
只攀登鐵力士山：**1天**
連同周邊地區：**2天**

鐵力士山區圖

A	B 冰洞 Gletschergrotte

鐵力士山 Titlis 3238m
冰河飛渡 Ice Flyer
冰河公園 Gletscherpark
鐵力士山頂纜車站 Titlis Bergstation
360度旋轉纜車 Rotair

1 Fürenalp
Surenenpass
Stafeli/Abnet
Wasserfall
Stand 2428m

鐵路　纜車　健行路線

Jochpass 2207m
Eienwaldli
Trübsee 1796m
特呂布湖 Trübsee
Alpstubli

2 英格堡 Engelberg
Gerschnialp 1262m
8人座纜車
Alplerseil纜車 **2**

A　　　B

鐵力士山的旋轉纜車，在纜車界中算是一大創舉。

位於半山腰上的特呂布湖，是鐵力士山區另一處值得探訪之地。

❶鐵力士山的入口城鎮為英格堡，從琉森搭乘直達的IR，車程約45分鐘。若從蘇黎世或日內瓦出發，都要在琉森轉車，前者車程1小時45分鐘，後者車程約4小時。
❷從英格堡火車站至纜車站步行約10分鐘，也可在火車站外搭乘免費接駁公車301、302、303、304、306、307號至Engelberg, Titlisbahn站，即達纜車站。
❸先搭乘Titlis Xpress空中纜車至Stand站，再換乘Titlis Rotair旋轉纜車直達山頂，總車程23分鐘。
◎ 鐵力士山登山纜車 TITLIS Bergbahnen
☎(0)41 639-5050
🕐每日08:30起，最後上行時間為16:00，最後下行時間為17:00
📅11月上旬會有定期維修
💵從英格堡到鐵力士山來回票價CHF 96，6~15歲及Swiss Travel Pass持有者半價
🌐www.titlis.ch

鐵力士山旋轉纜車 Titlis Rotair

搭乘從Stand往鐵力士山頂的這一段Titlis Rotair纜車，是世界首創的360度旋轉纜車，纜車底部是一個大轉盤，在5分鐘的車程裡剛剛好旋轉一圈。所以上車的時候完全不必爭先恐後，即使最後一個上車也無妨，因為無論站在哪個位置，只要看得到玻璃窗，纜車都會慢慢轉身，讓你看得到每個方位的景色，賞景機會均等。而此時的腳底下更是萬年不化的冰河景觀，壯觀無比。

從山頂的冰雪世界玩到山下的花草天堂

從山上往回望向河谷地，景色依然美不勝收。

山頂上終年積雪，就算是不諳任何雪上活動，也可以在這裡玩雪玩得很愉快。

山上有座電信站，用於點對點的高容量微波無線電與VHF/UHF中繼站。

坐在山頂景觀餐廳的露天座位上，品嚐暖呼呼的餐點，不啻為一大享受。

從山頂觀景台上，可以看到群山之間有塊突起的巨石，神似一尊打坐修行的大佛，自1996年瑞士體操國手李東華在山上訓練時發現這尊石佛以來，現已成為鐵力士山上的著名景觀。

鐵力士山頂纜車站
Titlis Bergstation

MAP P.187 B1

---

info

♻ 在纜車站可租到各式滑雪裝備

❗ 山上氣溫極低，日光卻非常強，建議攜帶厚外套、墨鏡及防晒乳液上山

旋轉纜車的終點站便是標高3,020公尺的小鐵力士(Klein Titlis)山頂平台，從纜車站外的露台上，可以眺望一望無際的銀色山峰。從這裡看到海拔3,238公尺的鐵力士山頂，已經是近在咫尺，不過因為攻頂途中仍有許多深積冰雪的陡坡，若沒有充足裝備不可輕易冒險，從旁欣賞它的美就足夠了。

除了分布在站內各個樓層的餐廳、商店及影片播放室外，還有一間讓遊客穿著瑞士傳統服裝拍照留念的攝影館。而從這裡也能輕易前往冰洞、凌霄岩道、冰河公園等設施。

五彩變幻的燈光照射在透出寒氣的冰壁上，更是有種超現實的迷幻氣氛。

冰洞
Gletschergrotte
🆓 免費

這處由人工在冰河中開鑿出的洞穴長達150公尺，深入冰河下方10公尺深的冰層中，其鑿空的冰體足有3,000立方公尺之多，不但可以體驗在冰層中漫步的奇妙感覺，還能親手觸摸平常只可遠觀的萬年寒冰。

冰洞中偶爾也會展出冰雕作品。

鐵力士凌霄岩道 Titlis Cliff Walk
⑤免費

想體驗高空漫步的感覺，千萬別錯過2012年開放的凌霄岩道！這條長度超過100公尺的懸索吊橋鎖住岩壁兩端，連接纜車站與冰河飛渡纜椅站，其海拔高度約為3,041公尺，是全歐洲最高的吊橋。寬約1公尺的橋身僅容兩人並肩通過，腳底下就是500公尺深的陡峭岩壁，每走一步都叫人心跳加速。

這條岩壁步道及吊橋，從山頂纜車站的南側觀景台一路通往冰河飛渡纜椅站。當然，如果你懼高症發作，也是可以走上頭的雪地過去就是了。

橋上有專業攝影師為遊客拍照，下山前記得到商店的櫃檯看看照片效果如何，滿意的話再付費取件即可。

雖然曾被媒體形容為「世界上最恐怖的橋樑」，但它可以承受超過每小時190公里的強風和450公噸的降雪，其實是很安全的。

如果你也是滑雪愛好者，自然不能錯過這裡落差高達2,000公尺的滑雪場地。

冰河飛渡(Ice Flyer)是連結兩座山峰的空中纜椅，從山頂纜車站附近出發，享受凌空飛越冰河的暢快後，就能到達冰河公園。

由於冰河公園所有的遊樂設備都是免費無限次使用，因此你可以每一種都玩到過癮為止。

滑雪胎最大的好處是，無論你衝得多快、轉得多誇張，滑雪胎都不會翻覆。

在這裡，大人也會像孩子一樣玩到不想回家。

滑下坡之後，再搭乘輸送帶就可以輕鬆回到坡頂。

冰河公園 Gletscherpark

◎冰河飛渡10:00~16:00 (冬季09:15起)；滑雪胎5~7月；雪地遊戲滑道5~9月 ❶冰河公園11~4月時全作為滑雪場地

對於大部份不諳雪性的台灣遊客而言，鐵力士山冰河公園最酷的地方，就在於即使不會滑雪，也能體驗雪地飆速的快感！來到這裡，首先要玩的就是長得像小型圓形橡皮艇一樣的歡樂滑雪胎(Schneeröhre)，滑雪胎的玩法很簡單，不需要平衡感，也不會用到核心肌群，只要排隊到滑道起點坐上去，等工作人員放開拉繩，就能一路俯衝，中途還會遇到加速過彎，刺激程度不輸給滑雪！除了滑雪胎之外，在雪地遊戲滑道上還有8種雪上玩具可以載著你體驗飆雪快感，包括蛇行滑板(Snake Gliss)、平衡滑雪車(Balancer)、衝雪摩托(Snow-Scoot)等。

碧藍色的特呂布湖在陡峭山壁與翠綠草地包圍下，宛如一幅唯美的畫作。

MAP P.187 B2

特呂布湖
Trübsee

info

💰從英格堡至特呂布湖纜車單程CHF 26，來回CHF 36；格斯尼阿爾坡到英格堡纜車單程CHF 10，來回CHF 14

特呂布湖位於海拔1,764公尺高的鐵力士山半山腰上，湖泊面積並不算大，湖底也只有9公尺深，不過其優美的景色，任何搭乘纜車上山的人都不會忽略她的身影。過去從英格堡前往鐵力士山的纜車，中途必須在這裡換乘，雖然現在纜車已可從英格堡直達史坦德(Stand)，但因為這裡是多條熱門健行路線的起點，因此在特呂布湖纜車站下車的人仍舊不在少數。

特呂布湖就位在從英格堡搭纜車到鐵力士山的必經之路上，途中在纜車上就可以欣賞到她的美麗。

在湖的東岸有船舶出租服務，可以租艘小船，徜徉在寧靜的湖面上，也是種悠哉的方式。

鐵力士山不僅山頂上精彩，山腰間同樣樂趣無窮，在諸多健行步道中，尤以山間花徑最為熱門。

在山間花徑的步道上，沿路都有一些黃色的小牌子，你認識每一種在此處盛開的花朵。

春夏時節，適逢農家把牛放牧到這一帶，牛群三三兩兩低頭吃草，脖子上的牛鈴自然搖出清脆的聲響，樂音此起彼落，無意間合奏成了交響曲，雖

然沒有指揮，仍然形成和諧的韻律，實在是山間健行最令人驚喜的收獲。

各種顏色的花卉點綴在綠色原野間，讓徜徉在這條小徑上的人們無不沉浸在浪漫的世界裡。

沿湖畔的步道旁還設有野餐區。

在英格堡與格斯尼阿爾坡之間如果不想搭乘纜車的話，也可以租借越野腳踏車或站立式單車(Trotti Bike)，在優美的景色裡享受騎乘單車的樂趣，也是一種充滿活力的體驗。

山間花徑
Mountain Flower Trail
🔴每年5~9月開放(視融雪及花開狀況而定)

山間花徑共有兩條，一條是從特呂布湖纜車站出發，沿著特呂布湖北岸向西走到上特呂布(Ober Trüebsee)，路程約1個小時；另一條則是從格斯尼阿爾坡(Gerschnialp)往西走到下特呂布(Unter Trüebsee)，路程約40分鐘。在上、下特呂布之間，有Älperseil纜車相連結，將這兩條花間小徑串成一條U字形的路徑。

英格堡的本篤會修道院最初建於1120年，今日的建築群則是1729年大火之後重建的成果。

MAP P.187 A2 **英格堡**
Engelberg

info

◎ 英格堡遊客中心

⏺Hinterdorfstrasse 1 　☎(0)41 639-7777

🕐每日08:00~12:00、13:00~17:00

🌐www.engelberg.ch

◎ 本篤會修道院 Kloster Engelberg

⏺Benediktinerkloster 1

🌐www.kloster-engelberg.ch

本篤會修道院的教堂聖殿內部，富麗堂皇的裝飾為瑞士所少見。

位於琉森南方的英格堡，海拔高度約在1,013公尺，因為是前往鐵力士山的入口城鎮，因而總是遊人如織。不過即使觀光活動熱烈，山城至今仍維持固有的寧靜與閒散，非常適合喜愛山居生活的人們來此度假。這座小鎮的名字在德文中意指「天使之山」，這是因為早在12世紀初期這裡即建了一座本篤會的修道院，法國大革命之前，修道院不但是山谷中的精神領袖，更是實質上的世俗統治者。今日的修道院仍有約30名僧侶在這裡工作和生活，而修道院本身也成了英格堡鎮上最主要的觀光景點。

這座修道院製作的起士遠近馳名，每天早上在修道院附設的商店裡還可看到手工製造起士的過程，更可以試吃並採購。

瑞士：
蘇黎世
日內瓦
琉森 伯恩 少女峰
馬特洪峰 鐵力士山

32

作者‧蔣育荏‧墨刻編輯部
攝影‧墨刻編輯部
主編‧蔣育荏
封面設計‧羅婕云
美術設計‧許靜萍‧駱如蘭‧羅婕云
地圖繪製‧Nina‧墨刻編輯部

出版公司
墨刻出版股份有限公司
地址：台北市104民生東路二段141號9樓
電話：886-2-2500-7008／傳真：886-2-2500-7796
E-mail：mook_service@hmg.com.tw

發行公司
英屬蓋曼群島商家庭傳媒股份有限公司城邦分公司
城邦讀書花園：www.cite.com.tw
劃撥：1986813／戶名：書虫股份有限公司

香港發行所
城邦（香港）出版集團有限公司
地址：香港九龍土瓜灣道86號順聯工業大廈6樓A室
電話：852-2508-6231／傳真：852-2578-9337

馬新發行所
城邦（馬新）出版集團 Cite (M) Sdn Bhd
地址：41, Jalan Radin Anum, Bandar Baru Sri Petaling,
57000 Kuala Lumpur, Malaysia.
電話：(603)90563833／傳真：(603)90576622／
E-mail：service@cite.my

製版‧印刷漾格科技股份有限公司
ISBN978-986-289-971-7‧978-986-289-970-0 (EPUB)
城邦書號KV4032 初版2024年1月
定價380元

MOOK官網www.mook.com.tw
Facebook粉絲團
MOOK墨刻出版 www.facebook.com/travelmook

版權所有‧翻印必究

執行長何飛鵬
PCH集團生活旅遊事業總經理暨墨刻出版社長李淑霞

總編輯汪雨菁
資深主編呂宛霖
採訪編輯趙思語‧陳楷琪
叢書編輯唐德容‧林昱霖
資深美術設計主任羅婕云
資深美術設計李英娟
影音企劃執行邱茗晨

業務經理詹顏嘉
業務副經理劉玫玟
業務專員程麒
行銷企畫經理呂妙君
行銷企畫專員許立心
行政專員呂瑜珊

印務部經理王竟為

國家圖書館出版品預行編目資料

瑞士：蘇黎世.日內瓦.琉森.伯恩.少女
峰.馬特洪峰.鐵力士山/蔣育荏, 墨刻編
輯部作. -- 初版. -- 臺北市：墨刻出版股
份有限公司出版：英屬蓋曼群島商家
庭傳媒股份有限公司城邦分公司發行,
2024.01
192面；16.8×23公分. -- (Mook city
target ; 32)
ISBN 978-986-289-971-7(平裝)

1.CST: 旅遊 2.CST: 瑞士

744.89   112020967

U0020281